Mikroökonomik

Bernd Woeckener

Mikroökonomik

Eine Einführung

4., durchgesehene und ergänzte Auflage

Bernd Woeckener
Abteilung für Mikroökonomik und
Räumliche Ökonomik, Universität Stuttgart
Stuttgart, Deutschland

ISBN 978-3-662-60667-4   ISBN 978-3-662-60668-1 (eBook)
https://doi.org/10.1007/978-3-662-60668-1

Die Deutsche Nationalbibliothek verzeichnet diese Publikation in der Deutschen Nationalbibliografie; detaillierte bibliografische Daten sind im Internet über http://dnb.d-nb.de abrufbar.

Die 2. Auflage erschien unter dem Titel: „Mikroökonomik für Bachelorstudenten".
© Springer-Verlag GmbH Deutschland, ein Teil von Springer Nature 2006, 2011, 2014, 2020
Das Werk einschließlich aller seiner Teile ist urheberrechtlich geschützt. Jede Verwertung, die nicht ausdrücklich vom Urheberrechtsgesetz zugelassen ist, bedarf der vorherigen Zustimmung des Verlags. Das gilt insbesondere für Vervielfältigungen, Bearbeitungen, Übersetzungen, Mikroverfilmungen und die Einspeicherung und Verarbeitung in elektronischen Systemen.
Die Wiedergabe von allgemein beschreibenden Bezeichnungen, Marken, Unternehmensnamen etc. in diesem Werk bedeutet nicht, dass diese frei durch jedermann benutzt werden dürfen. Die Berechtigung zur Benutzung unterliegt, auch ohne gesonderten Hinweis hierzu, den Regeln des Markenrechts. Die Rechte des jeweiligen Zeicheninhabers sind zu beachten.
Der Verlag, die Autoren und die Herausgeber gehen davon aus, dass die Angaben und Informationen in diesem Werk zum Zeitpunkt der Veröffentlichung vollständig und korrekt sind. Weder der Verlag, noch die Autoren oder die Herausgeber übernehmen, ausdrücklich oder implizit, Gewähr für den Inhalt des Werkes, etwaige Fehler oder Äußerungen. Der Verlag bleibt im Hinblick auf geografische Zuordnungen und Gebietsbezeichnungen in veröffentlichten Karten und Institutionsadressen neutral.

Lektorat: Margit Schlomski
Springer Gabler ist ein Imprint der eingetragenen Gesellschaft Springer-Verlag GmbH, DE und ist ein Teil von Springer Nature.
Die Anschrift der Gesellschaft ist: Heidelberger Platz 3, 14197 Berlin, Germany

Vorwort zur vierten Auflage

Diese Neuauflage meines Mikroökonomik-Lehrbuches ist für Vorlesungen im ersten Jahr eines wirtschaftswissenschaftlichen Studiengangs geeignet. Die Gliederung folgt dem Vorgehen der dritten Auflage: Die so genannte Vollkommene Konkurrenz wird in den ersten vier Kapiteln behandelt, das fünfte Kapitel schaut auf die Konsequenzen monopolistischer Marktmacht und die Kapitel sechs und sieben analysieren den Wettbewerb in Oligopolen. Im Vergleich zur dritten Auflage sind insbesondere viele neue Beispiele hinzugefügt und einige Passagen ausführlicher formuliert worden.

Stuttgart
im Oktober 2019

Bernd Woeckener

Inhaltsverzeichnis

1 Die Entscheidungen der Unternehmen 1
  1.1 Einführung 1
  1.2 Outputregel und Güterangebot 3
      1.2.1 Erlöse, Kosten und Gewinne 3
      1.2.2 Die Outputregel 7
      1.2.3 Güterangebotsfunktionen 9
      1.2.4 Ein Beispiel mit steigenden Grenzkosten 11
  1.3 Inputregel und Faktoreinsatz 12
      1.3.1 Faktorsubstitution und Kostenminimierung 12
      1.3.2 Die Inputregel 14
      1.3.3 Faktoreinsatzfunktionen 16
      1.3.4 Ein Beispiel mit Cobb-Douglas-Technologie 17
  1.4 Grenzproduktivitätsregel und Faktornachfrage 19
      1.4.1 Erlöse, Kosten und Gewinne 19
      1.4.2 Die Grenzproduktivitätsregel 21
      1.4.3 Faktornachfragefunktionen 23
      1.4.4 Ein Beispiel mit Cobb-Douglas-Technologie 25
  1.5 Investitionsregel und Kapitalnachfrage 26
      1.5.1 Kapitalgüternachfrage, Investitionen und Zinssatz 27
      1.5.2 Die Investitionsregel 28
      1.5.3 Kapitalnachfragefunktionen 31
      1.5.4 Ein Beispiel mit Cobb-Douglas-Technologie 33
  1.6 Zusammenfassung 33
  Literatur 36

2 Die Entscheidungen der Haushalte 37
  2.1 Einführung 38
  2.2 Konsumregel und Konsumgüternachfrage 38
      2.2.1 Präferenzen und Budgetrestriktion 39
      2.2.2 Die Konsumregel 42

		2.2.3	Konsumgüternachfragefunktionen..........................	44
		2.2.4	Ein Beispiel mit Cobb-Douglas-Präferenzen.................	46
		2.2.5	Ein Beispiel mit CES-Präferenzen.........................	47
	2.3	Arbeitsregel und Arbeitsangebot................................		48
		2.3.1	Präferenzen und Budgetrestriktion.........................	49
		2.3.2	Die Arbeitsregel.......................................	52
		2.3.3	Arbeitsangebotsfunktionen	54
		2.3.4	Ein Beispiel mit Cobb-Douglas-Präferenzen.................	56
		2.3.5	Ein Beispiel mit CES-Präferenzen.........................	57
	2.4	Sparregel und Kapitalangebot..................................		58
		2.4.1	Präferenzen und Budgetrestriktion.........................	58
		2.4.2	Die Sparregel..	62
		2.4.3	Kapitalangebotsfunktionen	64
		2.4.4	Ein Beispiel mit Cobb-Douglas-Präferenzen.................	65
		2.4.5	Ein Beispiel mit CES-Präferenzen.........................	66
	2.5	Entscheidungen unter Risiko...................................		67
		2.5.1	Risiko und Risikoaversion................................	68
		2.5.2	Die Portfolioregel.......................................	70
		2.5.3	Ein Beispiel	72
	2.6	Zusammenfassung..		73
	Literatur..			75
3	**Marktkoordination bei Vollkommener Konkurrenz**..................			77
	3.1	Einführung..		77
	3.2	Der Güterpreismechanismus...................................		78
		3.2.1	Koordination von Konsumgüterangebot und Konsumgüternachfrage	78
		3.2.2	Die Wohlfahrtsoptimalität des Konsumgütermarktgleichgewichts.........................	80
		3.2.3	Ein lineares Beispiel.....................................	82
	3.3	Der Lohnsatzmechanismus		84
		3.3.1	Koordination von Arbeitsnachfrage und Arbeitsangebot.........	84
		3.3.2	Die Wohlfahrtsoptimalität des Arbeitsmarktgleichgewichts	86
		3.3.3	Ein lineares Beispiel.....................................	88
	3.4	Der Zinssatzmechanismus.....................................		89
		3.4.1	Koordination von Investition und Sparen....................	90
		3.4.2	Die Wohlfahrtsoptimalität des Kapitalmarktgleichgewichts	91
		3.4.3	Ein lineares Beispiel.....................................	93
	3.5	Zusammenfassung..		95
	Literatur..			96

Inhaltsverzeichnis

4 Staatliche Markteingriffe 97
   4.1 Einführung 97
   4.2 Internalisierung externer Effekte 99
      4.2.1 Verursacherhaftung 99
      4.2.2 Mengenauflagen 104
      4.2.3 Lenkungssteuern 105
      4.2.4 Handelbare Umweltnutzungsrechte 106
      4.2.5 Ein Beispiel zur Verursacherhaftung 107
      4.2.6 Ein Beispiel zum Zertifikatehandel 108
   4.3 Einkommensumverteilung 109
      4.3.1 Mindestlohnsätze und Höchstpreise 109
      4.3.2 Steuerfinanzierte Sozialtransfers 113
      4.3.3 Ein Beispiel zur Verbrauchsteuer 117
   4.4 Zusammenfassung 119
   Literatur 121

5 Monopole 123
   5.1 Einführung 123
   5.2 Das klassische Güterangebotsmonopol 125
      5.2.1 Gewinnmaximierung und Marktgleichgewicht . 126
      5.2.2 Wohlfahrtsanalyse 130
      5.2.3 Ein Beispiel 132
   5.3 Natürliche Monopole 133
      5.3.1 Gewinnmaximierung und Marktgleichgewicht . 133
      5.3.2 Wohlfahrtsanalyse 136
      5.3.3 Ein Beispiel 137
   5.4 Monopolistische Gütermarktkonkurrenz 138
      5.4.1 Nutzenmaximierung und Nachfrage 139
      5.4.2 Gewinnmaximierung und Marktgleichgewicht . 141
   5.5 Monopole auf dem Arbeitsmarkt 144
      5.5.1 Das Arbeitsnachfragemonopol 145
      5.5.2 Das Arbeitsangebotsmonopol 148
   5.6 Zusammenfassung 152
   Literatur 154

6 Oligopolistischer Mengenwettbewerb 155
   6.1 Einführung 155
   6.2 Simultaner Mengenwettbewerb bei einem homogenen Gut . 157
      6.2.1 Gewinnmaximierung über Reaktionsfunktionen . 157
      6.2.2 Das Marktgleichgewicht als Nashgleichgewicht . 161
      6.2.3 Zwei Beispiele 163

6.3	Sequentieller Mengenwettbewerb bei einem homogenen Gut	166
	6.3.1 Gewinnmaximierung und Nashgleichgewicht	167
	6.3.2 Ein Beispiel	169
6.4	Simultaner Mengenwettbewerb bei einem differenzierten Gut	170
	6.4.1 Gewinnmaximierung und Nashgleichgewicht	170
	6.4.2 Ein Beispiel	172
6.5	Mengenwettbewerb und Produktvielfalt	173
	6.5.1 Nutzenmaximierung und Nachfrage	174
	6.5.2 Gewinnmaximierung und Nashgleichgewicht	176
	6.5.3 Wohlfahrtsanalyse	177
6.6	Zusammenfassung	179
Literatur		181

7 Oligopolistischer Preiswettbewerb — 183

7.1	Einführung	183
7.2	Simultaner Preiswettbewerb bei einem homogenen Gut	185
	7.2.1 Gewinnmaximierung und Nashgleichgewicht	185
	7.2.2 Wohlfahrtsanalyse	188
7.3	Simultaner Preiswettbewerb bei einem differenzierten Gut	189
	7.3.1 Erlöse und Kosten im Preiswettbewerb	189
	7.3.2 Die Preissetzungsregel	192
	7.3.3 Das Marktgleichgewicht als Nashgleichgewicht	194
	7.3.4 Ein Beispiel	195
7.4	Preiswettbewerb bei horizontaler Produktdifferenzierung	197
	7.4.1 Nutzenmaximierung und Nachfrage	198
	7.4.2 Gewinnmaximierung und Nashgleichgewicht	200
7.5	Preiswettbewerb bei vertikaler Produktdifferenzierung	202
	7.5.1 Nutzenmaximierung und Nachfrage	203
	7.5.2 Gewinnmaximierung und Nashgleichgewicht	205
7.6	Zusammenfassung	206
Literatur		208

Stichwortverzeichnis 209

Symbolverzeichnis

Variablen und Parameter

a	Niveauparameter der Güternachfragefunktion
b	Steigungsparameter der Güternachfragefunktion
c	Niveauparameter der Cobb-Douglas-Produktionsfunktion
d	Steigungsparameter der Schadensfunktion
e	Wert des Sparleids
f	Steigungsparameter der Arbeits- und Sparleidsfunktion
g	Parameter der Güternachfragefunktion
h	maximale Zahlungsbereitschaft für eine Qualitätseinheit
i	Zinssatz
k	Steigungsparameter der Kostenfunktion
m	Niveauparameter der Arbeits- und Kapitalnachfragefunktion
n	Steigungsparameter der Arbeits- und Kapitalnachfragefunktion
p	Güterpreis
q	Kapitalnutzungspreis
r	Konsumentenrente
s	Grenzrate der Substitution
t	Niveauparameter des Missmatchabschlags von der Zahlungsbereitschaft
u	Nutzenindex
v	Faktormenge
w	Lohnsatz
x	Gütermenge
y	Wert des Arbeitsleids
z	maximale Zahlungsbereitschaft
A	Arbeitsmenge
AR	Arbeitsrente
C	Konsumsumme
E	Erlöse
F	Freizeitmenge

G	Gewinne
H	Zeitmenge
I	Investitionen
K	(Produktions-)Kosten
L	Arbeitseinkommen
M	Anzahl der Nachfrager
N	Anzahl der Anbieter
P	Güterpreisindex
Q	Kapitalnutzungsmenge
R	Kapitalgutmenge
S	Sparen
SR	Sparrente
T	Steuersatz (in Abschn. 1.5: Kapitalgut-Lebensdauer)
V	externe Kosten (Schäden)
VRB	Vertragsrente eines von Externalitäten Betroffenen
VRV	Vertragsrente eines Externalitäten-Verursachers
W	Vermögenswert
WF	Wohlfahrt
X	Gütermengenindex
Y	Einkommen
α	Parameter der Cobb-Douglas-Produktions- und -Nutzenindexfunktion
β	Parameter der Cobb-Douglas-Produktions- und -Nutzenindexfunktion
δ	Standardabweichung
ε	Elastizität
μ	Erwartungswert
σ	Substitutionselastizität
Π	Gewinne nach Kapitalkostenabzug

Indizes

f	fixe Größe
i	Größe für ein einzelnes Unternehmen
j	Größe für einen einzelnen Haushalt
v	variable Größe
A	aggregierte Angebotsgröße
N	aggregierte Nachfragegröße

Die Entscheidungen der Unternehmen

1

Inhaltsverzeichnis

1.1	Einführung..	1
1.2	Outputregel und Güterangebot...	3
	1.2.1 Erlöse, Kosten und Gewinne.....................................	3
	1.2.2 Die Outputregel..	7
	1.2.3 Güterangebotsfunktionen.......................................	9
	1.2.4 Ein Beispiel mit steigenden Grenzkosten..........................	11
1.3	Inputregel und Faktoreinsatz...	12
	1.3.1 Faktorsubstitution und Kostenminimierung.......................	12
	1.3.2 Die Inputregel..	14
	1.3.3 Faktoreinsatzfunktionen..	16
	1.3.4 Ein Beispiel mit Cobb-Douglas-Technologie.......................	17
1.4	Grenzproduktivitätsregel und Faktornachfrage............................	19
	1.4.1 Erlöse, Kosten und Gewinne.....................................	19
	1.4.2 Die Grenzproduktivitätsregel....................................	21
	1.4.3 Faktornachfragefunktionen......................................	23
	1.4.4 Ein Beispiel mit Cobb-Douglas-Technologie.......................	25
1.5	Investitionsregel und Kapitalnachfrage...................................	26
	1.5.1 Kapitalgüternachfrage, Investitionen und Zinssatz.................	27
	1.5.2 Die Investitionsregel..	28
	1.5.3 Kapitalnachfragefunktionen.....................................	31
	1.5.4 Ein Beispiel mit Cobb-Douglas-Technologie.......................	33
1.6	Zusammenfassung..	33
	Literatur...	36

1.1 Einführung

Gegenstand der Mikroökonomik ist die Analyse der Entscheidungen der Anbieter und Nachfrager auf den Märkten für produzierte Güter und für Produktionsfaktoren sowie das aus dem Zusammentreffen dieser einzelwirtschaftlichen Entscheidungen resultierende

Marktergebnis. Dies werden wir uns in diesem und den beiden folgenden Kapiteln zunächst für den Fall der so genannten Vollkommenen Konkurrenz anschauen. Bei Vollkommener Konkurrenz verfügt keines der beteiligten Wirtschaftssubjekte über Marktmacht im Sinne eines merklichen Einflusses seiner Angebots- und Nachfrageentscheidungen auf das Marktergebnis. Eine solche Situation liegt vor, wenn hinreichend viele und durchweg hinsichtlich des Marktanteils kleine Wirtschaftssubjekte ein homogenes Gut auf einem transparenten Markt handeln. Diese Bedingungen sind beispielsweise auf von Intermediären betriebenen Börsen für Güter und für Produktionsfaktoren oft in idealer Weise erfüllt. Das Funktionieren dieser Märkte der Vollkommenen Konkurrenz werden wir uns in Kap. 3 näher anschauen. Was sich ändert, wenn Wirtschaftssubjekte Marktmacht haben, ist Gegenstand der Kap. 5–7.

Kennzeichnend für die Entscheidungsfindung unter den Bedingungen der Vollkommenen Konkurrenz ist, dass angesichts der Nichtbeeinflussbarkeit der Marktpreise durch den einzelnen Akteur dieser auf der Basis der ihm vorgegebenen Marktpreise über seine Angebots- und Nachfragemengen entscheidet. Dieses Entscheidungsverhalten marktmachtloser Wirtschaftssubjekte bezeichnet man als Mengenanpassung und meint damit die Anpassung der einzelwirtschaftlich angebotenen und nachgefragten Mengen an die Marktpreise. Dabei haben die privaten Haushalte über die auf den Konsumgütermärkten nachgefragten sowie über die auf den Märkten für die primären Produktionsfaktoren Arbeit und Finanzkapital angebotenen Mengen zu entscheiden. Diese Entscheidungen werden wir in Kap. 2 näher betrachten. Die Unternehmen haben u. a. über die auf den Konsumgütermärkten angebotenen sowie über die auf den Arbeits- und Kapitalmärkten nachgefragten Mengen zu entscheiden. Diese Entscheidungen sind Gegenstand des vorliegenden Kapitels.

Meist werden die Unternehmen das Ziel eines möglichst hohen Gewinns verfolgen, also Güterangebots- und (Produktions-)Faktornachfragemengen in einer den Gewinn maximierenden Höhe festlegen wollen. Im Folgenden beschränken wir uns auf die Analyse dieser mit dem Ziel der Gewinnmaximierung getroffenen Entscheidungen. Entscheidungen, die unter anderer Zielsetzung getroffen werden, bleiben hier also außen vor. Dies betrifft nicht nur die Entscheidungen gemeinnütziger Unternehmen, sondern beispielsweise auch die an der Maximierung von Umsatz und persönlicher Macht orientierten Entscheidungen in jenen managergeführten Unternehmen, die unzureichend von ihren Aktionären kontrolliert werden. Im Abschn. 1.2 zeigen wir zunächst, wie ein Unternehmen über die so genannte Outputregel seine gewinnmaximale Produktionshöhe finden kann und wie diese von den Güter- und Faktorpreisen abhängt. Der Abschn. 1.3 wird darlegen, wie man bei Vorgabe einer bestimmten Produktionshöhe über die so genannte Inputregel seine kostenminimierende Produktionsfaktorkombination bestimmt. Der Abschn. 1.4 betrachtet die Ermittlung der gewinnmaximalen Faktornachfragemengen (ohne Vorgabe einer bestimmten Produktionshöhe) über die so genannten Grenzproduktivitätsregeln sowie die Frage, wie diese Faktormengen von den Faktorpreisen und vom Preis des damit produzierten Gutes abhängen. Der Abschn. 1.5 behandelt schließlich die Entscheidung über die Höhe der Investitionen und damit über den Kapitalstockaufbau. Anders als die zuvor behandelten ist

1.2 Outputregel und Güterangebot

diese Entscheidung intertemporaler Natur, denn durch die Beschaffung neuer Kapitalgüter bindet man sich längerfristig. Daher spielt bei dieser Entscheidung neben den Güter- und den anderen Faktorpreisen auch der Zinssatz eine zentrale Rolle.

Ziel der im Folgenden betrachteten Unternehmen ist die Maximierung ihres Gewinns, also der Differenz zwischen Erlösen und Kosten. Diese drei zentralen Größen kann man sowohl in Abhängigkeit vom Entscheidungsparameter Produktionsmenge als auch in Abhängigkeit von den Produktionsfaktormengen als Entscheidungsparametern formulieren. In diesem Abschnitt wollen wir zunächst den erstgenannten Weg gehen und damit die Gewinnmaximierung als Suche nach der gewinnmaximalen Höhe des Güterangebots thematisieren. Die Betrachtung der Gewinnmaximierung von der Faktornachfrageseite her folgt in den Abschn. 1.3–1.5.

1.2.1 Erlöse, Kosten und Gewinne

Wir betrachten das i-te Unternehmen auf einem Gütermarkt der Vollkommenen Konkurrenz. Da das gehandelte Gut homogen und der Markt transparent ist, herrscht ein einheitlicher Güterpreis p. Somit können wir die Erlöse des i-ten Unternehmens notieren als

$$E_i = p x_i \tag{1.1}$$

mit x_i als seiner Produktionsmenge. Da bei Vollkommener Konkurrenz zudem sehr viele ausschließlich sehr kleine Anbieter, so genannte Polypolisten, am Markt anbieten, hat kein Anbieter einen merklichen Einfluss auf den Marktpreis. Dieser wird daher vom einzelnen Anbieter im Rahmen der Gewinnmaximierung als fest vorgegeben betrachtet. Unter diesen Umständen entsprechen die Mehrerlöse aus dem Verkauf einer weiteren Gütereinheit, die so genannten Grenzerlöse, stets dem durchschnittlichen Erlös pro verkaufter Einheit und beide dem vorgegebenen Marktpreis:

$$\frac{\partial E_i}{\partial x_i} = \frac{E_i}{x_i} = p.$$

Die Erlöse eines Polypolisten bei Vollkommener Konkurrenz steigen also linear in seiner Menge x_i. Insbesondere muss er – anders als ein großer Anbieter – nicht bedenken, dass die Wahl einer höheren Produktionsmenge zu einem Abrutschen des Marktpreises führt. Dies illustriert die Abb. 1.1.

Die Beziehung zwischen der produzierten Menge und den dabei jeweils entstehenden Produktionskosten wird als Kostenfunktion $K_i = K_i(x_i)$ abgebildet. Deren konkrete Gestalt hängt von den Preisen der Produktionsfaktoren sowie von der produktionstechnischen Beziehung zwischen der produzierten Gütermenge und den

Abb. 1.1 Grenz- und Durchschnittserlöse

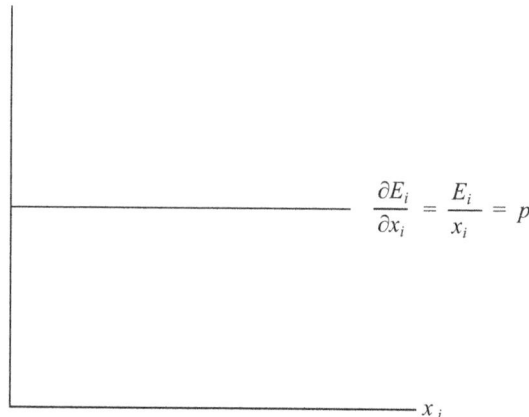

dafür notwendigen Produktionsfaktormengen ab. Diesen Zusammenhang zwischen der Produktionsmenge x_i und den Faktormengen erfasst die Produktionsfunktion. Meist sind bei der Produktion eines Gutes einige Produktionsfaktoren gegenseitig substituierbar, d. h. man kann eine bestimmte Gütermenge mit verschiedenen Kombinationen von Faktormengen produzieren. Beispielsweise lassen sich viele Güter sowohl arbeitsintensiv, also mit viel Arbeitseinsatz und wenig Kapitaleinsatz pro Gütereinheit, als auch kapitalintensiv, also mit viel Kapital und wenig Arbeit pro Gütereinheit, produzieren. In diesem Fall mit substituierbaren Faktoren werden die Unternehmen bestrebt sein, jede Produktionsmenge mit der jeweils kostenminimierenden Kombination von Produktionsfaktormengen zu produzieren. Dies ist im Konzept der Kostenfunktion schon mitgedacht. Der von ihr abgebildete Zusammenhang zwischen Produktionsmenge und Produktionskosten ist immer jener, der sich bei kostenminimierendem Faktoreinsatz ergibt.

Im Folgenden werden wir eine Produktionsfunktion mit nur zwei variablen Produktionsfaktoren zugrunde legen. Dies ist hinreichend, um alle wichtigen ökonomischen Entscheidungsregeln abzuleiten. Eine anschließende Verallgemeinerung auf beliebig viele Produktionsfaktoren ist zudem meist leicht möglich. Die beiden von uns thematisierten Faktoren sind die primären Produktionsfaktoren Arbeit A_i und (Real-)Kapitalnutzung Q_i. Beide Faktoren sind als Stromgrößen zu verstehen. Den Arbeitseinsatz kann man beispielsweise als Arbeiterstunden und den Kapitaleinsatz als Maschinenlaufzeit in Stunden operationalisieren. Der Faktor Kapitalnutzung Q_i ist definitorisch mit dem Faktor (Real-)Kapital R_i (gemessen z. B. an der im Unternehmen eingesetzten Maschinenanzahl) verknüpft. Diesen Kapitalbestand könnte man alternativ zu der Stromgröße Kapitalnutzung in die Produktionsfunktion aufnehmen. Wir werden aber in den Abschn. 1.2–1.4 zunächst einmal so tun, als kaufe die betrachtete Unternehmung nicht selbst Maschinen, sondern beschaffe sich die notwendigen Maschinenlaufzeiten über kurzfristige Miet- oder Leasingverträge. Dies hat den Vorteil, dass wir den intertemporalen Charakter der Produktions- und Faktornachfrageentscheidungen

1.2 Outputregel und Güterangebot

erst einmal außen vor lassen können. Denn dieser kommt mit der Thematisierung der Kapitalgutbeschaffung wegen des definitionsgemäß überjährigen Charakters des Faktors Kapital(bestand) zwingend ins Spiel: Da Kapitalgüter über mehrere Jahre genutzt werden, erfordert ihre gewinnmaximale Beschaffung ein intertemporales Gewinn- und damit Produktionskalkül. Dies werden wir uns im Abschn. 1.5 anschauen. Bis dahin argumentieren wir mit dem laufenden Einsatzfaktor Kapitalnutzung. An dessen Stelle könnte im Übrigen für das Weitere auch ein beliebiger anderer laufender Input treten. Q_i könnte beispielsweise auch die Menge einer bei einem Zulieferer produzierten Vorleistung sein. In jedem Fall notieren wir die Produktionsfunktion unseres i-ten Unternehmens im Weiteren als

$$x_i = x_i(A_i, Q_i).$$

Charakterisieren lässt sich die damit abgebildete Produktionstechnologie über die Grenzproduktivitäten (synonym: Grenzerträge) der Arbeit und der Kapitalnutzung

$$\frac{\partial x_i}{\partial A_i} = \frac{\partial x_i}{\partial A_i}(A_i, Q_i) \quad \text{und} \quad \frac{\partial x_i}{\partial Q_i} = \frac{\partial x_i}{\partial Q_i}(A_i, Q_i).$$

Diese Grenzproduktivitäten geben an, um wie viel die Produktionsmenge bei Einsatz einer weiteren Arbeitsstunde bzw. Maschinenstunde steigt. Diese Mehrproduktion infolge einer weiteren eingesetzten Faktoreinheit fällt typischerweise umso geringer aus, je mehr von dem betrachteten Faktor schon eingesetzt wird. Es liegen in diesem Sinne (mit zunehmendem Faktoreinsatzniveau) abnehmende Grenzerträge vor. Auch die Mehrproduktion aus der Erhöhung aller (hier: beider) variablen Faktoreinsätze um jeweils eine Einheit, die so genannten Skalenerträge (synonym: Niveauerträge), fallen im Regelfall mit zunehmendem Ausgangsniveau der variablen Faktoren. Das Abnehmen der Skalenerträge bei steigendem Ausgangsniveau der variablen Faktoren und die Abnahme der Grenzerträge eines Faktors bei steigendem Ausgangsniveau dieses Faktors ergeben sich daraus, dass im Produktionsprozess in der Regel noch eine ganze Reihe anderer (fixer) Produktionsfaktoren involviert sind, deren Einsatzmengen bei dem Blick auf die Grenz- und Skalenerträge der variablen Faktoren unverändert bleiben.

Mit Blick auf die Faktorpreise, also hier den Lohnsatz w und den Kapitalnutzungspreis q (z. B. beides in Euro pro Stunde), können wir davon ausgehen, dass die Polypolisten auf diese genauso wenig Einfluss haben wie auf ihren Güterpreis. Alle drei Preise p, w und q gehen also als exogene Größe in das Gewinnmaximierungskalkül des Einzelnen ein. Damit können wir die Produktionskostenfunktion unseres i-ten Unternehmens formulieren als

$$K_i = K_{v,i}(x_i; w, q) + K_f. \tag{1.2}$$

Hier steht K_v für die durch die beiden variablen Produktionsfaktoren verursachten variablen Kosten und K_f für die durch die nicht variierten (fixen) Produktionsfaktoren verursachten Fixkosten. Entscheidungstheoretisch wichtiger als der Blick auf das

Kostenniveau ist der Blick auf die bei der Produktion einer weiteren Gütereinheit entstehenden Mehrkosten, die so genannten (Produktions-)Grenzkosten

$$\frac{\partial K_i}{\partial x_i} = \frac{\partial K_i}{\partial x_i}(x_i; w, q).$$

Bei (mit steigenden Faktoreinsatzniveaus) abnehmenden Skalenerträgen in der Produktion liegen (mit steigendem Produktionsniveau) zunehmende Grenzkosten vor. Denn abnehmende Skalenerträge bedeuten, dass beispielsweise eine Verdoppelung der Produktion mehr als eine Verdoppelung der variablen Faktoren erfordert. Daher werden sich die variablen Kosten auch mehr als verdoppeln. Die Mehrkosten einer weiteren Gütereinheit steigen also mit der Höhe des schon erreichten Produktionsniveaus. Etwas anders verhält es sich mit den Stückkosten (Durchschnittskosten) der Produktion

$$\frac{K_i}{x_i} = \frac{K_{v,i}}{x_i}(x_i; w, q) + \frac{K_f}{x_i}.$$

Bei steigenden Grenzkosten steigen hier zwar auch die variablen Kosten pro Stück mit steigender Produktionsmenge. Dem steht aber ein Fallen der Fixkosten pro Stück, die so genannte Fixkostendegression, gegenüber. Bei niedrigen Ausgangsmengen dominiert die Fixkostendegression und die Stückkosten fallen bei einer Produktionserhöhung. Bei hohen Produktionsmengen dominiert das Steigen der Grenzkosten und die Stückkosten steigen bei einer Produktionserhöhung. Dementsprechend gibt es stets ein Stückkostenminimum, d. h. eine bestimmte Produktionshöhe, bei der die Durchschnittskosten minimal sind. Man kann leicht zeigen, dass dieses Durchschnittskostenminimum immer auf der Grenzkostenfunktion liegt. Oder anders formuliert: Im Stückkostenminimum entsprechen sich Grenz- und Stückkosten. Dies folgt direkt aus der Bedingung erster Ordnung für ein Stückkostenminimum

$$\frac{\partial \left(\frac{K_i}{x_i}\right)}{\partial x_i} = \frac{\frac{\partial K_i}{\partial x_i}x_i - K_i(x_i)}{x_i^2} = 0.$$

Die Abb. 1.2 illustriert den Grenz- und Stückkostenverlauf einer unter abnehmenden Skalenerträgen produzierenden Unternehmung. Dies ist eine stilisierte Darstellung mit durchweg und linear steigenden Grenzkosten. Meist steigen die Grenzkosten auf niedrigen Produktionsniveaus zunächst kaum, ziehen dann aber an, um schließlich spätestens bei Annäherung an die mittelfristige Kapazitätsgrenze des Unternehmens einen zunehmend überlinearen Verlauf zu nehmen. Die Grenzkostenfunktion verläuft umso steiler, je höher der Lohnsatz w ist und/oder je höher der Kapitalnutzungspreis q ist. Die Stückkostenfunktion verschiebt sich bei der Erhöhung eines Faktorpreises nach oben. Eine Erhöhung der Produktionsfixkosten verschiebt die Stückkostenfunktion entlang der dabei unveränderten Grenzkostenfunktion nach oben.

1.2 Outputregel und Güterangebot

Abb. 1.2 Grenz- und Durchschnittskostenfunktion bei steigenden Grenzkosten

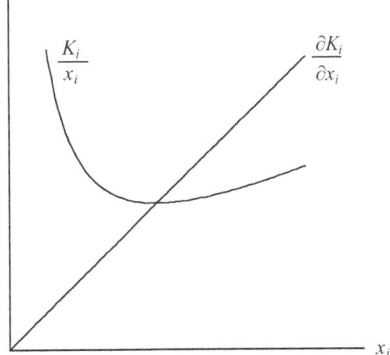

Mit der Formulierung der Erlöse und der Kosten in Abhängigkeit vom Entscheidungsparameter Produktionsmenge können wir nun auch die Gewinnfunktion unserer Unternehmung entsprechend formulieren:

$$G_i = p x_i - K_{v,i}(x_i; w, q) - K_f. \tag{1.3}$$

Für den Polypolisten bei Vollkommener Konkurrenz sind die drei Preise p, w und q eine exogen gegebene Entscheidungsgrundlage, an die er sich durch eine entsprechende Wahl der Produktionsmenge gewinnmaximierend anpasst.

1.2.2 Die Outputregel

Im Falle steigender Grenzkosten wird ein Gütermarktanbieter seine Produktionsmenge so weit erhöhen, bis die Produktionskosten eines weiteren Stücks (die Grenzkosten) auf die Höhe des vorgegebenen Marktpreises gestiegen sind und damit der Gewinn aus der Produktion eines weiteren Stücks (der Grenzgewinn) auf null gefallen ist. Diese Mengenanpassungslogik kann man direkt an der Gewinnmaximierungsbedingung erster Ordnung

$$\frac{\partial G_i}{\partial x_i} = p - \frac{\partial K_i}{\partial x_i}(x_i; w, q) = 0$$

ablesen. Die Entscheidungsregel für unsere Unternehmung lautet also

$$p = \frac{\partial K_i}{\partial x_i}(x_i; w, q) \tag{1.4}$$

und in Worten: Wähle jene Produktionsmenge, bei der die Produktionsgrenzkosten dem Marktpreis entsprechen. Aus offensichtlichem Grund bezeichnet man diese Entscheidungsregel als Outputregel. Die Abb. 1.3 illustriert die dahinterstehende

Abb. 1.3 Die Outputregel

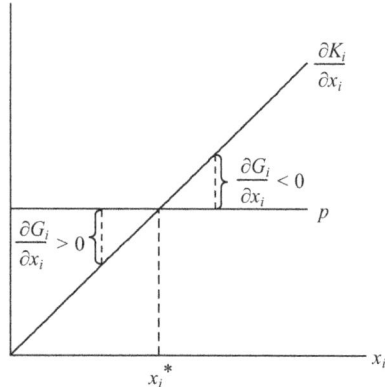

Abb. 1.4 Erlöse, Kosten und Gewinne im Gewinnmaximum

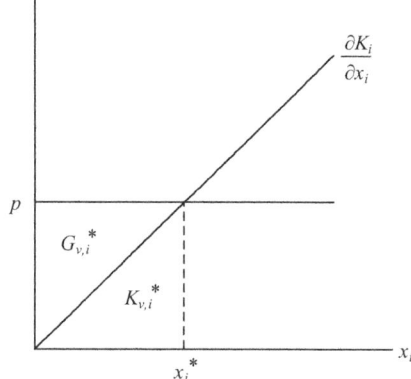

ökonomische Logik: Wählt man eine geringere als die gewinnmaximale Menge, so würde eine Mengenerhöhung um eine weitere Einheit zu einem positiven Mehrgewinn führen, weil der zusätzliche Erlös in Höhe des Preises über den zusätzlichen Produktionskosten dieser Einheit liegt. Wählt man eine höhere als die gewinnmaximale Menge, so würde eine Erhöhung der Menge um eine Einheit die Produktionskosten um einen Betrag erhöhen, der höher ist als es der Erlös aus dieser Einheit (in Höhe des Preises) wäre.

Die Abb. 1.4 zeigt die bei Wahl der gewinnmaximalen Produktionshöhe resultierende Aufteilung des durch Preis und Menge aufgespannten Erlösvierecks in variable Produktionskosten und Gewinne vor Fixkostenabzug $G_{v,i}$: Die variablen Kosten resultieren als Summe der Grenzkosten und damit als Fläche unter der Grenzkostenfunktion. Die Gewinne vor Fixkostenabzug resultieren als Summe der Grenzgewinne und damit als Fläche zwischen Grenzerlösen (Preisgeraden) und Grenzkosten (oder auch als Erlösviereck abzüglich der variablen Produktionskosten).

Für eine konkrete Produktionsfunktion erhält man die gewinnmaximale Produktionsmenge durch Auflösen der Outputregel nach der Menge:

1.2 Outputregel und Güterangebot

$$x_i^* = x_i^*(p, w, q).$$

Neben der konkreten Gestalt der Produktionsfunktion wird die gewinnmaximale Menge also sowohl vom Verkaufspreis des produzierten Gutes als auch von den Preisen der zu dessen Produktion notwendigen Faktoren (hier dem Lohnsatz und dem Kapitalnutzungspreis) bestimmt.

1.2.3 Güterangebotsfunktionen

Betrachtet man in der Gleichung für die gewinnmaximale Menge den Güterpreis als Variable, so erhält man die einzelwirtschaftliche Güterangebotsfunktion

$$x_i = x_i(p).$$

Ein höherer Güterpreis bewirkt entsprechend der Logik der Outputregel eine höhere angebotene Menge. Im Prinzip entspricht die Güterangebotsfunktion der Grenzkostenfunktion. Dies illustriert die Abb. 1.5 anhand zweier Preise. Ist der Marktpreis höher, so wird bei Gewinnmaximierung mehr angeboten, weil dann erst bei einer höheren Menge mit den Grenzkosten der Preis erreicht wird.

Dabei ist jedoch zu beachten, dass die Befolgung der Outputregel keinen positiven Gewinn sicherstellt. Denn bei Vorliegen von Fixkosten kann das sich gemäß Outputregel ergebende Gewinnmaximum im Bereich negativer Werte liegen und ist dann ein Verlustminimum. Dies illustriert die Abb. 1.6. Gilt der hier eingezeichnete Preis, so resultiert gemäß der Outputregel eine Menge, bei der die Stückkosten durch den Preis nicht gedeckt sind. Der maximal mögliche Gewinn bei Produktion ist hier negativ (Verlustminimum). Damit ist die gewinnmaximale Menge hier gleich null. Insgesamt gesehen entspricht die einzelwirtschaftliche Güterangebotsfunktion also im p-x_i-Diagramm der Abb. 1.6 der Grenzkostenfunktion ab dem Minimum der Stückkostenfunktion. Dieses Minimum ist die Preisuntergrenze des Güterangebots.

Abb. 1.5 Ableitung der Güterangebotsfunktion

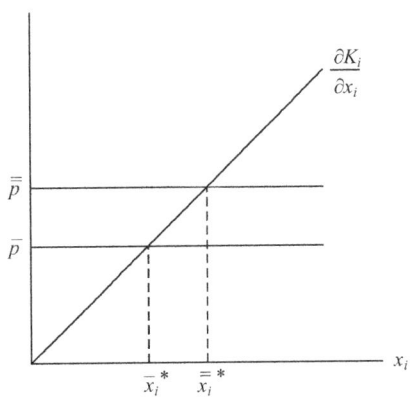

Abb. 1.6 Outputregel und Stückkostendeckung

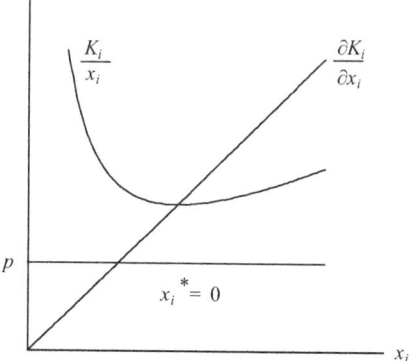

Abb. 1.7 Güterangebotsfunktion

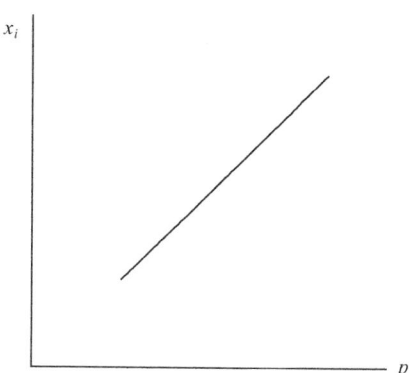

Eingezeichnet in das für die Güterangebotsfunktion übliche x_i-p-Diagramm ergibt sich damit bei Berücksichtigung des Erfordernisses der Stückkostendeckung für die Angebotsfunktion im Prinzip ein Bild wie in der Abb. 1.7 dargestellt.

Die gewinnmaximale Güterangebotsmenge hängt auch von den Faktorpreisen ab. Ein höherer Lohnsatz w oder ein höherer Kapitalnutzungspreis q führen bei jeder vorgegebenen Produktionshöhe zu höheren Kosten, Grenzkosten und Stückkosten. In den Abb. 1.3 und 1.4 bedeutet ein höherer Faktorpreis eine Drehung der Grenzkostenfunktion im Ursprung gegen den Uhrzeigersinn und damit bei gegebenem Güterpreis eine Reduktion der gewinnmaximalen Angebotsmenge. Bei einem höheren Faktorpreis ist die Produktionsmenge, bei welcher die Grenzkosten auf die Höhe des Preises gestiegen sind, eher erreicht. Damit liegt die gesamte Angebotsfunktion (Grenzkostenfunktion) in den Abb. 1.3 und 1.4 nun höher. In dem eigentlich zur Angebotsfunktion gehörigen x_i-p-Diagramm der Abb. 1.7 liegt sie insgesamt tiefer: Bei höherem Faktorpreis wird zu jedem Güterpreis weniger angeboten.

1.2.4 Ein Beispiel mit steigenden Grenzkosten

Als Beispiel wollen wir auf die Bestimmung der gewinnmaximalen Angebotsmenge bei Gültigkeit einer quadratischen Kostenfunktion

$$K_i = k(w,q)x_i^2 + K_f$$

schauen. Hinter dem Steigungsparameter k der variablen Kosten stehen zum einen die Faktorpreise. Je höher Lohnsatz und Kapitalnutzungspreis sind, desto höher ist dieser Niveauparameter. Außerdem hängt er von der konkreten Gestalt der Produktionsfunktion ab. Letztere determiniert auch die Höhe des Exponenten der Produktionsmenge, den wir hier speziell auf den Wert 2 gesetzt haben. Gemessen an der Wirklichkeit ist dies ein sehr hoher Wert. Eine Verdoppelung der Produktion führt in diesem Beispiel zu einer Vervierfachung der variablen Kosten. In der Realität liegen die Werte meist viel näher bei (aber oberhalb von) eins. Die quadratische Kostenfunktion unseres Beispiels impliziert eine lineare Grenzkostenfunktion

$$\frac{\partial K_i}{\partial x_i} = 2k(w,q)x_i$$

sowie die Stückkostenfunktion

$$\frac{K_i}{x_i} = k(w,q)x_i + \frac{K_f}{x_i}.$$

Die stückkostenminimierende Menge lautet

$$\sqrt{\frac{K_f}{k(w,q)}},$$

und die zugehörige Preisuntergrenze des Güterangebots ist

$$2\sqrt{k(w,q)K_f}.$$

Dieses Beispiel steht hinter den vier obigen Abbildungen. Die Outputregel lautet unter diesen Umständen

$$p = 2k(w,q)x_i,$$

woraus sich die einzelwirtschaftliche Angebotsfunktion

$$x_i = \frac{p}{2k(w,q)}$$

ergibt. An dieser ersieht man nun explizit den positiven Einfluss eines höheren Güterpreises und den negativen Einfluss höherer Faktorpreise auf die gewinnmaximale

Güterangebotsmenge. Bei Existenz von Produktionsfixkosten ist dabei noch die obige Preisuntergrenze des Güterangebots zu beachten.

1.3 Inputregel und Faktoreinsatz

Mit welchem Einsatzverhältnis der Produktionsfaktoren die gewinnmaximale Produktionsmenge hergestellt wird, hängt in jedem Fall von der konkreten Ausprägung der Produktionsfunktion, meist aber auch von der Höhe der Faktorpreise ab. Denn wie eingangs schon angemerkt wurde, sind zumindest die beiden primären Produktionsfaktoren Arbeit und Kapital(nutzung) bei der Produktion eines Gutes meist substituierbar. Dem Unternehmen ist dann von der Produktionstechnologie her gesehen kein bestimmtes Einsatzverhältnis zwischen Arbeit und Kapital vorgegeben. Vielmehr kann es die Faktormengenkombination so wählen, dass sie bei gegebenem Lohnsatz und gegebenem Kapitalnutzungspreis sowie gegebenem Zieloutput kostenminimal ist.

1.3.1 Faktorsubstitution und Kostenminimierung

Die Abb. 1.8 illustriert das Phänomen der Faktorsubstitution mithilfe des Konzepts der Isoquante (also: einer Linie gleicher Menge) in der Faktorebene. Die Isoquante ist hier der Ort aller Arbeits-Kapitalnutzungs-Kombinationen, mit denen sich die zugehörige Zielmenge technisch gesehen produzieren lässt. Man erhält sie aus der Produktionsfunktion durch Vorgabe einer Zielmenge und Auflösen nach einem Faktor (hier: dem Arbeitseinsatz). Die Isoquante zeigt, wie man die vorgegebene Produktionsmenge mit vielen Arbeitsstunden und wenigen Maschinenstunden (links oben), aber auch mit wenig Arbeitseinsatz und dafür viel Kapitalnutzung (rechts unten) herstellen kann.

Die Steigungswerte der Isoquante geben an, wie viele Arbeitsstunden man einspart, wenn man bei der Produktion der Zielmenge eine zusätzliche Maschinenstunde einsetzt.

Abb. 1.8 Isoquante und Grenzraten der Substitution

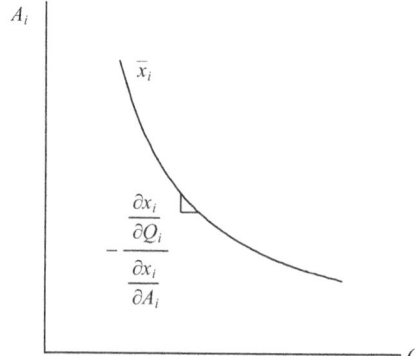

1.3 Inputregel und Faktoreinsatz

Dies sind die so genannten Grenzraten der technischen Substitution von Arbeit durch Kapitalnutzung. Ihr konkreter Wert hängt vom Faktoreinsatzverhältnis in der Ausgangssituation ab: Produziert man sehr arbeitsintensiv (links oben auf der Isoquante), so lässt sich mit einer zusätzlichen Maschinenstunde viel Arbeit einsparen, die Steigungswerte sind also betragsmäßig groß. Produziert man dagegen schon in der Ausgangssituation sehr kapitalintensiv (rechts unten auf der Isoquante), so kann eine weitere Maschinenstunden nur noch sehr wenig Arbeit ersetzen. Die Steigungswerte sind hier betragsmäßig klein. Es liegen also mit zunehmendem Einsatz des substituierenden Faktors abnehmende Grenzraten der Substitution vor. Dies ergibt sich bei abnehmenden Grenzproduktivitäten beider Faktoren zwingend und führt zu einem konvexen Verlauf der Isoquante: Wenn man von links nach rechts sukzessive immer mehr Maschinenstunden und immer weniger Arbeitsstunden einsetzt, so steigt im Verlauf dieses Substitutionsprozesses die Grenzproduktivität der Arbeit und fällt die Grenzproduktivität der Kapitalnutzung. Somit kann eine weitere Maschinenstunde immer weniger Arbeit ersetzen. Dieser Zusammenhang zwischen Grenzproduktivitäten in der Produktion und den Grenzraten der Faktorsubstitution wird noch deutlicher, wenn man ihn etwas formaler fasst. Definitionsgemäß müssen sich auf einer Isoquante die durch einen Mehreinsatz von Kapital ergebende Produktionszunahme und die im Gegenzug aus der Verminderung des Arbeitseinsatzes resultierende Produktionsabnahme genau ausgleichen:

$$\frac{\partial x_i}{\partial Q_i} dQ_i = -\frac{\partial x_i}{\partial A_i} dA_i.$$

Also entsprechen die Grenzraten der Substitution als betragsmäßige Steigungswerte der Isoquante dem Verhältnis der Grenzproduktivitäten der beteiligten Produktionsfaktoren:

$$s_{A_i,Q_i} = -\frac{dA_i}{dQ_i} = \frac{\frac{\partial x_i}{\partial Q_i}}{\frac{\partial x_i}{\partial A_i}}(A_i, Q_i). \tag{1.5}$$

Gesucht ist nun jene Faktormengenkombination auf der Isoquante, mit der die Zielmenge kostenminimal produziert werden kann. Oder anders formuliert: Zu minimieren ist die Kostengleichung

$$K_i = wA_i + qQ_i + K_f \tag{1.6}$$

unter der Nebenbedingung der Realisierung der Zielmenge bzw. des Erreichens der zugehörigen Isoquante. Anders als in der Kostenfunktion des Vorabschnitts sind die Produktionskosten mit der Kostengleichung in Abhängigkeit von den Faktoreinsatzmengen formuliert. Nach dem Arbeitseinsatz aufgelöst können wir die Kostengleichung bei Vorgabe eines bestimmten Kostenbetrages als so genannte Kostengerade (synonym: Isotime) in die Faktorebene einzeichnen:

$$A_i = \frac{K_i - K_f}{w} - \frac{q}{w} Q_i.$$

Abb. 1.9 Kostengleichung

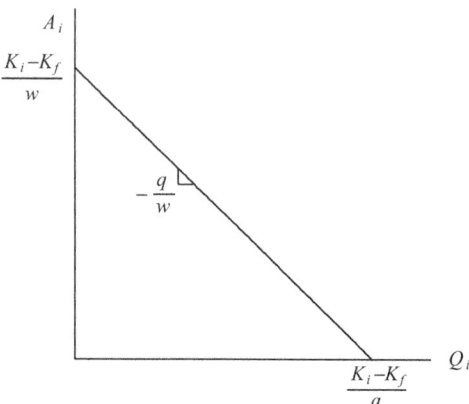

Dies illustriert die Abb. 1.9. Alle Faktormengenkombinationen auf dieser Kostengerade kann man mit dem vorgegebenen Kostenbudget einkaufen. Die Steigung der Kostengleichung entspricht dem Faktorpreisverhältnis q/w. Dieses sagt aus, auf wie viele Arbeitsstunden man beim Einkauf der Faktoren verzichten muss, wenn man (gegeben ein bestimmtes Kostenbudget) eine Maschinenstunde mehr kaufen will. Die Achsenabschnitte entsprechen den Quotienten aus den variablen Kosten bzw. dem Kostenbudget für die beiden variablen Produktionsfaktoren und dem jeweiligen Faktorpreis.

Für die Interpretation der Abbildung ist es wichtig zu verstehen, dass im Entscheidungskalkül die Steigung der Kostengerade vorgegeben ist, nicht aber die von der Höhe des Kostenbudgets abhängige Höhenlage. Gesucht ist nun jene Kostengerade, die einerseits möglichst tief liegt (Kostenminimierung), mit der aber andererseits die Zielisoquante erreicht werden kann.

1.3.2 Die Inputregel

Will unser Unternehmen eine vorgegebene Gütermenge zu minimalen Kosten produzieren, wird es seine Faktoreinsatzmengen so wählen, dass sie zu einer Grenzrate der Substitution führen, die dem vorgegebenen Faktorpreisverhältnis entspricht. Es liegt also wieder eine Variante der Mengenanpassung – jetzt der Anpassung der Faktormengen an ein gegebenes Faktorpreisverhältnis – vor. Sei beispielsweise eine Maschinenstunde doppelt so teuer wie eine Arbeitsstunde, sodass $q/w = 2$ gilt. Die Grenzrate der Substitution von Arbeit durch Kapital sei in der (noch nicht optimalen) Ausgangssituation gleich 3. Dann wird das Unternehmen drei Arbeitsstunden durch eine Maschinenstunde ersetzen, wodurch es bei konstanter Produktion eine Kostenersparnis von einer Arbeitsstunde, also in Höhe von w erzielt. Bei einer Grenzrate der Substitution von kleiner als 2 in der Ausgangssituation kann es ganz analog durch Substitution von Maschinenstunden durch mehr Arbeitsstunden Kosten sparen. Die kostenminimale Faktormengenkombination ist

1.3 Inputregel und Faktoreinsatz

also jene, bei der die Grenzrate der Substitution dem Faktorpreisverhältnis entspricht. Dieses Ergebnis kann man auch leicht anhand einer Abbildung ableiten, in der sowohl die Zielisoquante als auch eine Schar von Kostengleichungen mit dem vorgegebenen Faktorpreisverhältnis (aber mit jeweils unterschiedlichen Kostenbudgets) eingezeichnet ist. Kostenminimale Produktion der Zielmenge bedeutet hier die Wahl jener Kostengerade, mit der man die Zielisoquante gerade noch erreichen kann. Das ist jene Kostengleichung, welche die Zielisoquante tangiert, siehe Abb. 1.10. Damit steht die gesuchte Faktormengenkombination fest. Da die Steigungen zweier sich tangierender Funktionen im Tangentialpunkt identisch sind, ist diese Faktormengenkombination jene, welche zu einer Grenzrate der Substitution in Höhe des Faktorpreisverhältnisses führt.

Die Kostenminimierungsregel lautet also

$$\frac{q}{w} = \frac{\frac{\partial x_i}{\partial Q_i}}{\frac{\partial x_i}{\partial A_i}}(A_i, Q_i) \tag{1.7}$$

und in Worten: Wähle die Faktormengen so, dass die Grenzrate der Substitution dem Faktorpreisverhältnis entspricht. Diese Regel bezeichnet man als Inputregel. Sie lässt sich auch wie folgt in Worte fassen: Wähle die Faktoreinsätze so, dass das Verhältnis der Grenzproduktivitäten der Faktoren dem Verhältnis der Preise dieser Faktoren entspricht. Ist also beispielsweise Kapitalnutzung doppelt so teuer wie Arbeit, so muss sie im Kostenminimum auch die doppelte Grenzproduktivität aufweisen wie der Faktor Arbeit.

Zusammen mit der Produktionsfunktion als zweiter Gleichung lassen sich aus der Inputregel (1.7) für einen konkreten Zieloutput und für gegebene Faktorpreise die kostenminimierenden Faktoreinsatzmengen

$$A_i^* = A_i^*(x_i, w, q) \quad \text{und} \quad Q_i^* = Q_i^*(x_i, w, q)$$

berechnen.

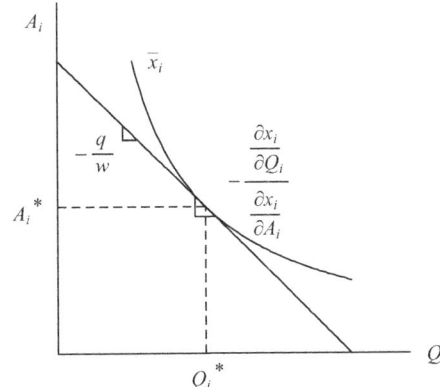

Abb. 1.10 Die Inputregel

1.3.3 Faktoreinsatzfunktionen

Betrachtet man in den obigen Gleichungen für die kostenminimalen Faktormengen die Produktionshöhe als Variable, so erhält man die einzelwirtschaftlichen kostenminimierenden Faktoreinsatzfunktionen

$$A_i = A_i(x_i) \quad \text{und} \quad Q_i = Q_i(x_i).$$

Diese Faktoreinsatzfunktionen zeigen den Zusammenhang zwischen Produktionshöhe und kostenminimierender Faktormenge. Dies sind also keine Einsatzfunktionen im rein technischen Sinne. Vielmehr ist hier die Kostenminimierung stets impliziert. Bei abnehmenden Skalenerträgen in der Produktion verlaufen die Faktoreinsatzfunktionen überlinear. Die Abb. 1.11 zeigt einen solchen Fall: Hier wurde eine vorgegebene Produktionsmenge erst verdoppelt und dann verdreifacht. Am zunehmenden Abstand der Isoquanten erkennt man die abnehmenden Skalenerträge in der Produktion. An den beiden Achsen kann man die beiden Einsatzfunktionen ablesen.

Die Abb. 1.12 zeigt beispielhaft die zugehörige Arbeitseinsatzfunktion. Steigt der Preis eines Faktors, so wird von diesem bei jeder Produktionshöhe weniger nachgefragt und dafür vom anderen Faktor mehr. Dies ist eine Faktorsubstitution ausgelöst durch eine Faktorpreiserhöhung. Bei konstant gehaltenem Produktionsniveau (auf einer Isoquante) erschöpft sich die Wirkung einer Faktorpreisänderung in diesem Substitutionseffekt. Steigt also beispielsweise der Lohnsatz, so liegt die gesamte Arbeitseinsatzfunktion der Abb. 1.12 tiefer.

Die kostenminimierenden Faktoreinsatzfunktionen sind das Bindeglied zwischen der Kostengleichung (1.6) und der Kostenfunktion (1.2): Setzt man die kostenminimierenden Faktoreinsatzfunktionen in die Kostengleichung (1.6) ein, so erhält man die zugehörige Kostenfunktion (1.2). Damit ist auch die logische Kette ausgehend von abnehmenden Skalenerträgen in der Produktion über überlineare Faktoreinsatzfunktionen zu überlinearen Kostenfunktionen und damit zunehmenden Grenzkosten geschlossen.

Abb. 1.11 Ableitung der Faktoreinsatzfunktionen

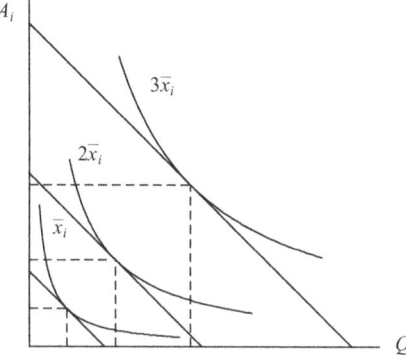

Abb. 1.12 Arbeitseinsatzfunktion

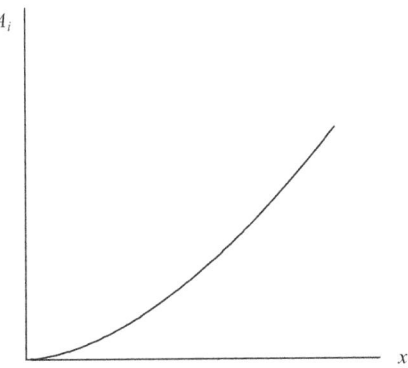

1.3.4 Ein Beispiel mit Cobb-Douglas-Technologie

Als Beispiel für die Produktionstechnologie soll uns die so genannte Cobb-Douglas-Produktionsfunktion

$$x_i = cA_i^\alpha Q_i^\beta$$

dienen. Die Exponenten der Produktionsfaktoren seien sowohl einzeln als auch in der Summe kleiner als eins. Es liegen dann abnehmende Grenz- und Durchschnittsproduktivitäten der Arbeit und der Kapitalnutzung vor. Für den Faktor Arbeit lauten diese Produktivitäten beispielsweise

$$\frac{\partial x_i}{\partial A_i} = \alpha c A_i^{\alpha-1} Q_i^\beta \quad \text{und} \quad \frac{x_i}{A_i} = c A_i^{\alpha-1} Q_i^\beta.$$

Der Quotient aus Grenz- und Durchschnittsproduktivitäten ergibt definitionsgemäß die so genannten Produktionselastizitäten eines Faktors. Diese sagen aus, um wie viel Prozent die Produktionsmenge steigt, wenn das Einsatzniveau des betreffenden Faktors um ein Prozent steigt. Die Produktionselastizitäten des Faktors Arbeit lauten im Falle der Cobb-Douglas-Produktionsfunktion

$$\varepsilon_{x_i,A_i} = \frac{\frac{\partial x_i}{\partial A_i}}{\frac{x_i}{A_i}} = \frac{\frac{\partial x_i}{x_i}}{\frac{\partial A_i}{A_i}} = \alpha.$$

Cobb-Douglas-Produktionsfunktionen sind also speziell durch konstante Produktionselastizitäten gekennzeichnet. Die Summe der Produktionselastizitäten der variablen Faktoren ergibt die so genannte Skalenelastizität (synonym: Niveauelastizität). Diese sagt aus, um wie viel Prozent die Produktion steigt, wenn man alle variablen Faktoren um ein Prozent erhöht. Bei abnehmenden Skalenerträgen ist diese Skalenelastizität kleiner als eins.

Die Inputregel lautet für unser Cobb-Douglas-Beispiel

$$\frac{q}{w} = \frac{\beta A_i}{\alpha Q_i}.$$

Zusammen mit der Produktionsfunktion als zweiter Gleichung in den Faktormengen folgen die Faktoreinsatzfunktionen: Ersetzen von A_i gemäß der Inputregel in der Produktionsfunktion führt zu

$$x_i = c \left(\frac{\alpha\, q}{\beta\, w} Q_i \right)^\alpha Q_i^\beta,$$

und daraus folgt die kostenminimierende Kapitalnutzungsfunktion als

$$Q_i = \left(\frac{1}{c} \right)^{\frac{1}{\alpha+\beta}} \left(\frac{\beta\, w}{\alpha\, q} \right)^{\frac{\alpha}{\alpha+\beta}} x_i^{\frac{1}{\alpha+\beta}}.$$

Ganz analog ergibt sich für die kostenminimierende Arbeitseinsatzfunktion

$$A_i = \left(\frac{1}{c} \right)^{\frac{1}{\alpha+\beta}} \left(\frac{\alpha\, q}{\beta\, w} \right)^{\frac{\beta}{\alpha+\beta}} x_i^{\frac{1}{\alpha+\beta}}.$$

An diesem Beispiel kann man nun explizit ablesen, wie die Art des Verlaufs der Faktoreinsatzfunktionen von der Produktionstechnik abhängt. Bei abnehmenden Skalenerträgen ist die Skalenelastizität (Summe der beiden faktorbezogenen Produktionselastizitäten) kleiner als eins und die Faktoreinsatzfunktionen verlaufen überlinear in der Produktionsmenge. Man sieht nun auch explizit die negative Abhängigkeit der Faktoreinsätze vom eigenen Preis und ihre positive Abhängigkeit vom Preis des anderen Faktors.

Durch Einsetzen der beiden kostenminimierenden Faktoreinsatzfunktionen in die Kostengleichung (1.6) können wir in unserem Beispiel die Brücke zur Kostenfunktion schlagen. Es ergibt sich für die Kostenfunktion

$$K_i = (\alpha + \beta) \left(\frac{1}{c} \right)^{\frac{1}{\alpha+\beta}} \left(\frac{w}{\alpha} \right)^{\frac{\alpha}{\alpha+\beta}} \left(\frac{q}{\beta} \right)^{\frac{\beta}{\alpha+\beta}} x_i^{\frac{1}{\alpha+\beta}} + K_f$$

und damit für die Grenzkosten

$$\frac{\partial K_i}{\partial x_i} = \left(\frac{1}{c} \right)^{\frac{1}{\alpha+\beta}} \left(\frac{w}{\alpha} \right)^{\frac{\alpha}{\alpha+\beta}} \left(\frac{q}{\beta} \right)^{\frac{\beta}{\alpha+\beta}} x_i^{\frac{1-\alpha-\beta}{\alpha+\beta}}.$$

Hier sieht man nun explizit, wie abnehmende Skalenerträge in der Produktion zu überlinearen Kostenfunktionen und damit zu zunehmenden Grenzkosten führen. Deutlich wird nun auch die im Abschn. 1.2 diskutierte negative Beziehung zwischen dem generellen

(Grenz-)Kostenniveau und den Faktorpreisen. Im Beispiel des Vorabschnitts mit der quadratischen Kostenfunktion bzw. mit linearem Grenzkostenverlauf hatten wir die Summe der Produktionselastizitäten auf 0,5 gesetzt.

1.4 Grenzproduktivitätsregel und Faktornachfrage

Kombiniert man die Outputregel mit der Inputregel, so erhält man sowohl die gewinnmaximale Produktionsmenge als auch die gewinnmaximalen Faktoreinsatzmengen, also insbesondere die gewinnmaximale Höhe des Arbeitseinsatzes und die gewinnmaximale Höhe der Kapitalnutzung. Eine Alternative zu diesem Vorgehen über die Output- und die Inputregel ist die Maximierung der direkt in den Faktoreinsatzmengen formulierten Gewinnfunktion. Zur Formulierung dieser Gewinnfunktion braucht man keine Kostenfunktion, sondern nur die Produktionsfunktion und die Kostengleichung. Dabei resultieren mit den Grenzproduktivitätsregeln nun Entscheidungsregeln, die eine direkte Verbindung zwischen dem Gütermarkt als Absatzmarkt des Unternehmens einerseits und den Faktormärkten als seinen Beschaffungsmärkten andererseits herstellen.

1.4.1 Erlöse, Kosten und Gewinne

Mithilfe der Produktionsfunktion kann man die Erlöse aus dem Verkauf des produzierten Gutes direkt in den Faktoreinsatzmengen formulieren:

$$E_i = p x_i(A_i, Q_i). \tag{1.8}$$

Angesichts (mit zunehmendem Faktoreinsatzniveau) fallender Grenzproduktivitäten sowie eines fest vorgegebenen Güterpreises resultieren mit zunehmendem Einsatzniveau fallende Grenzerlöse des Faktoreinsatzes. Diese Grenzerlöse entsprechen als Mehrerlöse aus dem Verkauf der mit einer zusätzlichen Faktoreinheit produzierten Menge definitionsgemäß dem (Verkaufs-)Wert des Grenzprodukts des jeweiligen Faktors. Sie lauten also

$$\frac{\partial E_i}{\partial A_i} = p \frac{\partial x_i}{\partial A_i}(A_i, Q_i) \quad \text{und} \quad \frac{\partial E_i}{\partial Q_i} = p \frac{\partial x_i}{\partial Q_i}(A_i, Q_i).$$

Die Abb. 1.13 zeigt als Beispiel den stilisierten Verlauf des Grenzerlöses aus dem Arbeitseinsatz. Typischerweise verlaufen die Grenzerlösfunktionen hyperbelartig.

Die Kostengleichung als Formulierung der Produktionskosten direkt in den Faktormengen kennen wir schon als

$$K_i = w A_i + q Q_i + K_f.$$

Die dem Polypolisten bei vollkommener Konkurrenz exogen vorgegebenen Faktorpreise entsprechen den Grenzkosten des Faktoreinsatzes: Jede weitere eingesetzte Arbeits-

Abb. 1.13 Grenzerlösfunktion für den Arbeitseinsatz

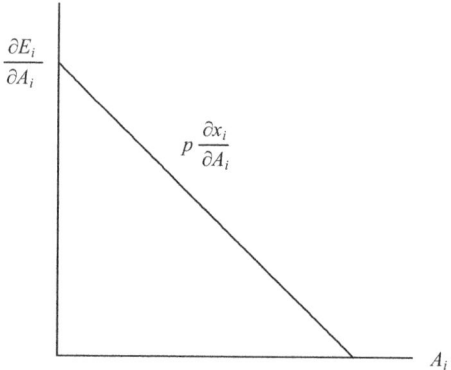

Abb. 1.14 Grenzkosten des Arbeitseinsatzes

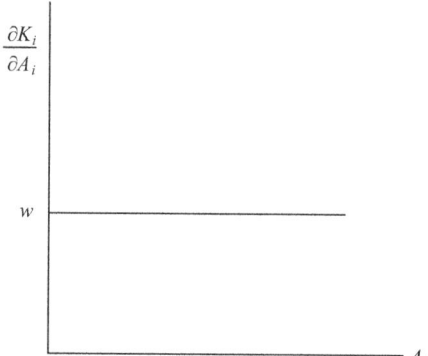

stunde führt zu Mehrkosten in Höhe des Stundenlohnsatzes und jede weitere eingesetzte Maschinenstunde führt zu Mehrkosten in Höhe des Kapitalnutzungspreises pro Stunde. Es gilt also

$$\frac{\partial K_i}{\partial A_i} = w \quad \text{und} \quad \frac{\partial K_i}{\partial Q_i} = q.$$

Die Abb. 1.14 zeigt als Beispiel den Verlauf der Grenzkosten des Arbeitseinsatzes.

Die Gewinnfunktion als unsere Zielfunktion formuliert in den beiden Entscheidungsparametern nachgefragte Arbeitsmenge und nachgefragte Kapitalnutzungsmenge lautet damit

$$G_i = p x_i(A_i, Q_i) - w A_i - q Q_i - K_f. \tag{1.9}$$

Exogene Entscheidungsgrundlage sind neben der Produktionstechnologie wieder die drei Preise p, w und q. Gesucht sind nun aber die beiden den Gewinn maximierenden Faktormengen.

1.4.2 Die Grenzproduktivitätsregel

Die gewinnmaximale Nachfrage nach einem Faktor ergibt sich nun aus dem Vergleich der konstanten Grenzkosten des Faktoreinsatzes, also dem Faktorpreis, mit den mit zunehmendem Faktoreinsatzniveau abnehmenden Grenzerlösen aus dem Faktoreinsatz, also dem Verkaufswert seines Grenzprodukts. Solange die Grenzerlöse des Faktoreinsatzes noch über dem Faktorpreis als seinen Grenzkosten liegen, bringt eine Ausdehnung von Faktoreinsatz und Produktion zusätzlichen Gewinn (einen positiven Grenzgewinn). Also ist es für einen Polypolisten gewinnmaximal, jene Arbeitsmenge nachzufragen, bei welcher der Wert des Grenzprodukts der Arbeit auf die Höhe des Lohnsatzes gefallen ist. Ganz analog ist jene Kapitalnutzung gewinnmaximal, bei der die mit dem Güterpreis bewertete Grenzproduktivität der Kapitalnutzung dem Kapitalnutzungspreis entspricht. Diese Überlegungen finden sich formal in den beiden Gewinnmaximierungsbedingungen erster Ordnung für die Grenzgewinne aus der Faktornachfrage wieder:

$$\frac{\partial G_i}{\partial A_i} = p \frac{\partial x_i}{\partial A_i}(A_i, Q_i) - w = 0 \quad \text{und} \quad \frac{\partial G_i}{\partial Q_i} = p \frac{\partial x_i}{\partial Q_i}(A_i, Q_i) - q = 0.$$

Die Gewinnmaximierungsbedingungen lauten damit

$$w = p \frac{\partial x_i}{\partial A_i}(A_i, Q_i) \quad \text{und} \quad q = p \frac{\partial x_i}{\partial Q_i}(A_i, Q_i) \qquad (1.10)$$

und in Worten: Wähle die nachgefragten Faktormengen so, dass der am Gütermarkt realisierte Grenzerlös aus dem Faktoreinsatz den auf den Faktormärkten zu zahlenden Grenzkosten (also hier den Faktorpreisen) entspricht. Diese Entscheidungsregeln bezeichnet man als Grenzproduktivitätsregeln. Dividiert man beide Seiten durch den Verkaufspreis des produzierten Gutes, so erhält man die „realen" Formulierungen

$$\frac{w}{p} = \frac{\partial x_i}{\partial A_i}(A_i, Q_i) \quad \text{und} \quad \frac{q}{p} = \frac{\partial x_i}{\partial Q_i}(A_i, Q_i)$$

mit den Faktorpreisen in Gütereinheiten auf der jeweils linken Seite. Dies bedeutet für den Faktor Arbeit in Worten: Erhöhe solange den Arbeitseinsatz, bis das (physische) Grenzprodukt der Arbeit auf die Höhe des Reallohnsatzes gefallen ist. Die Abb. 1.15 illustriert die ökonomische Logik der Grenzproduktivitätsregel für den Faktor Arbeit. Ist die Arbeitsnachfrage kleiner als gewinnmaximal, so liegt der Grenzerlös des Arbeitseinsatzes über seinen Grenzkosten. Eine Ausweitung des Arbeitseinsatzes würde hier also lohnen. Ist die Arbeitsnachfrage größer als gewinnmaximal, so liegt der Grenzerlös des Arbeitseinsatzes unter seinen Grenzkosten. Hier würde eine Verringerung des Arbeitseinsatzes den Gewinn erhöhen.

Mit der Abb. 1.16 ist die Zerlegung der im Gewinnmaximum resultierenden Erlöse aus dem Arbeitseinsatz in Arbeitskosten und Gewinne vor Fixkostenabzug dargestellt: Die Erlöse entsprechen als Summe der Grenzerlöse aus dem Arbeitseinsatz der Fläche

Abb. 1.15 Die Grenzproduktivitätsregel für den Faktor Arbeit

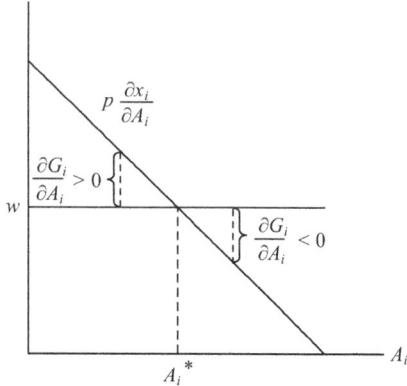

Abb. 1.16 Erlöse, Kosten und Gewinne des Arbeitseinsatzes im Gewinnmaximum

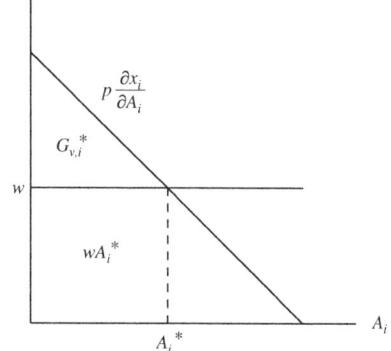

unter der Grenzerlösfunktion (zwischen Null und der gewinnmaximalen Arbeitseinsatzmenge). Zieht man von diesen das Lohnkosten-Viereck ab, so erhält man die Gewinne aus dem Arbeitseinsatz vor Fixkostenabzug als das Dreieck zwischen der Lohngeraden und der Grenzerlösfunktion (also als Summe der Grenzgewinne). Dabei umfassen die noch von diesem Dreieck abzuziehenden Fixkosten die Ausgaben für alle anderen Produktionsfaktoren.

Der Leser beachte, dass die Grenzproduktivitätsregel auch eine sehr wichtige verteilungstheoretische Aussage trifft: Herrscht Vollkommene Konkurrenz und verhalten sich alle Unternehmen (ob bewusst oder unbewusst) nach der Grenzproduktivitätsregel, so werden die variablen Produktionsfaktoren real gemäß ihrer Grenzproduktivität entlohnt. Beispielsweise ist dann der Reallohnsatz durch die Arbeitsproduktivität determiniert.

Anders als die Inputregel stellt die Grenzproduktivitätsregel explizit die Verbindung zwischen Gütermarkt und Faktormärkten her. Dies sieht man formal an der Relevanz des Güterpreises für die Faktornachfrageentscheidungen (während bei der Inputregel

1.4 Grenzproduktivitätsregel und Faktornachfrage

ein Zieloutput vorgegeben wird). Dividiert man die beiden Grenzproduktivitätsregeln (1.10) durch einander, so erhält man die Inputregel (1.7). Auch daran sieht man, dass die Grenzproduktivitätsregel die weiter reichende Entscheidungsregel ist. Ihre beiden Ausprägungen für die Faktoren Arbeit und Kapitalnutzung sind zwei Gleichungen in den zwei gesuchten Faktormengen, aus denen man die gewinnmaximalen Faktornachfragen in Abhängigkeit von den Faktorpreisen und dem Güterpreis berechnen kann:

$$A_i^* = A_i^*(w,q,p) \quad \text{und} \quad Q_i^* = Q_i^*(w,q,p).$$

Dagegen ist bei den Faktoreinsätzen gemäß Inputregel die dritte Determinante der vorgegebene Zieloutput. Einsetzen der gewinnmaximalen Faktornachfragen gemäß der Grenzproduktivitätsregel ergibt die hier endogene gewinnmaximale Produktionshöhe in Abhängigkeit von den Faktorpreisen und dem Güterpreis:

$$x_i^* = x_i^*(w,q,p).$$

1.4.3 Faktornachfragefunktionen

Betrachtet man in den obigen gewinnmaximalen Faktornachfragen den jeweiligen Faktorpreis als variabel, so erhält man die gewinnmaximierenden Faktornachfragefunktionen

$$A_i = A_i(w) \quad \text{und} \quad Q_i = Q_i(q).$$

Diese wird der Leser nicht mit den Faktoreinsatzfunktionen $A_i = A_i(x_i)$ und $Q_i = Q_i(x_i)$ verwechseln. Entsprechend der Grenzproduktivitätsregel verlaufen die Faktornachfragefunktionen fallend. Je höher der Preis eines Faktors ist, desto weniger wird von ihm nachgefragt. Dies illustriert die Abb. 1.17 am Beispiel der Arbeitsnachfrage. Steigt ausgehend von einer gewinnmaximalen Situation der Lohnsatz, so werden die Unternehmen die Arbeitsnachfrage verringern. Denn nach der Lohnsatzerhöhung liegen einige zuvor (gerade noch) Gewinn bringende Arbeitseinheiten (Arbeitsstunden) mit dem Wert ihres Grenzprodukts unterhalb ihrer Kosten.

Die Faktornachfragefunktionen verlaufen also fallend; dies zeigt die Abb. 1.18 in stilisierter Form anhand einer Arbeitsnachfragefunktion. Typischerweise verlaufen die Faktornachfragefunktionen hyperbelartig. Die Faktornachfragefunktionen liegen insgesamt umso höher, je höher der Verkaufspreis des produzierten Gutes ist (und damit die Grenzerlöse aus dem Faktoreinsatz liegen): Ein Anstieg des Verkaufspreises des mit dem Arbeitseinsatz produzierten Gutes macht den Einsatz einiger zuvor noch unprofitabler Arbeitseinheiten profitabel, indem es den Wert des Grenzprodukts der Arbeit über den Lohnsatz steigen lässt. Bei höherem Güterpreis liegt also die Arbeitsnachfrage für jeden Lohnsatz höher.

Anders als bei den Faktoreinsatzfunktionen ist bei den Faktornachfragefunktionen die Wirkungsrichtung der Änderung eines Faktorpreises auf die Nachfrage nach dem anderen Faktor offen. Dies liegt an der Endogenität der Produktionshöhe beim Konzept der

Abb. 1.17 Ableitung der Arbeitsnachfragefunktion

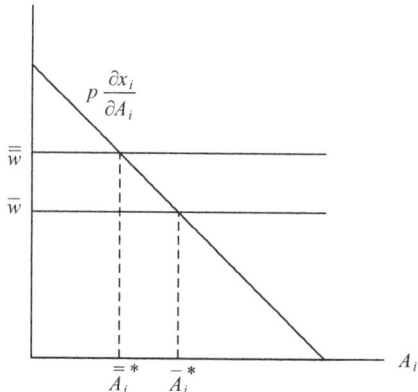

Abb. 1.18 Arbeitsnachfragefunktion

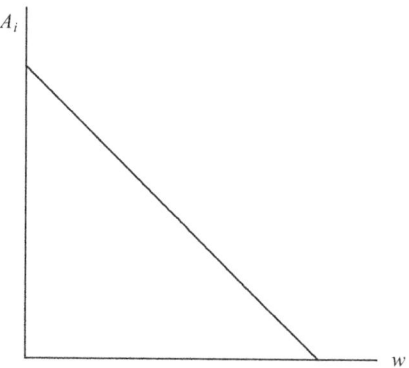

gewinnmaximalen Faktornachfrage. Steigt hier ein Faktorpreis, so nimmt die gewinnmaximale Produktionsmenge ab. Diesen Niveaueffekt einer Faktorpreiserhöhung kennen wir schon von der Diskussion der Outputregel. Dieser Niveaueffekt für sich genommen (also bei unverändertem Faktorpreisverhältnis) lässt die Nachfrage nach beiden Faktoren sinken. Daneben wirkt der Substitutionseffekt der Faktorpreiserhöhung, den wir schon von der Inputregel her kennen: Bei festgehaltenem Produktionsniveau (also auf einer fixierten Zielisoquante) führt eine Faktorpreiserhöhung zu einer Abnahme des Einsatzes jenes Faktors, dessen Preis sich erhöht, und zu einer Zunahme des Einsatzes jenes Faktors, dessen Preis unverändert bleibt. Mit Blick auf die Nachfrage nach dem Faktor, dessen Preis sich erhöht, gehen der Niveaueffekt und der Substitutionseffekt in die gleiche Richtung: Die Nachfrage nach diesem Faktor fällt. Mit Blick auf die Nachfrage nach jenem Faktor, dessen Preis unverändert bleibt, wirkt der Niveaueffekt in Richtung weniger Nachfrage und der Substitutionseffekt in Richtung mehr Nachfrage. Daher kann man keine allgemein gültige Aussage darüber treffen, ob sich eine Faktornachfragefunktion

1.4 Grenzproduktivitätsregel und Faktornachfrage

(z. B. die Arbeitsnachfragefunktionen der Abb. 1.18) bei Erhöhung des Preises eines anderen Faktors (im Beispiel: des Kapitalnutzungspreises) nach oben oder nach unten verlagert. Dies ist eine Frage der konkreten Technologie.

1.4.4 Ein Beispiel mit Cobb-Douglas-Technologie

Im Falle einer Cobb-Douglas-Produktionsfunktion mit den zwei variablen Produktionsfaktoren Arbeit und Kapitalnutzung lauten die beiden Ausprägungen der Grenzproduktivitätsregel

$$w = p\alpha \, c A_i^{\alpha-1} Q_i^{\beta} \quad \text{und} \quad q = p\beta \, c A_i^{\alpha} Q_i^{\beta-1}.$$

Aus ihnen kann man die beiden Faktornachfragefunktionen wie folgt ermitteln: Auflösen der Grenzproduktivitätsregel für die Kapitalnutzung nach der Arbeitsmenge ergibt

$$A_i = \left(\frac{\frac{q}{p}}{\beta \, c Q_i^{\beta-1}} \right)^{\frac{1}{\alpha}}.$$

Dies in die Grenzproduktivitätsregel für den Faktor Arbeit eingesetzt führt zu

$$\frac{w}{p} = \alpha \, c \left(\frac{\frac{q}{p}}{\beta \, c Q_i^{\beta-1}} \right)^{\frac{-(1-\alpha)}{\alpha}} Q_i^{\beta}.$$

Daraus resultiert durch Auflösen über den Zwischenschritt

$$Q_i^{\frac{1-\alpha-\beta}{\alpha}} = \frac{\alpha c}{\frac{w}{p}} \left(\frac{\beta c}{\frac{q}{p}} \right)^{\frac{1-\alpha}{\alpha}}$$

die gewinnmaximierende Nachfragefunktion für den Faktor Kapitalnutzung als

$$Q_i = \left(c \left(\frac{\beta}{q} \right)^{1-\alpha} \left(\frac{\alpha}{w} \right)^{\alpha} p \right)^{\frac{1}{1-\alpha-\beta}}.$$

Diese eingesetzt in die Grenzproduktivitätsregel für den Faktor Arbeit führt zur gewinnmaximierenden Arbeitsnachfragefunktion

$$A_i = \left(c \left(\frac{\alpha}{w} \right)^{1-\beta} \left(\frac{\beta}{q} \right)^{\beta} p \right)^{\frac{1}{1-\alpha-\beta}}.$$

An diesen beiden Faktornachfragefunktionen kann man nun explizit ablesen, dass sie (im eigenen Preis) fallend verlaufen und umso höher liegen, je höher der Güterpreis ist. Außerdem ergibt sich bei Cobb-Douglas-Technologie, dass die Erhöhung des Preises eines anderen Faktors die Faktornachfragefunktionen nach unten verschiebt. Es dominiert also in dieser Überkreuzbeziehung stets der Niveaueffekt den Substitutionseffekt. Um sich den Unterschied zwischen den beiden aus der Grenzproduktivitätsregel resultierenden Faktornachfragefunktionen und den aus der Inputregel resultierenden Faktoreinsatzfunktionen noch einmal zu verdeutlichen, vergleiche der Leser die beiden obigen Faktornachfragefunktionen einmal mit den Faktoreinsatzfunktionen des Cobb-Douglas-Beispiels des Vorabschnitts.

Einsetzen der beiden Faktornachfragefunktionen in die Produktionsfunktion führt zur gewinnmaximierenden Güterangebotsfunktion

$$x_i = \left(c \left(\frac{\alpha}{w} \right)^\alpha \left(\frac{\beta}{q} \right)^\beta p^{\alpha+\beta} \right)^{\frac{1}{1-\alpha-\beta}}.$$

Wie schon im Abschn. 1.2 zur Outputregel gezeigt, steigt die gewinnmaximale Produktionsmenge mit dem Güterpreis. Rückblickend sehen wir nun, dass das dortige Beispiel einer linear steigenden Güterangebotsfunktion bei einer Skalenelastizität von 0,5 resultiert. Wir sehen jetzt auch noch expliziter als im Beispiel des Abschn. 1.2, wie Erhöhungen eines Faktorpreises die Güterangebotsfunktion nach unten verschieben.

1.5 Investitionsregel und Kapitalnachfrage

Bisher haben wir ein Unternehmen betrachtet, das keine Kapitalgüter kauft, sondern die notwendige Kapitalnutzung als laufende (unterjährige) Vorleistung zukauft. Ein solches unterjähriges Maschinenleasing ist in einigen Wirtschaftszweigen weit verbreitet. Ein Vorteil des Maschinenleasings ist es, dass das mit der langfristigen Kapitalbindung beim Kapitalgüterkauf entstehende Risiko auf den Leasinggeber ausgelagert wird. Im Folgenden wollen wir nun den Kapitalgüterkauf durch die von uns betrachtete Unternehmung zulassen. Statt unter Einsatz von Q_i zum Nutzungspreis q zugekauften homogenen Maschinenstunden produziert unser Unternehmen nun unter Verwendung von R_i zum Stückpreis von p_R eingekauften homogenen Kapitalgütern (Maschinen). Diese haben annahmegemäß eine Lebensdauer von vielen Jahren, sodass die Kapitalnachfrageentscheidung einen ausgeprägt intertemporalen Charakter bekommt. Aus jeder am Kapitalgütermarkt nachgefragten Maschine resultieren in den Folgejahren laufende Kosten sowie laufende Erlöse und damit laufende Periodengewinne. Dabei sind die in der Zukunft liegenden Periodengewinne auf den Entscheidungszeitpunkt $t=0$ abzuzinsen, um mit ihren Gegenwartswerten (Barwerten) kalkulieren zu können. Es ist u. a. diese Notwendigkeit der Abdiskontierung zukünftiger Wertgrößen, durch die der Zinssatz i einen maßgeblichen Einfluss auf die Kapitalgutnachfrageentscheidung bekommt.

1.5 Investitionsregel und Kapitalnachfrage

1.5.1 Kapitalgüternachfrage, Investitionen und Zinssatz

Wir betrachten ein Unternehmen, das ein Konsumgut unter Einsatz von Arbeit sowie unter Verwendung von R_i Einheiten eines homogenen Kapitalguts produziert. Das Kapitalgut kauft es zum Stückpreis von p_R am Kapitalgütermarkt (Realkapitalmarkt). Dazu braucht es Finanzkapital in Höhe von $p_R R_i$. Diese Kapitalkosten sind definitionsgemäß die Investitionen

$$I_i = p_R R_i. \tag{1.11}$$

Anders als die Kapitalgüternachfrage R_i (eine Menge, gemessen in der Stückzahl) sind die Investitionen eine Wertgröße (gemessen z. B. in Euro). Die Investitionen sind die Nachfrage nach neuem Finanzkapital am Finanzkapitalmarkt. Das Unternehmen entscheidet zunächst einmal über seine Kapitalgüternachfrage. Die sich daraus ergebenden Investitionen verstanden als neue Finanzkapitalnachfrage haben insofern abgeleiteten Charakter.

Kauft die Unternehmung Maschinen, so kostet sie das auf der einen Seite die Anschaffungskosten $p_R R_i$. Wir wollen annehmen, dass sie diese Gesamtkapitalkosten vollständig zum Entscheidungszeitpunkt $t=0$ bezahlen muss. Bei einem Finanzierungszinssatz i bedeutet dies Periodenkapitalkosten in Höhe von $ip_R R_i$: Dies sind die jährlich auf das Kapital zu zahlenden Zinsen. Auf der anderen Seite ermöglichen die Maschinen in den Folgejahren die Produktion eines Konsumguts und damit Periodengewinne vor Kapitalkostenabzug $G_{i,t}$ mit $t = 1, 2, \ldots, T$ und T als Lebensdauer des Kapitalguts. Diese Periodengewinne (Jahresgewinne) vor Kapitalkostenabzug sind als Saldo der Erlöse aus dem Konsumgutverkauf und den laufenden Kosten (u. a. den Löhnen) zu verstehen:

$$G_{i,t} = p_t x_{i,t}(A_{i,t}, R_i) - w_t A_{i,t} - K_{f,t}. \tag{1.12}$$

Dabei steht hier jetzt in der Produktionsfunktion mit der Kapitalgütermenge eine Bestandsgröße. Diese Menge wird in $t=0$ beschafft und dann bis $t = T$ zur Produktion genutzt. Daher erhält sie auch keinen Periodenindex. Den Periodengewinn nach Abzug der Periodenkapitalkosten notieren wir als

$$\Pi_{i,t} = G_{i,t}(R_i) - ip_R R_i.$$

Der Periodengrenzgewinn aus der Kapitalgutbeschaffung (also der zusätzliche Gewinn pro Jahr aus einer weiteren Maschine) vor Kapitalkostenabzug entspricht dem Wert der Grenzproduktivität des Kapitals, also dem Verkaufswert der mit einer weiteren Maschine möglichen Mehrproduktion pro Periode:

$$\frac{\partial G_{i,t}}{\partial R_i} = p_t \frac{\partial x_{i,t}}{\partial R_i}(R_i).$$

Dabei fällt im Regelfall die Grenzproduktivität des Kapitals mit zunehmendem Kapitaleinsatz. Die Summe der Gegenwartswerte aller aus der Kapitalgüterbeschaffung in $t = 0$ resultierenden Periodengewinne ist der Gesamtgewinn aus der Kapitalgutbeschaffung. Dieser Gesamtgewinn lautet vor Abzug der Gesamtkapitalkosten

$$G_i = \frac{G_{i,1}(R_i)}{1+i} + \frac{G_{i,2}(R_i)}{(1+i)^2} + \ldots + \frac{G_{i,T}(R_i)}{(1+i)^T}.$$

Dabei werden die Periodengewinne bei Risikoneutralität der Unternehmen mit dem Finanzzinssatz i abgezinst um die Gegenwartswerte zu erhalten. In der Notation unterscheidet sich der Gesamt- vom Periodengewinn durch das Fehlen des Periodenindex t. Das Ziel des Unternehmens ist die Maximierung des Gesamtgewinns nach Kapitalkostenabzug

$$\Pi_i = G_i(R_i) - p_R R_i.$$

Um die Rolle des Zinssatzes für die Kapitalgutnachfrage und die Investitionen deutlich zu machen, wollen wir annehmen, dass sich der Preis des produzierten Konsumguts und der Lohnsatz im Zeitverlauf nicht ändern. Dann wird in jedem Jahr der gleiche Periodengewinn $G_{i,t}$ resultieren. Außerdem sei die Lebensdauer der Maschinen sehr hoch (über 20 Jahre). Dann gilt für den Gesamtgewinn vor Kapitalkostenabzug G_i als Gegenwartswert der Summe aller Periodengewinne die Näherungsformel

$$G_i = \sum_{t=1}^{T} \frac{G_{i,t}(R_i)}{(1+i)^t} \approx \frac{G_{i,t}(R_i)}{i}. \tag{1.13}$$

Beläuft sich der (Finanzierungs-)Zinssatz beispielsweise auf 0,1 (zehn Prozent), so entspricht der Gegenwartswert einer sehr langen Reihe eines immer gleichen Periodengewinns dem Zehnfachen dieses Periodengewinns. Für den Gesamtgrenzgewinn als Summe der Gegenwartswerte der Periodengrenzgewinne aus dem Kauf einer weiteren Maschine (beide Grenzgewinne vor Kapitalgrenzkostenabzug) gilt entsprechend

$$\frac{\partial G_i}{\partial R_i} \approx \frac{\frac{\partial G_{i,t}}{\partial R_i}(R_i)}{i} = \frac{p \frac{\partial x_{i,t}}{\partial R_i}(R_i)}{i}. \tag{1.14}$$

Wegen der fallenden Grenzproduktivität des Kapitals fällt dieser Gesamtgrenzgewinn mit zunehmender Kapitalgüteranzahl. Dies illustriert die Abb. 1.19 in stilisierter Form. Typischerweise verlaufen diese Gesamtgrenzgewinnfunktionen hyperbelartig.

1.5.2 Die Investitionsregel

Das Unternehmen wird seine gewinnmaximale Kapitalgutmenge im Abgleich der Kosten einer weiteren Maschine in Höhe des Kapitalgutpreises p_R mit den zusätzlichen „Erlösen" aus der Beschaffung einer weiteren Maschine, also der Summe der Gegenwartswerte der Periodengrenzgewinne gemäß (1.14), suchen. Jede Maschine, bei der letztere noch höher ist als der Maschinenpreis, bringt der Unternehmung einen zusätzlichen Gewinn aus der Investitionstätigkeit. Also wird sie jene Menge des Kapitalguts

1.5 Investitionsregel und Kapitalnachfrage

Abb. 1.19 Gesamtgrenzgewinnfunktion

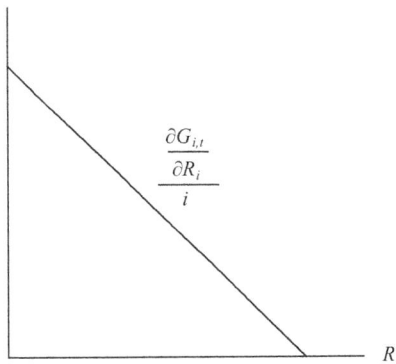

Abb. 1.20 Die Investitionsregel formuliert in Gesamtgrößen

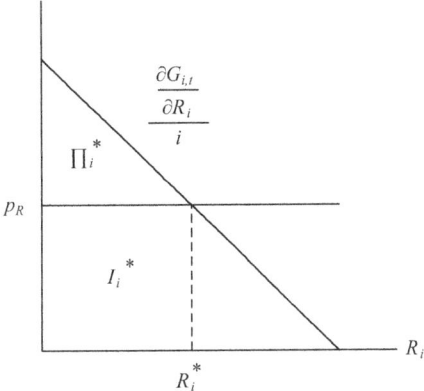

nachfragen, bei der die Summe der Gegenwartswerte der Periodengrenzgewinne ohne Kapitalkosten (der Gesamtgrenzgewinn vor Kapitalgrenzkostenabzug) auf die Höhe des Kapitalgutpreises (also der Kapitalgrenzkosten) gefallen ist. Formal argumentiert führt die notwendige Gewinnmaximierungsbedingung

$$\frac{\partial \Pi_i}{\partial R_i} = \frac{\partial G_i}{\partial R_i}(R_i) - p_R = \frac{\frac{\partial G_{i,t}}{\partial R_i}(R_i)}{i} - p_R = 0$$

zu

$$p_R = \frac{\frac{\partial G_{i,t}}{\partial R_i}(R_i)}{i}.$$

Dies ist die Investitionsregel formuliert als Abgleich von Gesamtgrenzgewinnen vor Kapitalgrenzkostenabzug einerseits und dem Kapitalgutpreis als Kapitalgesamtgrenzkosten andererseits. Die Abb. 1.20 stellt diese Formulierung dar und zeigt die Aufteilung der Gesamtgewinne aus der Kapitalgutbeschaffung vor Kapitalkostenabzug (Fläche unter der Grenzgewinnfunktion) in die Investitionen als Kapitalgesamtkosten einerseits und die Gesamtgewinne nach Abzug dieser Kapitalgesamtkosten (als Dreieck zwischen der Kapitalgutpreisgeraden und der Grenzgewinnfunktion) andererseits.

Man kann die Investitionsregel auch in Periodengrößen formulieren: Multiplikation beider Seiten mit dem Finanzzinssatz führt zu

$$ip_R = \frac{\partial G_{i,t}}{\partial R_i}(R_i),$$

also in Worten: Kaufe jene Menge des Kapitalguts, bei welcher der Periodengrenzgewinn vor Abzug der laufenden Kapitalgrenzkosten auf die Höhe der jährlichen Finanzierungskosten einer Maschine (also eben der laufenden Kapitalgrenzkosten) gefallen ist. Diese Formulierung und die zugehörige Aufteilung der Periodengewinne vor Periodenkapitalkostenabzug illustriert die Abb. 1.21.

Eine dritte Formulierungsvariante der Investitionsregel ist

$$i = \frac{\frac{\partial G_{i,t}}{\partial R_i}(R_i)}{p_R}. \tag{1.15}$$

Hier ist der Quotient aus Periodengrenzgewinn und Kapitalgutpreis der auf Jahresbasis berechnete Real(kapital)zinssatz bzw. die Realrendite vor Kapitalkostenabzug. Bringt eine Maschine beispielsweise einen zusätzlichen Periodengewinn (vor Kapitalkostenabzug) von 1.000 EUR und hat einen Preis von 10.000 EUR, so beträgt der Realzinssatz zehn Prozent. Diese reale Rendite fällt mit zunehmender Maschinenzahl. In der Formulierung (1.15) sagt die Investitionsregel also: Erhöhe die Kapitalgüternachfrage soweit, bis der Realzinssatz auf die Höhe des Finanzierungszinssatzes gefallen ist. Diese recht einsichtige und in der Praxis beliebte Formulierung der Investitionsregel wird von der Abb. 1.22 illustriert.

Abb. 1.21 Die Investitionsregel formuliert in Periodengrößen

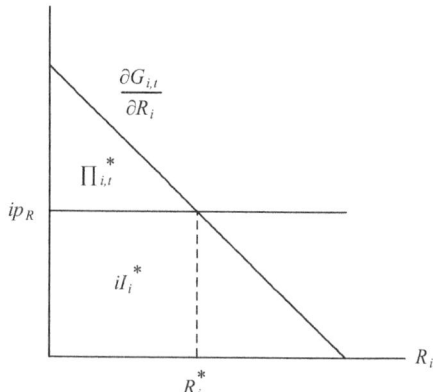

1.5 Investitionsregel und Kapitalnachfrage

Abb. 1.22 Die Investitionsregel als Zinssatzabgleich

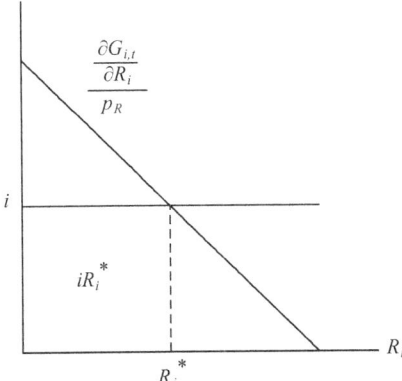

Aus der Investitionsregel erhält man zunächst einmal die gewinnmaximale Kapitalgutnachfrage in Abhängigkeit vom Kapitalgutpreis, vom Preis des produzierten Konsumgutes und vom Zinssatz:

$$R_i^* = R_i^*(p_R, p, i).$$

Multiplikation mit dem Kapitalgutpreis ergibt dann die zugehörige Finanzkapitalnachfrage, also die gewinnmaximale Höhe der Investitionen

$$I_i^*(p_R, p, i) = p_R R_i^*(p_R, p, i).$$

1.5.3 Kapitalnachfragefunktionen

Betrachtet man in der obigen Bestimmungsgleichung für die gewinnmaximale Kapitalgutmenge den Kapitalgutpreis als variabel, so erhält man die einzelwirtschaftliche Kapitalgutnachfragefunktion (Realkapitalnachfragefunktion)

$$R_i = R_i(p_R).$$

An der Investitionsregel bzw. der Abb. 1.22 kann man sich leicht klarmachen, dass diese fallend verläuft. Je höher der Kapitalgutpreis ist, desto niedriger sind die Realrenditen, desto weniger Maschinen erbringen den Finanzierungszinssatz. Die Realkapitalnachfrage fällt dementsprechend auch mit steigendem (Finanzierungs-)Zinssatz, steigt aber mit steigendem Preis des produzierten Konsumgutes.

Die Höhe der Finanzkapitalnachfrage, also der Investitionen, entspricht jener der Realkapitalnachfrage multipliziert mit dem Kapitalgutpreis. Also verläuft die einzelwirtschaftliche Investitionsfunktion

$$I_i = I_i(i)$$

Abb. 1.23 Ableitung der Investitionsfunktion

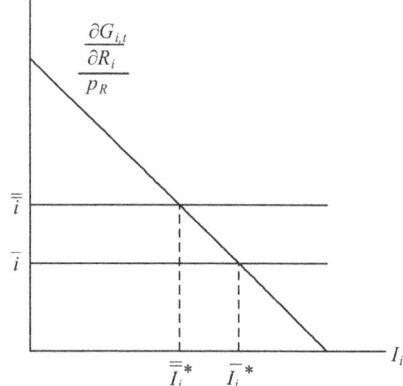

Abb. 1.24 Investitionsfunktion

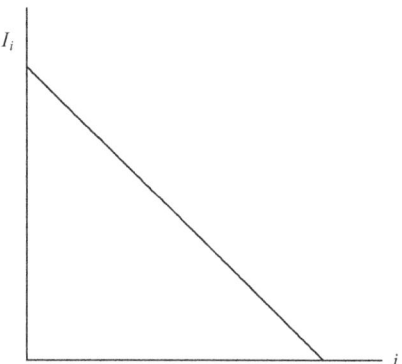

fallend. Dies zeigt die Abb. 1.23. Im Vergleich zur Abb. 1.22 ist hier lediglich die Abszisse mit dem Kapitalgüterpreis re-skaliert. Steigt der Finanzierungszinssatz, so erbringen einige zuvor noch rentable Maschinen nicht mehr die zur Deckung der Kapitalkosten notwendige Realverzinsung und werden daher nicht mehr nachgefragt.

Die Abb. 1.24 zeigt den stilisierten Verlauf der Investitionsfunktion. Die Investitionsfunktionen verlaufen typischerweise hyperbelartig. Die Richtung der Verschiebung dieser Investitionsfunktion bei einer Erhöhung des Kapitalgutpreises hängt von der konkreten Form der Produktionsfunktion ab: Einerseits fällt die gewinnmaximale Kapitalgutmenge bei einem Anstieg des Kapitalgutpreises. Andererseits führt diese Preiserhöhung für sich genommen (bei gegebener Kapitalgutmenge) zu einem erhöhten Finanzkapitalbedarf.

1.5.4 Ein Beispiel mit Cobb-Douglas-Technologie

Wir knüpfen an das Beispiel des Vorabschnitts an, ersetzen jetzt aber die Kapitalnutzungsmenge Q_i in der Produktionsfunktion durch die Kapitalgutmenge R_i. Die Investitionsregel lautet dann

$$p_R = \frac{p\beta\, c A_i^\alpha R_i^{\beta-1}}{i} \quad \text{bzw.} \quad ip_R = p\beta\, c A_i^\alpha R_i^{\beta-1}.$$

Die zweite Formulierung macht den Bezug zum Vorabschnitt besonders deutlich: Die Rolle des Kapitalnutzungspreises q wird hier von den jährlichen Kapitalkosten einer Maschine ip_R übernommen. Und in der Tat muss sich diese Gleichheit bei Vollkommener Konkurrenz auf allen Märkten einstellen. Wäre z. B. der Kapitalnutzungspreis höher als die laufenden Kapitalkosten, würden Unternehmer sofort Maschinen kaufen und verleihen. Auf analogem Wege wie im Vorabschnitt gelangen wir zur Realkapitalnachfragefunktion

$$R_i = \left(c \left(\frac{\beta}{ip_R} \right)^{1-\alpha} \left(\frac{\alpha}{w} \right)^\alpha p \right)^{\frac{1}{1-\alpha-\beta}}.$$

Hier sieht man nun explizit, dass diese im Kapitalgutpreis fallend verläuft und umso niedriger liegt, je höher der Zinssatz ist. Multiplikation mit dem Kapitalgutpreis ergibt die Finanzkapitalnachfrage- bzw. Investitionsfunktion

$$I_i = \left(c \left(\frac{\beta}{i} \right)^{1-\alpha} \left(\frac{\alpha}{w} \right)^\alpha \left(\frac{1}{p_R} \right)^\beta p \right)^{\frac{1}{1-\alpha-\beta}}.$$

Diese verläuft offensichtlich im Zinssatz fallend. Die Investitionen fallen in unserem Cobb-Douglas-Beispiel auch mit steigendem Realkapitalpreis. Aber das kann bei anderen Arten von Produktionsfunktionen anders aussehen.

1.6 Zusammenfassung

1. Wird ein homogenes Gut auf einem transparenten Markt zwischen sehr vielen Anbietern und sehr vielen Nachfragern gehandelt, so liegt die Marktform der Vollkommenen Konkurrenz vor. Hier hat annahmegemäß keiner der Anbieter und Nachfrager in dem Sinne Marktmacht, dass seine einzelwirtschaftliche Entscheidung merklichen Einfluss auf das Marktergebnis (insbesondere auf den Marktpreis) hätte.

2. Bei Vollkommener Konkurrenz (in den folgenden Punkten stets vorausgesetzt) verhalten sich an einem möglichst hohen Gewinn interessierte Unternehmen als Mengenanpasser: Gegeben die Güter- und/oder Faktorpreise (sowie eventuell den Zinssatz) maximieren sie ihren Gewinn durch eine entsprechende Festlegung der angebotenen Güter- und/oder nachgefragten Faktormengen.
3. Bei Vollkommener Konkurrenz entspricht der Mehrerlös jeder zusätzlich verkauften Einheit (der Grenzerlös bezüglich der Produktionsmenge) dem Verkaufspreis des produzierten Gutes. Die Kostenfunktion als Zusammenhang zwischen der Höhe der produzierten Menge und den für diese – bei Wahl der jeweils kostenminimierenden Faktoreinsatzmengenkombination – resultierenden Produktionskosten verläuft im Regelfall progressiv steigend: Die Mehrkosten einer weiteren produzierten Einheit (die Grenzkosten bezüglich der Produktionsmenge) steigen tendenziell mit der (Ausgangs-)Höhe der produzierten Menge. Hinter diesem Verlauf stehen abnehmende Skalenerträge in der Produktion: Eine Zunahme der Einsatzmengen der variablen Produktionsfaktoren führt in der Regel zu einer nur unterproportionalen Produktionszunahme.
4. Bei Kenntnis ihrer Kostenfunktion (im obigen Sinne) maximieren die Unternehmen ihren Gewinn, indem sie jene Produktionsmenge wählen, bei welcher die Grenzkosten in der Produktion auf die Höhe des Verkaufspreises des produzierten Gutes gestiegen sind (so genannte Outputregel).
5. Gemäß der Outputregel steigt die gewinnmaximierend angebotene Gütermenge mit steigendem Güterpreis, d. h. es resultiert eine steigend verlaufende Güterangebotsfunktion.
6. Bei Anwendung der Outputregel gilt: Bei gegebenem Güterpreis fällt die gewinnmaximale Güterangebotsmenge mit steigenden Faktorpreisen, weil dann die Grenzkosten bei jeder Produktionsmenge höher liegen.
7. Ist einem Unternehmen eine bestimmte Produktionsmenge als Zielgröße vorgegeben, so resultiert bei substituierbaren Produktionsfaktoren aus der Produktionsfunktion eine (Ziel-)Isoquante als Ort aller Faktormengenkombinationen mit denen die vorgegebene Produktionsmenge produziert werden kann. Die Steigungswerte dieser Isoquante sind die so genannten Grenzraten der Faktorsubstitution. Sie geben an, wie viele Einheiten des substituierten Faktors durch eine zusätzliche Einheit des substituierenden Faktors ersetzt werden können. Bei abnehmenden Grenzerträgen der beiden beteiligten Faktoren verlaufen diese Grenzraten der Substitution fallend: Je mehr schon vom substituierenden Faktor eingesetzt wird, desto weniger kann eine weitere Einheit von ihm vom anderen Faktor ersetzen. Berechnet werden die Grenzraten der Faktorsubstitution als Verhältnis der Grenzproduktivitäten des substituierenden Faktors zu jenen des substituierten Faktors.
8. Ist einem Unternehmen eine bestimmte Produktionsmenge vorgegeben, so bedeutet Gewinnmaximierung eine Kostenminimierung unter der Nebenbedingung des Erreichens der vorgegebenen Produktionshöhe. Die Produktionskosten werden in diesem Sinne minimiert wenn die Produktionsfaktoren in jenem Verhältnis

1.6 Zusammenfassung

eingesetzt werden, bei dem die Grenzrate der Substitution (also das Verhältnis der Grenzproduktivitäten) dem Faktorpreisverhältnis entspricht (so genannte Inputregel).

9. Die sich bei Anwendung der Inputregel ergebenden Faktoreinsatzfunktionen (Zusammenhang zwischen kostenminimierender Faktoreinsatzmenge und Produktionsmenge) steigen bei abnehmenden Skalenerträgen in der Produktion überlinear in der Produktionsmenge.
10. Bei Anwendung der Inputregel gilt: Bei jeder vorgegebenen Produktionsmenge ist die Einsatzmenge eines Faktors umso niedriger, je höher der eigene Faktorpreis ist, und umso höher, je höher die Preise der anderen Faktoren sind.
11. Kennen die Unternehmen ihre Produktionsfunktion, nicht aber die explizite Kostenfunktion, so maximieren sie ihren Gewinn wenn sie jene Faktormengen wählen, bei denen der Wert des Grenzprodukts jedes Faktors (also die mit dem Verkaufspreis des produzierten Gutes bewertete Mehrproduktion aus dem Einsatz einer weiteren Faktoreinheit) auf die Höhe seines Faktorpreises gefallen ist (so genannte Grenzproduktivitätsregel).
12. Entsprechend der Grenzproduktivitätsregel fällt die nachgefragte Menge eines Faktors mit steigendem eigenem Preis, d. h. es resultieren fallend verlaufende Faktornachfragefunktionen.
13. Bei Anwendung der Grenzproduktivitätsregel gilt: Die Nachfrage nach einem Faktor steigt mit steigendem Preis des produzierten Gutes. Steigt der Preis eines anderen Faktors, so kann die nachgefragte Menge des betrachteten Faktors steigen (der Substitutionseffekt – also der Effekt der Veränderung des Faktorpreisverhältnisses – dominiert) oder fallen (der Niveaueffekt – also der Effekt des Sinkens der gewinnmaximalen Produktionshöhe – dominiert).
14. Das Investitionsverhalten eines Unternehmens ist gewinnmaximal, wenn es die Kapitalgutmenge so wählt, dass die Summe der Gegenwartswerte der Periodengrenzgewinne vor Kapitalkostenabzug auf die Höhe des Kapitalgutpreises gefallen ist (so genannte Investitionsregel). Oder anders formuliert: Es muss die Kapitalgutmenge so weit ausdehnen, bis der Realzinssatz (die Realrendite berechnet vor Kapitalkostenabzug) der letzten Kapitalguteinheit auf die Höhe des Finanzierungszinssatzes gefallen ist.
15. Die gewinnmaximale Höhe der Investitionen resultiert aus der Multiplikation der gewinnmaximalen Kapitalgutmenge mit dem Kapitalgutpreis. Da erstere mit zunehmendem Finanzzinssatz fällt, fällt auch die gewinnmaximale Investitionshöhe mit steigendem Finanzzinssatz, d. h. die Investitionsfunktion verläuft fallend.

Die Ermittlung der gewinnmaximalen Produktionsmenge (Outputregel) und der kostenminimierenden Produktionsfaktormengenkombination (Inputregel) sind Gegenstand wohl aller mikroökonomischen Lehrbücher. Eine sehr ausführliche Darstellung mit vielen ergänzenden Überlegungen findet sich in den Kapiteln II.D und II.C von Schumann et al. (2011). Umfassende und empfehlenswerte Abhandlungen hierzu sind auch die Kap.

7 und 8 in Pindyck und Rubinfeld (2015) sowie die Kap. 21 und 23 in Varian (2016). Mit Blick auf die Herleitung der Grenzproduktivitätsregeln und der Investitionsregel sei hier das 14. bzw. 15. Kapitel von Pindyck und Rubinfeld (2015) erwähnt. Im Kapitel V.B von Schumann et al. (2011) findet sich eine verallgemeinerte (keine Beschränkung auf Vollkommene Konkurrenz) Herleitung der Grenzproduktivitätsregeln.

Literatur

[1] Pindyck R, Rubinfeld D (2015) Mikroökonomie, 8. Aufl. Pearson, München u. a. O.
[2] Schumann J, Meyer U, Ströbele W (2011) Grundzüge der mikroökonomischen Theorie, 9. Aufl. Springer, Berlin u. a. O.
[3] Varian HR (2016) Grundzüge der Mikroökonomik, 9. Aufl. Oldenbourg, Berlin u. a. O.

Die Entscheidungen der Haushalte 2

Inhaltsverzeichnis

2.1 Einführung 38
2.2 Konsumregel und Konsumgüternachfrage 38
    2.2.1 Präferenzen und Budgetrestriktion 39
    2.2.2 Die Konsumregel 42
    2.2.3 Konsumgüternachfragefunktionen 44
    2.2.4 Ein Beispiel mit Cobb-Douglas-Präferenzen 46
    2.2.5 Ein Beispiel mit CES-Präferenzen 47
2.3 Arbeitsregel und Arbeitsangebot 48
    2.3.1 Präferenzen und Budgetrestriktion 49
    2.3.2 Die Arbeitsregel 52
    2.3.3 Arbeitsangebotsfunktionen 54
    2.3.4 Ein Beispiel mit Cobb-Douglas-Präferenzen 56
    2.3.5 Ein Beispiel mit CES-Präferenzen 57
2.4 Sparregel und Kapitalangebot 58
    2.4.1 Präferenzen und Budgetrestriktion 58
    2.4.2 Die Sparregel 62
    2.4.3 Kapitalangebotsfunktionen 64
    2.4.4 Ein Beispiel mit Cobb-Douglas-Präferenzen 65
    2.4.5 Ein Beispiel mit CES-Präferenzen 66
2.5 Entscheidungen unter Risiko 67
    2.5.1 Risiko und Risikoaversion 68
    2.5.2 Die Portfolioregel 70
    2.5.3 Ein Beispiel 72
2.6 Zusammenfassung 73
Literatur 75

© Springer-Verlag GmbH Deutschland, ein Teil von Springer Nature 2020
B. Woeckener, *Mikroökonomik*, https://doi.org/10.1007/978-3-662-60668-1_2

2.1 Einführung

In diesem Kapitel werden wir uns mit den zentralen Entscheidungen der privaten Haushalte beschäftigen: den Entscheidungen über die Höhe und die Struktur der Konsumgüternachfrage, der Entscheidung über das Ausmaß des Arbeitsangebots und der Entscheidung über die Höhe des Sparens, also über das Angebot von neuem Finanzkapital. Diese Entscheidungen sind sehr eng miteinander verknüpft. Mit dem aktuellen Arbeitsangebot liegt bei gegebenem Lohnsatz das Arbeitseinkommen und mit dem kumulierten Sparen der Vergangenheit bei gegebenem Zinssatz das aktuelle Vermögenseinkommen fest. Beides zusammen steht für den aktuellen Konsum und das aktuelle Sparen zur Verfügung. Somit ist klar, dass die Konsum-, Arbeitsangebots- und Sparentscheidungen vom Haushalt simultan zu treffen sind. Wir werden im Folgenden auf einen Haushalt schauen, der diese Entscheidungen in nutzenmaximaler Weise treffen will. Gegeben die Konsumgüterpreise, den Lohnsatz und den Zinssatz will er seine Konsumgütermengen, seine Arbeitszeit und seine Sparhöhe so festlegen, dass seinen Vorlieben bzw. Abneigungen bezüglich der verschiedenen Konsumgüter sowie hinsichtlich der Arbeit und des aktuellen Konsumverzichts zwecks Sparens möglichst gut entsprochen wird. Damit unterstellen wir in unseren Analysen durchweg rationales, also vernünftiges Verhalten. Viele – insbesondere auch nachhaltig irrationale – menschliche Verhaltensweisen bleiben damit außen vor. Diese gehören allerdings auch nicht zum Kern der ökonomischen Entscheidungstheorie verstanden als Lehre vom vernünftigen Umgang mit knappen Ressourcen und Gütern.

In den folgenden drei Abschnitten werden wir das an sich simultane Entscheidungskalkül eines nutzenmaximierenden Haushalts in drei sukzessiven Schritten analysieren. Der Abschn. 2.2 diskutiert, wie eine vorgegebene Ausgabensumme für den Konsum mittels der so genannten Konsumregel nutzenmaximal auf die verschiedenen Konsumgüter verteilt wird. Im Abschn. 2.3 zeigen wir, wie man über die so genannte Arbeitsregel das nutzenmaximale Ausmaß an Arbeit (bzw. Arbeitseinkommen) und Konsum (bzw. Konsumausgaben) findet. Und im Abschn. 2.4 werden wir schließlich darauf eingehen, wie man über die so genannte Sparregel die nutzenmaximale Aufteilung des Einkommens in Gegenwartskonsum und Zukunftskonsum und damit die nutzenmaximale Sparhöhe ermittelt. In allen drei Abschnitten gehen wir wieder von vollständiger Markttransparenz aus: Der Haushalt kennt seine Vorlieben und Abneigungen – seine so genannten Präferenzen – und die Preise sowie den Lohn- und den Zinssatz und die Eigenschaften der Konsumgüter. Im abschließenden Abschn. 2.5 werden wir darauf eingehen, was sich ändert, wenn der Haushalt Entscheidungen unter Unsicherheit treffen muss.

2.2 Konsumregel und Konsumgüternachfrage

In diesem Abschnitt geht es im Kern um die Konsumregel als Entscheidungsregel für die nutzenmaximale Verwendung einer vorgegebenen Konsumausgabensumme sowie um die aus dieser Regel ableitbaren Verläufe der Konsumgüternachfragefunktionen. Dabei ist zunächst vorab zu klären, wie man die Präferenzen eines Konsumgüternachfragers kardinal messbar operationalisieren kann.

2.2.1 Präferenzen und Budgetrestriktion

Die Beziehung zwischen dem Nutzenniveau u_j eines von uns betrachteten j-ten Haushalts einerseits und den Mengen der konsumierten Konsumgüter andererseits kann man mittels einer Nutzenindexfunktion erfassen. Dabei wollen wir im Folgenden stets die Menge eines herausgegriffenen Konsumgutes x_j explizit betrachten und die Mengen aller anderen Konsumgüter in einem Mengenindex X_j zusammenfassen. Damit lässt sich die Nutzenindexfunktion notieren als

$$u_j = u_j(X_j, x_j). \tag{2.1}$$

Im Regelfall wird das Nutzenniveau mit dem Konsumniveau steigen, d. h., der Grenznutzen als Mehrnutzen aus dem Konsum einer weiteren Einheit des Mengenindex bzw. des herausgegriffenen Gutes wird positiv sein:

$$\frac{\partial u_j}{\partial X_j}(X_j, x_j) > 0 \quad \text{bzw.} \quad \frac{\partial u_j}{\partial x_j}(X_j, x_j) > 0.$$

Gibt man für die Konsumgütermengen bestimmte numerische Werte vor, so erhält man kardinale Werte für den Nutzenindex und für den Grenznutzen. Anders als beispielsweise bei einer Produktionsfunktion die produzierten Mengen und Grenzproduktivitäten sind diese kardinalen Ausprägungen des Nutzenindex und des Grenznutzens jedoch nicht sinnvoll interpretierbar und kommunizierbar.

Daher greift man zur kardinalen Erfassung und Beschreibung einer Präferenzstruktur nicht direkt auf eine Nutzenindexfunktion zurück, sondern auf die aus dieser ableitbaren Grenzraten der Substitution im Konsum. Die Grenzraten der Substitution eines Konsumguts durch ein anderes Konsumgut geben an, auf wie viele Einheiten des substituierten Gutes ein Nachfrager ohne schlechter oder besser gestellt zu werden verzichten kann, wenn er eine Einheit mehr vom substituierenden Gut bekommt. Diese Grenzraten der Substitution sind sinnvoll kardinal bezifferbar und kommunizierbar. Kennt man für einen Haushalt die Grenzraten der Substitution zwischen allen Konsumgüterpaaren, so ist damit seine Präferenzstruktur hinsichtlich des Konsums erschöpfend kardinal erfasst und beschrieben. Wir werden im Folgenden mit den Grenzraten der Substitution aller übrigen Konsumgüter durch ein jeweils herausgegriffenes Konsumgut argumentieren. Dabei bezeichnet man alle übrigen Konsumgüter auch etwas unscharf als „die übrige Einkommensverwendung". Die von uns betrachteten Grenzraten der Substitution geben also an, wie viele Einheiten der übrigen Einkommensverwendung (gemessen am Mengenindex über alle anderen Konsumgüter) bei konstant gehaltenem Nutzenniveau durch eine weitere Einheit des betrachteten Konsumgutes substituiert werden. Diese Grenzraten der Substitution entsprechen definitionsgemäß betragsmäßig den Steigungswerten einer Linie

Abb. 2.1 Indifferenzkurve und Grenzraten der Substitution

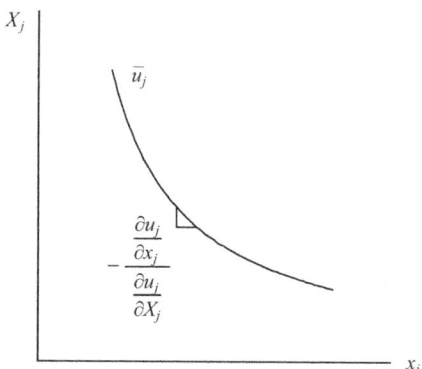

gleichen Nutzens in der X_j-x_j-Konsumebene. Da der Haushalt zwischen allen Punkten bzw. X_j-x_j-Kombinationen auf dieser Linie gleichen Nutzens indifferent ist, bezeichnet man sie auch als Indifferenzkurve. Diese Indifferenzkurven verlaufen typischerweise konvex zum Ursprung; dies illustriert die Abb. 2.1. Denn je mehr der Haushalt von dem betrachteten Gut schon konsumiert, umso weniger wird eine weitere Einheit dieses Gutes von den anderen Konsumgütern substituieren können. Oder anders herum formuliert: Je mehr von einem Konsumgut schon konsumiert wird, umso weniger der übrigen Einkommensverwendung ist der Haushalt bereit für eine weitere Einheit dieses Gutes aufzugeben. Berechnet werden die Grenzraten der Substitution als Verhältnis der Grenznutzen

$$s_{X_j,x_j} = -\frac{dX_j}{dx_j} = \frac{\frac{\partial u_j}{\partial x_j}}{\frac{\partial u_j}{\partial X_j}}(X_j, x_j). \tag{2.2}$$

Dies folgt direkt aus dem Umstand, dass auf der Indifferenzkurve definitionsgemäß gelten muss

$$\frac{\partial u_j}{\partial x_j} dx_j = -\frac{\partial u_j}{\partial X_j} dX_j.$$

Zum Mengenindex über alle anderen Konsumgüter gehört ein Preisindex P. Multipliziert man die Grenzraten der Substitution der übrigen Einkommensverwendung durch das betrachtete Konsumgut mit diesem Preisindex, so erhält man die maximale Grenzzahlungsbereitschaft, also die maximale Zahlungsbereitschaft für eine weitere Einheit des betrachteten Konsumguts:

$$\frac{\partial z_j}{\partial x_j} = P \frac{\frac{\partial u_j}{\partial x_j}}{\frac{\partial u_j}{\partial X_j}}(X_j, x_j). \tag{2.3}$$

Während die Grenzrate der Substitution eine Mengengröße ist (gemessen in Mengeneinheiten), ist die maximale Grenzzahlungsbereitschaft eine Wertgröße (z. B. gemessen in Euro). Diese Wertgröße gibt an, auf wie viel (in) Euro (bewertete übrige Einkommensverwendung) man maximal bereit ist zu verzichten, wenn man eine Einheit mehr von

2.2 Konsumregel und Konsumgüternachfrage

dem betrachteten Gut bekommt. Wie die Grenzraten der Substitution fallen die maximalen Grenzzahlungsbereitschaften mit zunehmender Ausgangsmenge des betrachteten Konsumgutes. Je mehr man von einem Gut schon konsumiert, desto weniger wird einem im Regelfall eine weitere Einheit wert sein.

Kumuliert man die maximalen Grenzzahlungsbereitschaften bis zu einer bestimmten Menge, so erhält man die maximale Zahlungsbereitschaft für diese Menge des Konsumgutes $z_j(x_j)$. Die maximale Zahlungsbereitschaft ist das bewertete Maß der Präferenz für die jeweilige Konsummenge. Zieht man von ihr die tatsächlichen Ausgaben px_j ab, so erhält man die so genannte Konsumentenrente

$$r_j = z_j(X_j, x_j; P) - px_j. \qquad (2.4)$$

Die Konsumentenrente als Differenz zwischen jenem Betrag, den der Haushalt maximal zu zahlen bereit wäre, und jenem Betrag, den er tatsächlich zahlen muss, ist das Wohlfahrtsmaß auf der Konsumseite. Als Nutzenmaximierer wird der Haushalt jene Menge wählen, bei der diese Differenz maximal wird. Nutzenmaximierung ist also Konsumentenrentenmaximierung.

Der Nutzenmaximierung des Konsumenten wird durch die zur Verfügung stehende Konsumsumme C_j eine einzuhaltende Nebenbedingung gesetzt. Diese Nebenbedingung wird durch die Budgetrestriktion (Budgetgleichung) formalisiert:

$$C_j = px_j + PX_j. \qquad (2.5)$$

Nach X_j aufgelöst ergibt das die Budgetgerade in der Konsumebene:

$$X_j = \frac{C_j}{P} - \frac{p}{P}x_j.$$

Die Abb. 2.2 zeigt eine solche Budgetgerade bzw. Budgetrestriktion. Die Budgetgerade ist der Ort aller mit der vorgegebenen Konsumsumme erwerbbaren Konsumgütermengenkombinationen. Ihre Steigung entspricht dem Verhältnis des Preises des

Abb. 2.2 Budgetrestriktion

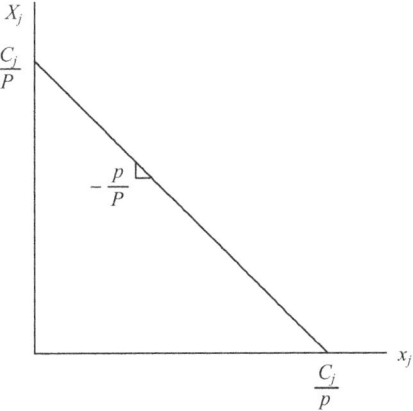

betrachteten Konsumgutes zum Preisindex aller anderen Konsumgüter. Damit sagt der Steigungswert aus, auf wie viele Einheiten der übrigen Einkommensverwendung man verzichten muss, wenn man eine Einheit des betrachteten Gutes mehr kaufen will. Je höher die Konsumsumme ist, desto höher liegt die Budgetgerade.

2.2.2 Die Konsumregel

Nutzenmaximierung bedeutet für den Konsumenten, jene Konsumgütermengenkombination auf der vorgegebenen Budgetgerade zu realisieren, mit welcher er die höchstmögliche Indifferenzkurve erreicht. Das ist jene Mengenkombination, welche zu einem Tangentialpunkt zwischen seiner Budgetgerade und einer seiner Indifferenzkurven führt. Die Abb. 2.3 illustriert dies. In diesem Tangentialpunkt sind die Steigungen der sich tangierenden Funktionen definitionsgemäß gleich. Damit lautet die Nutzenmaximierungsbedingung: Wähle jene Mengenkombination von betrachtetem Konsumgut und übriger Einkommensverwendung, bei welcher die Grenzrate der Substitution der übrigen Einkommensverwendung durch das betrachtete Konsumgut dem Verhältnis des Preises des betrachteten Gutes zum Preisindex aller anderen Konsumgüter entspricht. Diese Nutzenmaximierungsbedingung für die Aufteilung einer gegebenen Konsumsumme auf die verschiedenen Konsumgüter bezeichnen wir als Konsumregel.

Als Gleichung gefasst lautet diese erste Formulierung der Konsumregel

$$\frac{p}{P} = \frac{\frac{\partial u_j}{\partial x_j}}{\frac{\partial u_j}{\partial X_j}} (X_j, x_j). \tag{2.6}$$

Ihre ökonomische Logik wird deutlich, wenn man sich noch einmal die ökonomische Aussage der beiden Steigungswerte vergegenwärtigt. Die obige Grenzrate der Substitution gibt an, wie viele Einheiten der übrigen Einkommensverwendung auf der Indifferenz-

Abb. 2.3 Erste Formulierung der Konsumregel

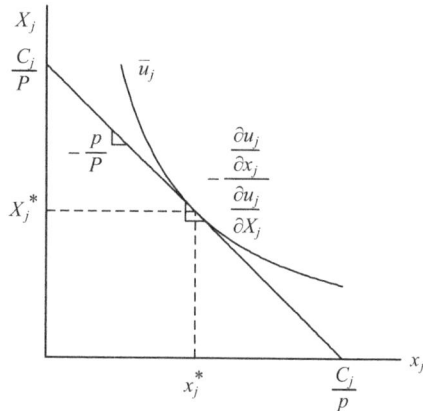

2.2 Konsumregel und Konsumgüternachfrage

kurve durch eine weitere Einheit des betrachteten Gutes substituiert werden. Das obige Preisverhältnis gibt an, auf wie viele Einheiten der übrigen Einkommensverwendung man verzichten muss, wenn man eine Einheit des betrachteten Gutes mehr kaufen will. Solange die Grenzrate noch größer ist als dieses Preisverhältnis, kann man seinen Nutzen erhöhen, indem man auf Einheiten der übrigen Einkommensverwendung verzichtet und dafür mehr vom betrachteten Gut kauft. Ist die Grenzrate kleiner als dieses Preisverhältnis, so kann man seinen Nutzen noch erhöhen, indem man auf Einheiten des betrachteten Gutes verzichtet und dafür andere Konsumgüter kauft.

Eine zweite Formulierung der Konsumregel erhält man, wenn man in der Formulierung (2.6) beide Seiten mit dem Preisindex der übrigen Konsumgüter multipliziert. Dann steht auf der rechten Seite die maximale Grenzzahlungsbereitschaft gemäß der Definitionsgleichung (2.3) und die Konsumregel lautet: Wähle die Mengen der Konsumgüter so, dass die maximalen Grenzzahlungsbereitschaften ihrem Preis entsprechen. Oder als Gleichung:

$$p = \frac{\partial z_j}{\partial x_j}(X_j, x_j; P). \tag{2.7}$$

Die Abb. 2.4 illustriert diese zweite Formulierung mit einem stilisierten linearen Verlauf der Grenzzahlungsbereitschaft. Typischerweise verlaufen die Grenzzahlungsbereitschaftsfunktionen hyperbelartig. Ihre ökonomische Logik ist unmittelbar einsichtig: Konsumiert man weniger als jene Menge, welche die Gl. (2.7) erfüllt, so ist die maximale Zahlungsbereitschaft für eine weitere Einheit größer als der zu zahlende Preis, sodass eine Erhöhung der Menge die Konsumentenrente erhöht. Konsumiert man mehr als die sich aus der Regel (2.7) ergebende Menge, so ist die maximale Zahlungsbereitschaft für die letzte konsumierte Einheit niedriger als der zu zahlende Preis, sodass eine Senkung der Menge die Konsumentenrente erhöht. Man erhält die Formulierung (2.7) auch direkt als Maximierungsbedingung erster Ordnung aus der Konsumentenrentendefinition (2.4).

In der Abb. 2.5 ist die Aufteilung der sich bei Wahl der nutzen- bzw. konsumentenrentenmaximalen Menge ergebenden maximalen Zahlungsbereitschaft (Fläche unter der Grenzzahlungsbereitschaftsfunktion zwischen Null und der optimalen Menge) in die

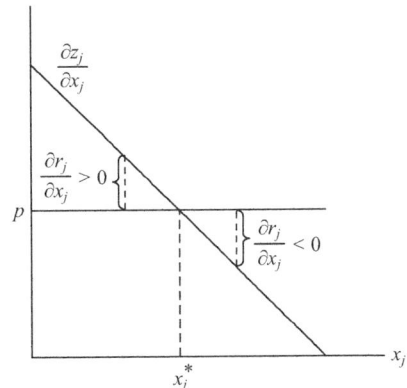

Abb. 2.4 Zweite Formulierung der Konsumregel

Abb. 2.5 Maximale Zahlungsbereitschaft, Ausgaben und Konsumentenrente im Nutzenmaximum

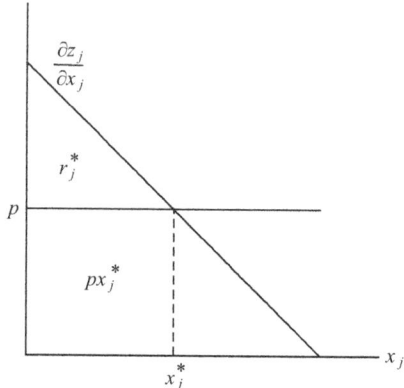

für diese Menge notwendigen Ausgaben einerseits und die resultierende Konsumentenrente (Dreieck zwischen der Preisgeraden und der Grenzzahlungsbereitschaftsfunktion) andererseits dargestellt. Auch hier sieht man sofort, dass jede andere Menge zu einer kleineren Konsumentenrente führt.

Eine weitere Formulierung der Konsumregel, die sich direkt aus der Formulierungsvariante der Gl. (2.6) ergibt, lautet

$$\frac{\frac{\partial u_j}{\partial X_j}(X_j, x_j)}{P} = \frac{\frac{\partial u_j}{\partial x_j}(X_j, x_j)}{p},$$

also in Worten: Wähle die Konsumgütermengen so, dass der letzte für ein Konsumgut ausgegebene Euro bei allen Konsumgütern zum gleichen Nutzenzuwachs führt.

Die Konsumregel in jeder ihrer Formulierungen ergibt zusammen mit der Budgetrestriktion ein Zwei-Gleichungs-System, durch das bei Vorgabe einer konkreten Präferenzstruktur und konkreter Konsumgüterpreise sowie einer konkreten Konsumsumme die nutzenmaximale Menge jedes beliebigen betrachteten Konsumgutes

$$x_j^* = x_j^*(p, P, C_j)$$

sowie die nutzenmaximale Höhe des Mengenindex über jeweils alle anderen Konsumgüter ermittelt werden kann.

2.2.3 Konsumgüternachfragefunktionen

Betrachtet man in der letzten Gleichung den Preis des herausgegriffenen Konsumgutes als variabel, so erhält man die einzelwirtschaftliche Konsumgüternachfragefunktion

$$x_j = x_j(p).$$

2.2 Konsumregel und Konsumgüternachfrage

Diese Nachfragefunktion verläuft im Regelfall eindeutig fallend, d. h., je höher sein Preis ist, desto niedriger ist die Nachfrage nach einem Konsumgut. Dies hat zwei Gründe, die man sich an der Abb. 2.3 zur ersten Formulierung der Konsumregel verdeutlichen kann. Erhöht sich der Preis des betrachteten Gutes, so wird die Budgetgerade steiler. Wenn man auf der ursprünglichen Indifferenzkurve bliebe, so würde die Nachfrage eindeutig zurückgehen. Diese Bewegung auf der ursprünglichen Indifferenzkurve bezeichnet man als Substitutionseffekt. Dass dieser Substitutionseffekt eindeutig negativ ist, folgt aus der Logik der Konsumregel. Hinzu kommt, dass man nach der Preiserhöhung die alte Indifferenzkurve gar nicht mehr erreichen kann. Denn die Preiserhöhung senkt die reale Konsumsumme (die Konsumsumme in Gütereinheiten). Diesen zweiten Teileffekt der Preiserhöhung bezeichnet man als Einkommenseffekt. Er ist ebenfalls negativ. In der Abb. 2.3 äußert er sich in einer Drehung der Budgetgeraden im Ordinatenabschnitt nach unten. Dies haben wir in der Abb. 2.6 dargestellt. Hier wird deutlich, dass durch die Preiserhöhung das Nutzenniveau sinkt. Das neue Nutzenmaximum liegt auf einer tieferen Indifferenzkurve. Gestrichelt und parallel zur neuen Budgetrestriktion eingezeichnet ist jene Budgetgerade, die sich ergäbe, wenn man den Haushalt derart durch eine höhere Konsumsumme kompensieren würde, dass er auch nach der Preiserhöhung weiterhin die alte Indifferenzkurve erreichen könnte. Durch diese fiktive Konsumsummenkompensation können wir den Preiseffekt in den negativen Substitutionseffekt (SE) auf der alten Indifferenzkurve und den ebenfalls negativen Einkommenseffekt (EE) im Übergang von der alten zur neuen Indifferenzkurve zerlegen.

Die Abb. 2.7 zeigt den stilisierten (weil linearisierten) Verlauf der Güternachfragefunktion. Keine allgemeine Aussage ist dagegen mit Blick auf die Reaktion der Nachfrage nach allen anderen Konsumgütern auf die Preiserhöhung beim herausgegriffenen Gut möglich. Der Substitutionseffekt für sich gesehen wirkt hier in Richtung mehr Nachfrage nach anderen Gütern. Aber alle Konsumgüternachfragen leiden unter dem Einkommenseffekt, sodass per Saldo die Richtung der Änderung der Nachfrage nach anderen Konsumgütern auf eine Preiserhöhung beim betrachteten Gut offen bleibt. In

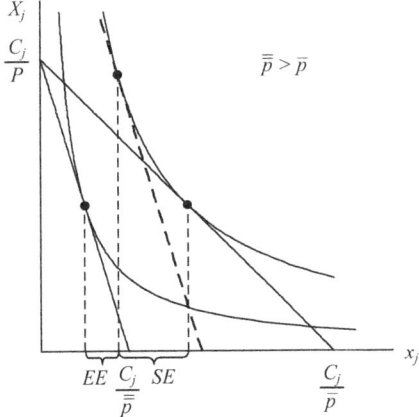

Abb. 2.6 Ableitung der Konsumgüternachfragefunktion

Abb. 2.7 Konsumgüternachfragefunktion

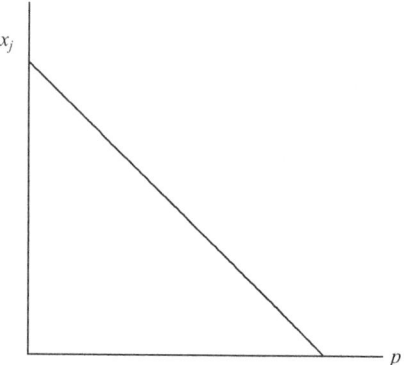

der Abb. 2.6 haben wir speziell jenen Fall eingezeichnet, in dem die Nachfrage nach den anderen Konsumgütern unverändert bleibt. Hier sinkt die Nachfrage nach dem betrachteten Gut x_j in Reaktion auf die Erhöhung seines Preises p exakt derart, dass die Ausgaben px_j unverändert bleiben. Eine solche Reaktion ergibt sich, wenn mit Blick auf das betrachtete Konsumgut einerseits und alle anderen Konsumgüter andererseits so genannte Cobb-Douglas-Präferenzen bestehen. Dies werden wir uns gleich als ein erstes Beispiel anschauen. Bei Cobb-Douglas-Präferenzen beläuft sich die so genannte Substitutionselastizität betragsmäßig exakt auf eins: Erhöht sich das Preisverhältnis zwischen zwei Konsumgütern um ein Prozent, so sinkt ihr Nachfrageverhältnis genau um ein Prozent. Daher bleiben die Ausgaben für die beiden Güter unverändert. Bei Gültigkeit von Cobb-Douglas-Präferenzen würde eine Preiserhöhung bei einem anderen Gut die Höhenlage der Nachfragefunktion des betrachteten Gutes in der Abb. 2.7 unverändert lassen. Unter anderen Präferenzstrukturen kann eine Preiserhöhung beim betroffenen Gut aber auch zu einer Ausgabenerhöhung oder zu einer Ausgabensenkung führen. Dann nimmt die Nachfrage nach den anderen Konsumgütern insgesamt ab bzw. zu. Der zweite Fall resultiert bei so genannten CES-Präferenzen (mit CES für constant elasticity of substitution) mit einer Substitutionselastizität von betragsmäßig größer als eins. Diese werden wir uns gleich als ein zweites Beispiel anschauen. Erhöht sich bei Gültigkeit einer solchen Präferenzstruktur der Preis eines anderen Gutes, so verschiebt sich die Nachfragefunktion des betrachteten Gutes insgesamt nach oben.

2.2.4 Ein Beispiel mit Cobb-Douglas-Präferenzen

Im Falle der Cobb-Douglas-Präferenzen über ein beliebig herausgegriffenes Konsumgut einerseits und alle anderen Konsumgüter (die übrige Einkommensverwendung) andererseits lautet die Nutzenindexfunktion in der Standardformulierung

$$u_j = X_j^\alpha x_j^\beta.$$

2.2 Konsumregel und Konsumgüternachfrage

Damit ergeben sich die kardinal interpretierbaren und messbaren Grenzraten der Substitution der übrigen Einkommensverwendung durch das betrachtete Konsumgut als

$$s_{X_j, x_j} = \frac{\beta X_j}{\alpha x_j}.$$

Diese Grenzraten sind umso kleiner, je mehr von dem betrachteten Gut schon konsumiert wird. Verschiedene Präferenzstrukturen äußern sich in verschiedenen numerischen Ausprägungen der Exponenten der Nutzenindexfunktion und führen zu verschieden gekrümmten Indifferenzkurven. Die Konsumregel lautet hier in ihren beiden Formulierungsvarianten (2.6 und 2.7)

$$\frac{p}{P} = \frac{\beta X_j}{\alpha x_j} \quad \text{bzw.} \quad p = P\frac{\beta X_j}{\alpha x_j}.$$

Dabei ist die rechte Seite der zweiten Formulierung die sich bei Cobb-Douglas-Präferenzen ergebende maximale Grenzzahlungsbereitschaft für das betrachtete Konsumgut. Auflösen der Konsumregel nach X_j und Einsetzen in die Budgetrestriktion (2.5) führt zur nutzenmaximalen Konsumgüternachfragefunktion

$$x_j = \frac{\beta}{\alpha + \beta} \frac{C_j}{p}.$$

Die Nachfragefunktion verläuft also fallend. Einsetzen in die Konsumregel ergibt

$$X_j = \frac{\alpha}{\alpha + \beta} \frac{C_j}{P}.$$

Die Nachfrage nach den anderen Konsumgütern bleibt also von der Preiserhöhung unbeeinflusst. Dies liegt an der Unabhängigkeit der nutzenmaximalen Ausgabensumme für das betrachtete Gut vom eigenen Preis:

$$p x_j = \frac{\beta}{\alpha + \beta} C_j.$$

Bei Cobb-Douglas-Präferenzen determinieren Präferenzstrukturparameter und Konsumsumme die nutzenmaximalen Ausgabensummen für die verschiedenen Konsumgüter. Die Konsumgüterpreise haben keinen Einfluss auf diese Ausgabensummen, sondern nur auf die konsumierten Mengen.

2.2.5 Ein Beispiel mit CES-Präferenzen

Im Falle der CES-Präferenzen lautet die Standardformulierung der Nutzenindexfunktion

$$u_j = \left(X_j^{\frac{\sigma+1}{\sigma}} + x_j^{\frac{\sigma+1}{\sigma}} \right)^{\frac{\sigma}{\sigma+1}}.$$

Hier steht das griechische Sigma als einziger Präferenzstrukturparameter für die Substitutionselastizität. Diese ist kleiner als minus eins, also betragsmäßig größer als eins. Die zugehörigen Grenzraten der Substitution der übrigen Einkommensverwendung durch das betrachtete Konsumgut lauten

$$s_{X_j,x_j} = \left(\frac{x_j}{X_j}\right)^{\frac{1}{\sigma}}.$$

Also folgt für die beiden Formulierungen der Konsumregel

$$\frac{p}{P} = \left(\frac{x_j}{X_j}\right)^{\frac{1}{\sigma}} \quad \text{bzw.} \quad p = P\left(\frac{x_j}{X_j}\right)^{\frac{1}{\sigma}}.$$

Auflösen nach X_j und Einsetzen in die Budgetrestriktion ergibt jetzt die Nachfragefunktion

$$x_j = \frac{C_j}{p + p^{-\sigma} P^{1+\sigma}}.$$

Auch diese Konsumgüternachfragefunktion verläuft im eigenen Preis fallend. Einsetzen in die Konsumregel führt zu

$$X_j = \frac{C_j}{P + P^{-\sigma} p^{1+\sigma}}.$$

Hier steigt also die Nachfrage nach den anderen Konsumgütern als Folge einer Preiserhöhung beim betrachteten Gut. Das liegt daran, dass die nutzenmaximalen Ausgaben für das von der Preiserhöhung betroffene Gut

$$p x_j = \frac{C_j}{1 + \left(\frac{P}{p}\right)^{1+\sigma}}$$

in Reaktion auf die Preiserhöhung zurückgehen.

2.3 Arbeitsregel und Arbeitsangebot

In diesem Abschnitt geht es im Kern um die Arbeitsregel als Entscheidungsregel für die nutzenmaximale Aufteilung der einem Arbeitsanbieter zur Verfügung stehenden Gesamtzeit auf Arbeitszeit und Freizeit sowie um die aus dieser Regel ableitbaren Verläufe der Arbeitsangebotsfunktionen. Dabei betrachten wir einen Arbeitsanbieter, der an sich ungern arbeitet und dies daher nur tut, um mit dem dadurch entstehenden Arbeitseinkommen Konsumgüter kaufen zu können. Das Vermögenseinkommen bleibt in diesem Abschnitt exogen vorgegeben.

2.3.1 Präferenzen und Budgetrestriktion

Wir betrachten einen Arbeitsanbieter, der über ein Gesamtzeitbudget in Höhe von H verfügt, z. B. 24 h pro Tag. Alle Zeit, die nicht Arbeitszeit A_j ist, gilt als Freizeit F_j. Damit gilt der definitorische Zusammenhang $H = A_j + F_j$. Während Freizeit ein Nutzen stiftendes Gut ist, ist Arbeitszeit per Annahme stets ein Übel. Dementsprechend fällt der Nutzen (bei konstant gehaltenem Konsum) stets mit zunehmender Arbeitszeit. Andererseits erhält man für die Arbeit ein Arbeitseinkommen, das man für Konsumgüter ausgeben kann. Durch zunehmenden Konsum von Konsumgütern steigt der Nutzen (bei konstant gehaltener Arbeitszeit). Der Kern des Entscheidungsproblems des Arbeitsanbieters besteht somit darin, die Arbeitszeit einerseits und die mit dem Arbeitseinkommen mögliche Konsummenge andererseits richtig auszubalancieren. Im Folgenden formulieren wir dieses Problem zunächst in den beiden „Gütern" Konsum X_j und Freizeit F_j. Dabei ist X_j nun ein Mengenindex über alle nutzenmaximalen Konsumgütermengen. Diese Konsumgütermengenkombinationen und damit die nutzenmaximale Zusammensetzung des Mengenindex errechnen sich gemäß der Konsumregel. Dies wird im Folgenden nicht noch einmal betrachtet. Neu ist die endogene Bestimmung der nutzenmaximalen Konsumsumme $C_j = PX_j$ als Resultat des aus dem nutzenmaximalen Arbeitsangebot folgenden nutzenmaximalen Arbeitseinkommens (bei exogen vorgegebenem Vermögenseinkommen). Der Vorteil der Formulierung des Entscheidungsproblems in Konsummenge X_j und Freizeitmenge F_j liegt darin, dass seine Lösung dann über weite Strecken analog zum Problem der Suche nach den nutzenmaximalen Konsumgütermengen ist (also wie im Vorabschnitt). Dabei ist angenommen, dass der betrachtete Haushalt tatsächlich stets die Wahl zwischen Freizeit und Arbeitszeit hat, sodass eine Stunde Freizeit stets mit Opportunitätskosten in Höhe des Stundenlohnsatzes verbunden ist. Der Preis der Freizeit ist also der Lohnsatz w. Hat man über diesen X_j-F_j-Ansatz die nutzenmaximale Freizeitmenge ermittelt, folgt die Höhe der nutzenmaximalen Arbeitszeit über die Definitionsgleichung $A_j = H - F_j$. Die Nutzenindexfunktion unseres j-ten Haushalts lautet damit

$$u_j = u_j(X_j, F_j) = u_j(X_j, H - A_j) \quad (2.8)$$

mit positiven Grenznutzen des Konsums und der Freizeit und negativem Grenznutzen der Arbeitszeit.

Hinsichtlich der Präferenzstruktur können wir im Regelfall von abnehmenden Grenzraten der Substitution von Konsum durch Freizeit ausgehen. Gibt man dem Haushalt sukzessive eine weitere Stunde Freizeit, so wird diese (bei konstant gehaltenem Nutzen) mit steigendem Freizeitausgangsniveau immer weniger Konsum substituieren. Oder umgekehrt gedacht: Soll der Haushalt für jeweils eine Stunde mehr gewährte Freizeit sukzessive derart auf Konsum verzichten, dass sein Nutzen unverändert bleibt, wird man ihn im Regelfall zu immer weniger Konsumverzicht bewegen können. Die Konsum-Freizeit-Indifferenzkurven in einem X_j-F_j-Diagramm werden also typischerweise konvex zum Ursprung verlaufen. Dies zeigt die Abb. 2.8. In dieser Abbildung kann man sich

Abb. 2.8 Konsum-Freizeit-Indifferenzkurve und Grenzraten der Substitution

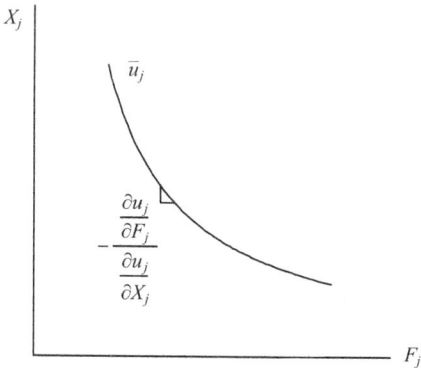

eine zweite Abszisse hinzudenken, auf der die Arbeitszeit abgetragen ist und die daher der Freizeit-Abszisse entgegen gerichtet ist, also von rechts nach links verläuft. An dieser zweiten Abszisse sieht man, dass abnehmende Grenzraten der Substitution von Konsum durch Freizeit bedeuten, dass wenn man dem Haushalt sukzessive eine Stunde mehr Arbeit abverlangt, ein konstantes Nutzenniveau die Kompensation durch immer mehr zusätzlichen Konsum für jede weitere Arbeitsstunde erfordert. Berechnen lassen sich die Grenzraten der Substitution von Konsum durch Freizeit als Verhältnis der beiden Grenznutzen:

$$s_{X_j, F_j} = -\frac{dX_j}{dF_j} = \frac{\frac{\partial u_j}{\partial F_j}}{\frac{\partial u_j}{\partial X_j}}(X_j, F_j) = \frac{-\frac{\partial u_j}{\partial A_j}}{\frac{\partial u_j}{\partial X_j}}(X_j, A_j). \tag{2.9}$$

Das folgt aus dem Umstand, dass sich auf einer Indifferenzkurve durch Änderungen der Konsummenge und (entgegen gesetzte) Änderungen der Freizeitmenge verursachte Nutzenänderungen genau kompensieren müssen. (Diese Überlegung ist völlig analog zu jener bei X_j-x_j-Indifferenzkurven im Abschn. 2.2.)

Formuliert man die Grenzrate der Substitution in der Arbeitsmenge, so bezeichnet man sie als das Grenzleid der Arbeit (nicht zu verwechseln mit dem negativen Grenznutzen der Arbeit). Dieses Grenzleid der Arbeit ist eine kardinale Mengengröße. Sie gibt an, wie viele Konsumeinheiten man zusätzlich bekommen muss, wenn man für eine Stunde Mehrarbeit derart kompensiert werden soll, dass man auf der alten Indifferenzkurve verbleibt. Mit steigendem Freizeitniveau abnehmende Grenzraten der Substitution von Konsum durch Freizeit implizieren ein mit steigendem Arbeitszeitniveau zunehmendes Grenzleid der Arbeit. Multipliziert mit dem Preisindex der Konsumgüter ergibt sich der Wert des Grenzleids der Arbeit

$$\frac{\partial y_j}{\partial A_j} = P \frac{-\frac{\partial u_j}{\partial A_j}}{\frac{\partial u_j}{\partial X_j}}(X_j, A_j). \tag{2.10}$$

2.3 Arbeitsregel und Arbeitsangebot

Diese Wertgröße gibt an, wie viel Euro (Konsumsumme) mehr man dem Haushalt geben muss, wenn er trotz einer Stunde Mehrarbeit auf dem alten Nutzenniveau (der alten Indifferenzkurve) bleiben soll. Der Wert des Grenzleids der Arbeit ist also die zur Nutzenkompensation einer weiteren Arbeitsstunde notwendige zusätzliche Konsumsumme bzw. der dazu notwendige Euro-Betrag. Mit dem Verlauf der Funktion des Grenzleids der Arbeit ist die Konsum-Arbeits-Präferenz eines Haushalts erschöpfend beschrieben. Kumuliert man den Wert des Grenzleids der Arbeit über mehrere Arbeitsstunden, so erhält man den Wert des Arbeitsleids aus dieser Stundenzahl $y_j(A_j)$. Dieser Wert des Arbeitsleids gibt an, wie viel mehr Euro (Konsumsumme) man dem Haushalt für die geleistete Arbeit geben müsste, wenn er nutzenmäßig genau kompensiert werden soll. Liegt das tatsächlich erhaltene Arbeitseinkommen wA_j über dem Wert des Arbeitsleids, so entsteht beim Arbeitsanbieter ein Wohlfahrtszuwachs durch die Arbeit. Die Differenz zwischen dem tatsächlich erhaltenen Arbeitseinkommen und dem bewerteten Arbeitsleid als jenem Betrag, der notwendig wäre, um das Nutzenniveau genau zu halten, bezeichnet man als Arbeitsrente:

$$AR_j = wA_j - y_j(X_j, A_j; P). \tag{2.11}$$

Nutzenmaximierung bedeutet für einen Arbeitsanbieter also Arbeitsrentenmaximierung.

Neben dem Arbeitseinkommen beziehe unser Haushalt noch ein exogen vorgegebenes Vermögenseinkommen iW_j mit i als dem Zinssatz und W_j als dem durch Sparen in der Vergangenheit gebildeten Vermögen (Finanzkapital). Damit lautet seine Budgetrestriktion

$$iW_j + w(H - F_j) = PX_j = C_j. \tag{2.12}$$

Diese Budgetrestriktion lässt sich auch formulieren als

$$iW_j + wH = PX_j + wF_j.$$

In dieser zweiten Formulierung wird deutlicher, dass ein rationaler Arbeitsanbieter gedanklich so tun wird, als ob er voll arbeitet und sich dann selbst Freizeit zum Preis w abkauft. Vorausgesetzt ist bei dieser Überlegung, dass der betrachtete Haushalt tatsächlich stets die Wahl hat, ob er noch eine Stunde mehr arbeiten will oder nicht. Andernfalls hat die Freizeit für ihn keine Opportunitätskosten. Nach dem Mengenindex für die Konsumgüter aufgelöst ergibt sich die Budgetgerade

$$X_j = -\frac{w}{P}F_j + \frac{iW_j + wH}{P},$$

siehe Abb. 2.9. Ihre Steigung entspricht dem Verhältnis von Lohnsatz zu Konsumgüterpreisindex. Dieser Reallohnsatz w/P gibt den (Nominal-)Lohnsatz in Einheiten des nutzenmaximal zusammengestellten Konsumpakets an. Er gibt also an, auf wie viele Konsumeinheiten man verzichten muss, wenn man eine Stunde mehr Freizeit haben will. Oder anders herum gedacht: Es zeigt, wie viel mehr Konsum man sich leisten kann, wenn man eine Stunde mehr arbeitet. Mit höherem Vermögenseinkommen verschiebt sich die Budgetrestriktion weiter vom Ursprung weg. Mit höherem Konsumgüter-

Abb. 2.9 Konsum-Freizeit-Budgetrestriktion

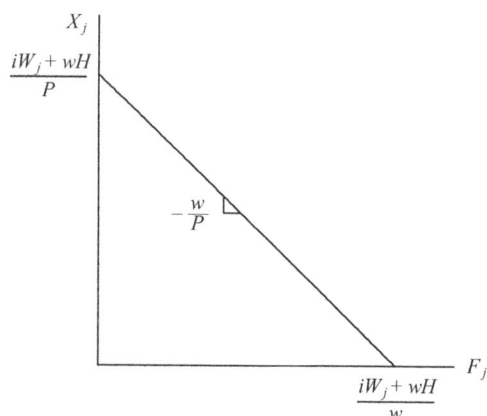

preisindex dreht sie sich im Abszissenabschnitt gegen den Uhrzeigersinn nach unten. Je höher der Lohnsatz ist, desto steiler verläuft die Budgetrestriktion. Liegt kein Vermögenseinkommen vor, so dreht sie sich mit höherem Lohnsatz im Abszissenabschnitt im Uhrzeigersinn nach oben. Bei positivem Vermögenseinkommen verringert sich dabei zusätzlich der Abszissenabschnitt.

2.3.2 Die Arbeitsregel

Graphisch ergibt sich das Nutzenmaximum dort, wo mit gegebener Budgetrestriktion die höchstmögliche Indifferenzkurve erreicht wird. Die nutzenmaximale Konsum-Freizeit-Kombination liegt also im Tangentialpunkt von Budgetgerade und Indifferenzkurve. Die Abb. 2.10 illustriert dieses Zusammentreffen von Präferenzen gemäß Abb. 2.8 und Budgetrestriktion gemäß Abb. 2.9.

Abb. 2.10 Erste Formulierung der Arbeitsregel

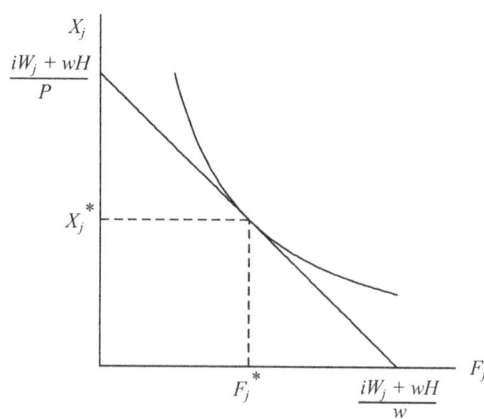

2.3 Arbeitsregel und Arbeitsangebot

Da die Steigung der Budgetgeraden betragsmäßig dem Lohnsatz-Güterpreisindex-Verhältnis (Reallohnsatz) entspricht und die Steigung der Indifferenzkurve betragsmäßig gleich der Grenzrate der Substitution von Konsum durch Freizeit ist bzw. dem Grenzleid der Arbeit entspricht, lautet die Nutzenmaximierungsbedingung erster Ordnung

$$\frac{w}{P} = \frac{\frac{\partial u_j}{\partial F_j}}{\frac{\partial u_j}{\partial X_j}}(X_j, F_j) = \frac{-\frac{\partial u_j}{\partial A_j}}{\frac{\partial u_j}{\partial X_j}}(X_j, A_j). \tag{2.13}$$

Diese Optimalbedingung wollen wir als Arbeitsregel bezeichnen. In Worten lautet sie: Wähle jene Kombination von Arbeitszeit und Konsum, bei der das Grenzleid der Arbeit dem Reallohnsatz entspricht. Diese Regel ist ökonomisch unmittelbar einsichtig. Ist das Grenzleid der Arbeit geringer als der Reallohnsatz, so ist die zur Nutzenkompensation für eine weitere Stunde Arbeit notwendige Konsummenge geringer als jene Konsummenge, die man sich mit dem Mehreinkommen in Höhe des Reallohnsatzes kaufen kann. Eine Ausdehnung des Arbeitsangebots erhöht also das Nutzenniveau. Ist in der Ausgangssituation das Grenzleid der Arbeit (also die zur Nutzenkompensation für eine weitere Stunde Arbeit notwendige Konsummenge) höher als der Reallohnsatz (also jene Konsummenge, die man sich mit dem Mehreinkommen aus einer weiteren Arbeitsstunde kaufen kann), so arbeitet man zu viel.

Multipliziert man in der obigen Formulierung der Arbeitsregel beide Gleichungsseiten mit dem Preisindex, so erhält man eine zweite Formulierung der Arbeitsregel, nun in Wertgrößen:

$$w = \frac{\partial y_j}{\partial A_j}(X_j, A_j; P). \tag{2.14}$$

Auf der rechten Gleichungsseite steht hier der Wert des Grenzleids der Arbeit; vergleiche die Definitionsgleichung (2.10). In Worte gefasst lautet diese zweite Formulierung der Arbeitsregel: Wähle Arbeitszeit und Konsum so, dass der Wert des Grenzleids der Arbeit (also die zur Nutzenkompensation einer weiteren Arbeitsstunde notwendigen zusätzlichen Konsumausgaben) dem Lohnsatz entspricht. Die Gl. (2.14) erhält man auch direkt durch Maximierung der Arbeitsrente gemäß Gl. (2.11). Die Abb. 2.11 illustriert diese zweite Formulierungsvariante der Arbeitsregel (speziell mit einem linearen Verlauf des Grenzleids der Arbeit); die ökonomische Logik wird an dieser Abbildung unmittelbar einsichtig.

Die Abb. 2.12 zeigt, wie sich das bei nutzenmaximaler Wahl der Arbeitszeit resultierende Arbeitseinkommen zerlegen lässt in jenen Teil, der für eine Nutzenkompensation notwendig wäre (das bewertete Arbeitsleid), und jenen darüber hinausgehenden Teil, der die Wohlfahrt des Arbeitsanbieters erhöht (die Arbeitsrente).

Zusammen mit der Budgetrestriktion ergibt die Arbeitsregel ein System von zwei Gleichungen in den zwei Unbekannten F_j (bzw. A_j) und X_j, aus dem sich die nutzenmaximale Freizeit und Arbeitszeit

Abb. 2.11 Zweite Formulierung der Arbeitsregel

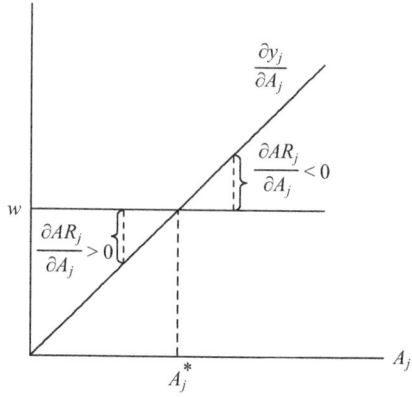

Abb. 2.12 Arbeitseinkommen, bewertetes Arbeitsleid und Arbeitsrente im Nutzenmaximum

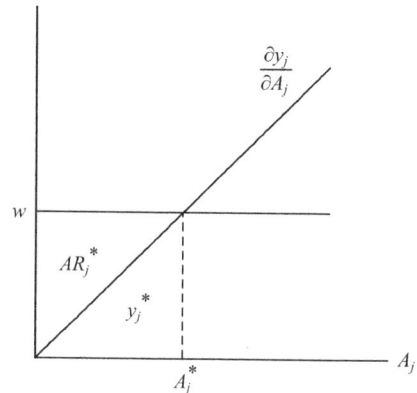

$$F_j^* = F_j^*(w, P, iW_j) \quad \text{und} \quad A_j^* = A_j^*(w, P, iW_j)$$

sowie die nutzenmaximale Konsummenge X_j^* und damit die nutzenmaximale Konsumsumme PX_j^* ermitteln lassen.

2.3.3 Arbeitsangebotsfunktionen

Für einen variablen Lohnsatz stellen die beiden obigen Gleichungen die einzelwirtschaftliche Freizeitnachfragefunktion bzw. die einzelwirtschaftliche Arbeitsangebotsfunktion

$$F_j = F_j(w) \quad \text{bzw.} \quad A_j = A_j(w)$$

dar. Über deren qualitativen Verlauf lässt sich ohne nähere Annahmen hinsichtlich der Präferenzstruktur nichts Generelles sagen, da Einkommens - und Substitutionseffekt einer Lohnsatzänderung in unterschiedliche Richtung weisen. Bei der Freizeitnachfrage ist der

2.3 Arbeitsregel und Arbeitsangebot

Substitutionseffekt einer Lohnsatzerhöhung negativ, er wirkt also positiv auf das Arbeitsangebot. Der höhere Lohnsatz verteuert die Freizeit und macht Arbeit lohnender. Dies folgt auch direkt aus der Logik der Arbeitsregel und zeigt sich, wenn man in der Abb. 2.11 eine Lohnsatzerhöhung einzeichnet. Dieser Substitutionseffekt ist aber nur ein Teileffekt. Eine Lohnsatzerhöhung hat zudem einen positiven Einkommenseffekt: Ein höherer Lohnsatz erhöht das Einkommen und dies für sich genommen erhöht sowohl den Konsum als auch die Freizeit und senkt damit das Arbeitsangebot. Mit Blick auf das Arbeitsangebot steht dem positiv wirkenden Substitutionseffekt einer Lohnsatzerhöhung also ein negativ wirkender Einkommenseffekt gegenüber, sodass der Gesamteffekt offen bleibt.

Dies kann man sich leicht an der Abb. 2.10 verdeutlichen. Die Lohnsatzerhöhung führt zu einer steileren Budgetgeraden. Bliebe man auf der alten Indifferenzkurve, würde die Freizeit verringert und damit die Arbeitszeit ausgedehnt. Dies ist der Substitutionseffekt. Aber die Budgetgerade dreht sich dabei nach oben und es werden höhere Indifferenzkurven erreichbar. Dahinter steht der Einkommenseffekt. Auf einer höher liegenden Indifferenzkurve kann der neue Tangentialpunkt links oder rechts vom alten liegen. Klar ist nur, dass der Konsum zunimmt. Die Richtung der Reaktion von Freizeit und Arbeitszeit bleibt offen.

In der Abb. 2.13 haben wir dies für jenen Sonderfall illustriert, in dem kein Vermögenseinkommen vorliegt. Dann führt die Lohnsatzerhöhung zu einer Drehung der Budgetgeraden im Uhrzeigersinn im Abszissenabschnitt. Im Fall der Abb. 2.13 bleiben Freizeit und damit Arbeitszeit speziell unverändert, Einkommens- und Substitutionseffekt sind hier also speziell betragsmäßig gleich groß. Wie wir gleich zeigen werden, resultiert dieser spezielle Fall bei Cobb-Douglas-Präferenzen über Konsum und Freizeit sofern kein Vermögenseinkommen vorliegt. Durch die mittels der gestrichelt eingezeichneten Budgetrestriktion verdeutlichte fiktive (hier negative) Einkommenskompensation (Tangentialpunkt mit der alten Indifferenzkurve bei neuer Steigung der Budgetgeraden) erhält man die Zerlegung des Lohnsatzeffekts in den Substitutionseffekt (Linksrutsch auf der alten Indifferenzkurve) und den Einkommenseffekt (von der alten zur neuen Indifferenzkurve). Im dargestellten Sonderfall ist das einzelwirtschaftliche

Abb. 2.13 Ableitung der Arbeitsangebotsfunktion

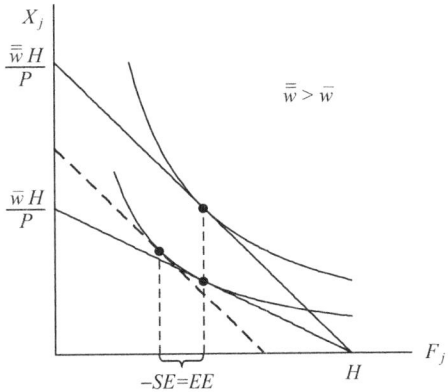

Abb. 2.14 Arbeitsangebotsfunktion

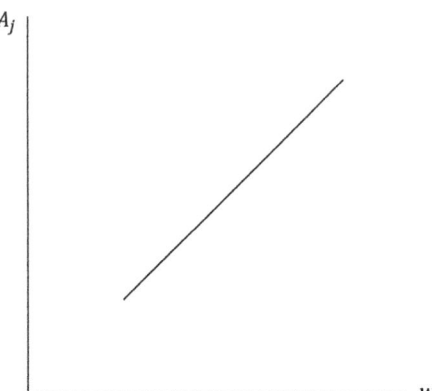

Arbeitsangebot also völlig lohnsatzunelastisch. Dies ändert sich allerdings selbst bei Cobb-Douglas-Präferenzen, sobald ein Vermögenseinkommen vorliegt (dazu gleich).

In Kap. 3 werden wir bezüglich der Arbeitszeit-Konsum-Entscheidung von dominierenden Substitutionseffekten als Regelfall ausgehen, also von einer im Lohnsatz steigenden Arbeitsangebotsfunktion. Eine solche zeigt in stilisierter Form die Abb. 2.14. Dies scheint zumindest bei niedrigen und mittleren Einkommensniveaus empirisch plausibel. Im Übrigen steigt eine aggregierte Arbeitsmarktangebotsfunktion auch dann im Lohnsatz, wenn alle einzelwirtschaftlichen Angebotsfunktionen lohnsatzunelastisch sind. Dies resultiert aus den – z. B. wegen unterschiedlicher Vermögenseinkommen – unterschiedlichen Einstiegslohnsätzen. Insbesondere das gleich folgende Cobb-Douglas-Beispiel macht dies sehr deutlich: Je höher das Vermögenseinkommen ist, desto höher ist der Lohnsatz, bei dem man anfängt Arbeit anzubieten.

2.3.4 Ein Beispiel mit Cobb-Douglas-Präferenzen

Schauen wir zunächst auf das Beispiel der Cobb-Douglas-Präferenzen über Konsum und Freizeit bzw. Arbeitszeit. Die Standardformulierung der Nutzenindexfunktion lautet hier

$$u_j = X_j^\alpha F_j^\beta = X_j^\alpha (H - A_j)^\beta.$$

Die zugehörigen Grenzraten der Substitution von Konsum durch Freizeit sind

$$s_{X_j, F_j} = \frac{\beta X_j}{\alpha F_j} = \frac{\beta X_j}{\alpha (H - A_j)}.$$

Damit ergibt sich die Arbeitsregel in ihren beiden Formulierungen (2.13) bzw. (2.14) als

$$\frac{w}{P} = \frac{\beta X_j}{\alpha F_j} = \frac{\beta X_j}{\alpha (H - A_j)} \quad \text{bzw.} \quad w = P \frac{\beta X_j}{\alpha F_j} = P \frac{\beta X_j}{\alpha (H - A_j)}.$$

2.3 Arbeitsregel und Arbeitsangebot

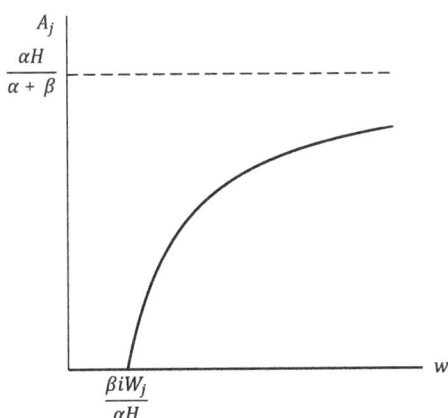

Abb. 2.15 Arbeitsangebotsfunktion bei Cobb-Douglas-Präferenzen

Die beiden rechten Gleichungsseiten in der zweiten Formulierung sind der Wert des Grenzleids der Arbeit. Zusammen mit der Budgetrestriktion (2.12) führt die Arbeitsregel zur nutzenmaximierenden Freizeitnachfrage- und Arbeitsangebotsfunktion

$$F_j = \frac{\beta}{\alpha + \beta}\left(\frac{iW_j + wH}{w}\right)$$

und

$$A_j = \frac{\alpha}{\alpha + \beta} H - \frac{\beta}{\alpha + \beta} \frac{iW_j}{w}.$$

Mit Blick auf das Arbeitsangebot dominiert also der positive Substitutionseffekt einer Lohnsatzerhöhung den negativ wirkenden Einkommenseffekt und das Arbeitsangebot steigt. Der Einkommenseffekt einer Lohnsatzänderung gewinnt allerdings mit sinkendem Vermögenseinkommen an Bedeutung. Daher ist der gleichgerichtete Zusammenhang zwischen Arbeitsangebot und Lohnsatz umso schwächer, je geringer das Vermögenseinkommen wird. Liegt gar kein Vermögenseinkommen vor, so ist das Arbeitsangebot völlig lohnsatzunelastisch. Die Abb. 2.15 zeigt ein Beispiel mit Vermögenseinkommen.

2.3.5 Ein Beispiel mit CES-Präferenzen

Bei Gültigkeit von CES-Präferenzen lautet die Nutzenindexfunktion in der Standardformulierung

$$u_j = \left(X_j^{\frac{\sigma+1}{\sigma}} + F_j^{\frac{\sigma+1}{\sigma}}\right)^{\frac{\sigma}{\sigma+1}} = \left(X_j^{\frac{\sigma+1}{\sigma}} + (H - A_j)^{\frac{\sigma+1}{\sigma}}\right)^{\frac{\sigma}{\sigma+1}}.$$

Dabei ist die Substitutionselastizität wieder kleiner als minus eins bzw. betragsmäßig größer als eins. Die zugehörigen Grenzraten der Substitution von Konsum durch Freizeit sind

$$s_{X_j,F_j} = \left(\frac{F_j}{X_j}\right)^{\frac{1}{\sigma}} = \left(\frac{H-A_j}{X_j}\right)^{\frac{1}{\sigma}}.$$

Also lautet die Arbeitsregel in ihren beiden Formulierungen

$$\frac{w}{P} = \left(\frac{F_j}{X_j}\right)^{\frac{1}{\sigma}} = \left(\frac{H-A_j}{X_j}\right)^{\frac{1}{\sigma}} \quad \text{bzw.} \quad w = P\left(\frac{F_j}{X_j}\right)^{\frac{1}{\sigma}} = P\left(\frac{H-A_j}{X_j}\right)^{\frac{1}{\sigma}}.$$

Zusammen mit der Budgetrestriktion ergibt sich aus der Arbeitsregel die einzelwirtschaftliche Freizeitnachfragefunktion

$$F_j = \frac{iW_j + wH}{w + w^{-\sigma}P^{1+\sigma}} = \frac{iW_j}{w + w^{-\sigma}P^{1+\sigma}} + \frac{H}{1 + \left(\frac{w}{P}\right)^{-(1+\sigma)}}$$

und damit die einzelwirtschaftliche Arbeitsangebotsfunktion

$$A_j = H - \frac{iW_j}{w + w^{-\sigma}P^{1+\sigma}} - \frac{H}{1 + \left(\frac{w}{P}\right)^{-(1+\sigma)}}.$$

Auch bei CES-Präferenzen verläuft also die Arbeitsangebotsfunktion im Lohnsatz steigend. Dies ist hier auch bei Fehlen eines Vermögenseinkommens so.

2.4 Sparregel und Kapitalangebot

Mittels Sparen durch gegenwärtigen Konsumverzicht kann man Vermögen bilden, das in der Zukunft einen Konsum ermöglicht, der das zukünftige Einkommen überschreitet. Zudem führt die Vermögensbildung durch Sparen zu einem Vermögenseinkommen. In diesem Abschnitt werden wir uns anschauen, wie man über die Sparregel die nutzenmaximale Höhe des Sparens bestimmen kann. Da dies eine intertemporale Entscheidung ist, spielt dabei der Zinssatz eine entscheidende Rolle.

2.4.1 Präferenzen und Budgetrestriktion

Wir betrachten die intertemporale Nutzenmaximierung eines Haushalts über zwei Perioden t (Gegenwart) und $t+1$ (Zukunft). Die Arbeitseinkommen beider Perioden seien exogen vorgegeben. Gesucht ist die nutzenmaximale Aufteilung des Gegenwartswertes des Gesamtarbeitseinkommens in die Konsumsummen der beiden Perioden. Annahmegemäß liege in der Ausgangssituation kein Vermögenseinkommen vor.

2.4 Sparregel und Kapitalangebot

Der Haushalt kann in der ersten Periode sparen. Diese Ersparnis steht dann dem Konsum in der zweiten Periode zusätzlich zur Verfügung. Umgekehrt kann er in der ersten Periode einen Kredit aufnehmen, den er in der zweiten Periode zurückzahlt. Eine Kreditaufnahme ist negatives Sparen. Es gibt kein Sparen (auch kein negatives) über die zweite Periode hinaus. Die intertemporale Nutzenindexfunktion unseres Haushalts lautet

$$u_j = u_j(C_{j,t+1}, C_{j,t}) = u_j(S_j). \tag{2.15}$$

Da die Arbeitseinkommen beider Perioden vorgegeben sind, steht mit der Entscheidung über die beiden Konsumsummen die Höhe des Sparens fest und umgekehrt. Anders als in den Nutzenindexfunktionen bisher sind hier mit den Konsumsummen und dem Sparen Wertgrößen (nicht Mengengrößen) die unabhängigen Variablen. Bei gegebenen Periodenpreisniveaus spielt das allerdings keine Rolle.

Die intertemporale Präferenzstruktur eines Haushalts wird durch den Verlauf der Grenzrate der intertemporalen Substitution von Zukunftskonsum(summe) durch Gegenwartskonsum(summe) beschrieben. Diese Grenzraten entsprechen betragsmäßig den Steigungswerten einer intertemporalen Indifferenzkurve. Eine solche intertemporale Indifferenzkurve ist in der Abb. 2.16 dargestellt. Die Grenzraten der intertemporalen Substitution geben an, wie viel Zukunftskonsumsumme ein weiterer Euro Gegenwartskonsumsumme bei konstant gehaltenem Nutzen substituiert. Typischerweise liegen mit zunehmendem Niveau des Gegenwartskonsums abnehmende Grenzraten der intertemporalen Substitution vor. Je höher das Niveau des Gegenwartskonsums in der Ausgangssituation ist (und je geringer damit das Niveau des Zukunftskonsums ist), desto weniger Zukunftskonsum(summe) kann man durch einen weiteren Euro Gegenwartskonsum(summe) substituieren. Dementsprechend verlaufen die intertemporalen Indifferenzkurven konvex zum Ursprung. In der Abb. 2.16 sowie in den folgenden Abbildungen dieses Abschnitts kann sich der Leser stets eine zweite Abszisse hinzudenken, auf der das Sparen abgetragen wird. Diese verläuft der Abszisse für den Gegenwartskonsum entgegen. Denn auf der Basis unserer Annahmen hinsichtlich der Entscheidungssituation gilt definitionsgemäß $S_j = wA_{j,t} - C_{j,t}$.

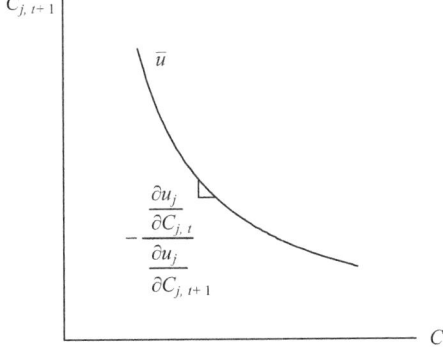

Abb. 2.16 Intertemporale Indifferenzkurve und Grenzraten der Substitution

Da sich auf einer Indifferenzkurve durch Änderungen des Gegenwartskonsums und durch Änderungen des Zukunftskonsums bewirkte Nutzenänderungen stets ausgleichen müssen, also

$$\frac{\partial u_j}{\partial C_{j,t}} dC_{j,t} = -\frac{\partial u_j}{\partial C_{j,t+1}} dC_{j,t+1}$$

gilt, kann man die Grenzraten der intertemporalen Substitution berechnen als

$$s_{C_{j,t+1},C_{j,t}} = -\frac{dC_{j,t+1}}{dC_{j,t}} = \frac{\frac{\partial u_j}{\partial C_{j,t}}}{\frac{\partial u_j}{\partial C_{j,t+1}}}(C_{j,t+1}, C_{j,t}) = \frac{\frac{\partial u_j}{\partial C_{j,t}}}{\frac{\partial u_j}{\partial C_{j,t+1}}}(S_j). \quad (2.16)$$

Vermindert man die Grenzrate der intertemporalen Substitution um eins, so erhält man den Wert des Grenzleids des Sparens, also das bewertete Leid aus dem Sparen eines weiteren Euros

$$\frac{\partial e_j}{\partial S_j} = \frac{\frac{\partial u_j}{\partial C_{j,t}}}{\frac{\partial u_j}{\partial C_{j,t+1}}}(S_j) - 1. \quad (2.17)$$

Die Grenzrate der intertemporalen Substitution zeigt, wie viel Euro Zukunftskonsum(summe) durch einen weiteren Euro Gegenwartskonsum(summe) (also: weniger Sparen) substituiert werden. Dementsprechend zeigt der Wert des Grenzleids des Sparens, wie viel bewerteter Zukunftskonsum über diesen einen Euro mehr Gegenwartskonsum hinaus substituiert wird. Sei beispielsweise die Grenzrate der intertemporalen Substitution 1,05, d. h., durch einen Euro zusätzlichen Gegenwartskonsum (weniger Sparen) wird 1,05 EUR Zukunftskonsum substituiert. Dann beläuft sich das bewertete Grenzleid des Sparens auf 5 Cent, d. h., würde man diesen Euro sparen statt ihn jetzt zum Konsum zu verwenden, so bliebe der Nutzen unverändert, wenn man dafür in der Zukunft 5 Cent mehr bekommt. Der Wert des Grenzleids des Sparens steht also für jenen zusätzlichen Betrag, den man als Nutzenkompensation für einen weiteren Euro Sparen (gegenwärtigen Konsumverzicht) bekommen muss. Kumuliert man das bewertete Grenzleid des Sparens über die Sparsumme, so erhält man das bewertete Sparleid $e_j(C_{j,t+1}, C_{j,t}) = e_j(S_j)$. Dieses gibt an, wie viel Euro man zur Nutzenkompensation für das Sparen bekommen muss. Der Sparer wird sein bewertetes Sparleid mit dem aus dem Sparen resultierenden neuen Vermögenseinkommen iS_j (also den Zinsen) vergleichen. Denn dieses neue Vermögenseinkommen ist der Lohn des Sparens in Form größerer Konsummöglichkeiten in der Zukunft. Ist das entstehende Vermögenseinkommen größer als das bewertete Sparleid, so entsteht dem Haushalt durch das Sparen eine positive Sparrente

$$SR_j = iS_j - e_j(S_j). \quad (2.18)$$

Diese Sparrente ist das kardinale Wohlfahrtsmaß des Sparens. Der Haushalt wird jene Sparhöhe wählen, welche die Differenz zwischen den Zinsen und dem dafür in Kauf zu

2.4 Sparregel und Kapitalangebot

Abb. 2.17 Intertemporale Budgetrestriktion

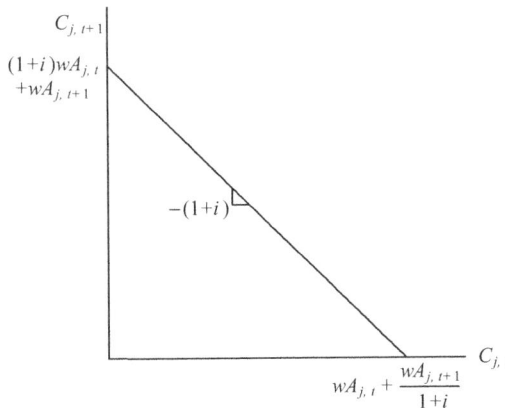

nehmenden Sparleid maximiert. Nutzenmaximierung bedeutet also mit Blick auf das Sparen Maximierung der Sparrente.

Nebenbedingung der intertemporalen Nutzenmaximierung ist die intertemporale Budgetrestriktion

$$wA_{j,t} + \frac{wA_{j,t+1}}{1+i} = C_{j,t} + \frac{C_{j,t+1}}{1+i}. \tag{2.19}$$

Diese ist in den Gegenwartswerten der Einkommen bzw. Konsumsummen zum Entscheidungszeitpunkt t formuliert. Daraus ergibt sich in einem Zukunftskonsum(summe)-Gegenwartskonsum(summe)-Diagramm die Budgetgerade

$$C_{j,t+1} = -(1+i)C_{j,t} + (1+i)wA_{j,t} + wA_{j,t+1},$$

siehe die Abb. 2.17. Der Steigungswert dieser Budgetgeraden entspricht betragsmäßig dem Aufzinsungsfaktor 1+i, da ein heute nicht konsumierter (weil gesparter) Euro 1+i Euro zusätzlichen Zukunftskonsum ermöglicht. Der Abszissenabschnitt zeigt, wie hoch die Konsumsumme in der Gegenwart sein kann, wenn man in Zukunft überhaupt nicht konsumieren will. Dann kann man zusätzlich zum aktuellen Arbeitseinkommen auch noch das zukünftige Arbeitseinkommen verkonsumieren. Letzteres muss allerdings abgezinst werden, denn um es vorzuziehen, muss man einen Kredit aufnehmen, der zu verzinsen ist. Umgekehrt gibt der Ordinatenabschnitt an, wie viel man in Zukunft konsumieren kann, wenn man in der Gegenwart völlig auf Konsum verzichtet. Diese zukünftige Konsumsumme ist dann höher als die Summe der Arbeitseinkommen, da man das gegenwärtige Arbeitseinkommen als Sparen verzinslich anlegen kann. Diese beiden Achsenabschnitte sind die theoretisch möglichen Grenzfälle. Zinssatzerhöhungen bedeuten eine Erhöhung des Aufzinsungsfaktors und damit einen steileren Verlauf der Budgetgeraden.

Abb. 2.18 Erste Formulierung der Sparregel

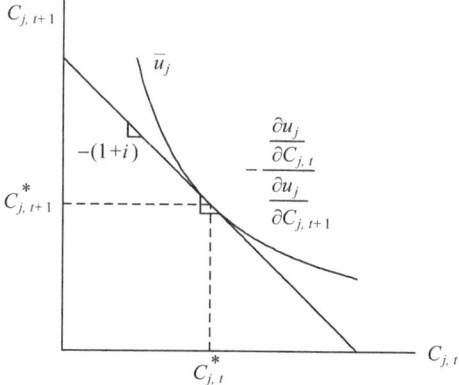

2.4.2 Die Sparregel

Nutzenmaximierung bedeutet nun wieder, mit der gegebenen Budgetgeraden die höchstmögliche Indifferenzkurve zu erreichen. Dies illustriert die Abb. 2.18. Dementsprechend liegen die nutzenmaximalen Werte für Gegenwarts- und Zukunftskonsum(summe) dort, wo sich Indifferenzkurve und Budgetgerade tangieren, d. h. wo ihre Steigungen übereinstimmen. Die Nutzenmaximierungsbedingung eines Sparers lautet also

$$1+i = \frac{\frac{\partial u_j}{\partial C_{j,t}}}{\frac{\partial u_j}{\partial C_{j,t+1}}}(C_{j,t+1}, C_{j,t}) = \frac{\frac{\partial u_j}{\partial C_{j,t}}}{\frac{\partial u_j}{\partial C_{j,t+1}}}(S_j). \tag{2.20}$$

Das bedeutet in Worten: Wähle deinen Gegenwarts- und Zukunftskonsum und damit deine Sparhöhe so, dass die Grenzrate der intertemporalen Substitution – also jener Betrag Zukunftskonsumsumme, der einen Euro Gegenwartskonsumsumme nutzenmäßig kompensiert – dem Aufzinsungsfaktor entspricht. Diese Nutzenmaximierungsregel wollen wir als Sparregel bezeichnen. Ihre ökonomische Logik ist unmittelbar einsichtig. Spart man beispielsweise mehr bzw. hat einen niedrigeren Gegenwartskonsum als gemäß dieser Regel, so ist die Grenzrate der intertemporalen Substitution größer als der Aufzinsungsfaktor und der Nutzen würde steigen, wenn man mehr Gegenwartskonsum hätte, also weniger sparen würde.

Vermindern wir beide Seiten der Gl. (2.20) um den Wert eins, so erhalten wir eine zweite Formulierung der Sparregel:

$$i = \frac{\partial e_j}{\partial S_j}(S_j). \tag{2.21}$$

Das bedeutet in Worte gefasst: Spare so viel, bis das bewertete Leid aus dem letzten Euro zusätzlichen gegenwärtigen Konsumverzichts (also der Wert des Grenzleids des Sparens) dem Zinssatz entspricht. Diese zweite Formulierung der Sparregel mittels der Gl. (2.21)

2.4 Sparregel und Kapitalangebot

Abb. 2.19 Zweite Formulierung der Sparregel

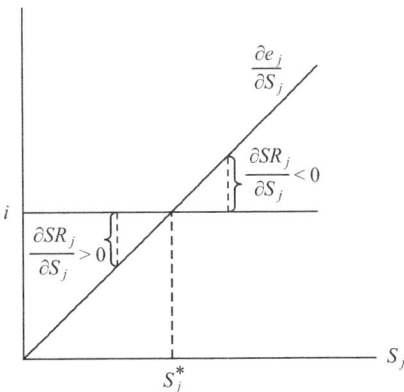

hätten wir auch direkt als notwendige Maximierungsbedingung aus der Gl. (2.18) für die Sparrente ableiten können. Ihre ökonomische Logik ist recht offensichtlich: Das Grenzleid des Sparens gibt an, mit wie viel Cent über einen Euro zusätzlichen Zukunftskonsum hinaus ein weiterer Euro Verzicht auf Gegenwartskonsum entgolten werden muss, wenn der betrachtete Sparer nutzenkompensiert werden soll. Der Zinssatz gibt an, wie viel er für den gegenwärtigen Konsumverzicht tatsächlich bekommt. Solange der Sparer für einen weiteren Euro Sparens höhere Zinsen bekommt als man ihm geben müsste, um ihn nutzenmäßig zu kompensieren, wird er noch mehr Sparen wollen. Mit zunehmender Sparhöhe werden diese zur Nutzenkompensation notwendigen Zinsen aus einem weiteren gesparten Euro, also der Wert des Grenzleids des Sparens, jedoch immer höher. Sind sie auf die Höhe des tatsächlich erhaltenen Zinssatzes gestiegen, hat der Sparer seine nutzenmaximale Sparhöhe erreicht. Hier sind alle aus Differenzen zwischen dem Zinssatz und dem Wert des Grenzleids des Sparens resultierenden zusätzlichen Sparrenten ausgeschöpft. Die Abb. 2.19 illustriert diese zweite Formulierung der Sparregel mit einem hier speziell linearen Verlauf des Grenzleids des Sparens.

Die Abb. 2.20 zeigt, wie sich die bei nutzenmaximaler Wahl der Sparhöhe resultierenden Zinsen aufteilen lassen in jenen Teil, der für eine Nutzenkompensation notwendig wäre (das bewertete Sparleid), und jenen darüber hinausgehenden Teil, der die Wohlfahrt des Kapitalanbieters erhöht (die Sparrente).

Zusammen mit der intertemporalen Budgetrestriktion bildet die in den Konsumsummen formulierte Sparregel ein Zwei-Gleichungs-System in den beiden Konsumsummen, das aufgelöst zu den nutzenmaximalen Konsumsummen

$$C_{j,t}^* = C_{j,t}^*(i) \quad \text{und} \quad C_{j,t+1}^* = C_{j,t+1}^*(i)$$

führt. Daraus folgt die nutzenmaximale Höhe des Sparens als

$$S_j^* = S_j^*(i) = wA_{j,t} - C_{j,t}^*(i).$$

Abb. 2.20 Zinsen, bewertetes Sparleid und Sparrente im Nutzenmaximum

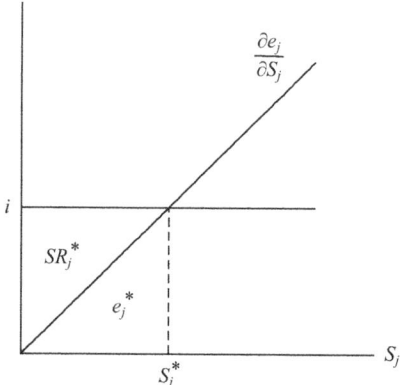

Letztere kann man auch direkt ermitteln, wenn man die Sparregel in der Höhe des Sparens statt in den beiden Konsumsummen formuliert.

2.4.3 Kapitalangebotsfunktionen

Von Interesse ist nun die Art des Verlaufs des Sparens in Abhängigkeit vom Zinssatz, also der Verlauf der Sparfunktion als Angebotsfunktion für neues Finanzkapital. Den Effekt einer Zinssatzerhöhung auf das einzelwirtschaftliche Sparen können wir anhand der Abb. 2.21 in einen Substitutionseffekt (Bewegung auf der alten Indifferenzkurve) und einen Einkommenseffekt (Bewegung von der alten zur neuen Indifferenzkurve) zerlegen. Dabei ist der Substitutionseffekt einer Zinssatzerhöhung auf das Sparen eindeutig positiv. Ein höherer Zinssatz führt zu einer steileren Budgetgeraden, sodass der Tangentialpunkt zwischen einer fiktiven nutzenkompensierten Budgetgeraden mit der neuen Steigung und der alten Indifferenzkurve eindeutig bei niedrigerem Gegenwarts-

Abb. 2.21 Ableitung der Sparfunktion

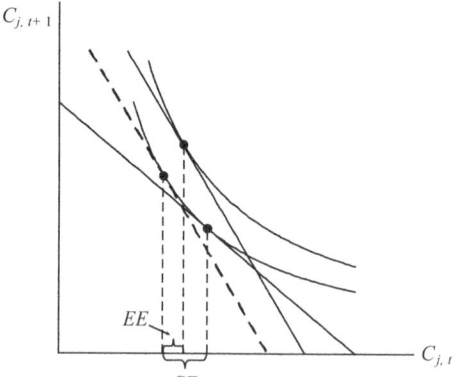

2.4 Sparregel und Kapitalangebot

Abb. 2.22 Sparfunktion

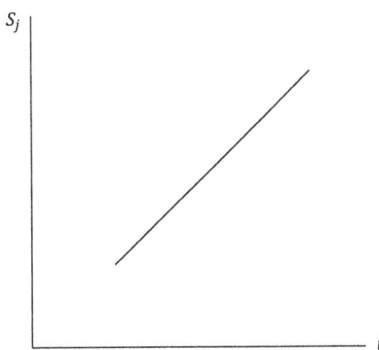

und höherem Zukunftskonsum liegt – das Sparen ist also höher. Dies zeigt die Abb. 2.21 mit gestrichelter nutzenkompensierter Budgetgeraden. Der Einkommenseffekt ist in seiner Richtung offen. Wie man an den Achsenabschnitten der Abb. 2.17 ablesen kann, führt eine Zinssatzerhöhung zu einem Steigen des Ordinatenabschnitts und zu einem Fallen des Abszissenabschnitts. Der linke Teil der neuen Budgetgerade liegt also über der alten Budgetgeraden, der rechte Teil von ihr unterhalb der alten. In welchem Teil das neue Nutzenmaximum liegt, ist offen. Dahinter steht der Umstand, dass die Zinssatzerhöhung insofern ambivalent wirkt, als dass sie zwar das neu geschaffene Vermögenseinkommen erhöht, aber andererseits den Gegenwartswert des zukünftigen Einkommens verringert. In der Abb. 2.21 haben wir einen Fall dargestellt, in dem der Einkommenseffekt der Zinssatzerhöhung bezüglich des Sparens negativ ist (der Einkommenseffekt alleine führt zu mehr Gegenwartskonsum), ein dominanter positiver Substitutionseffekt dies aber überkompensiert. Dann wird auf Kosten des Gegenwartskonsums mehr gespart und es steigt der Zukunftskonsum. Dies dürfte der Regelfall sein und ist in der Abb. 2.22 stilisiert dargestellt. Das legen auch die beiden folgenden Beispiele nahe.

2.4.4 Ein Beispiel mit Cobb-Douglas-Präferenzen

Als erstes Beispiel wollen wir den Fall von Cobb-Douglas-Präferenzen über Gegenwarts- und Zukunftskonsumsumme betrachten. Hier lautet die Standardformulierung der Nutzenindexfunktion

$$u_j = C_{j,t+1}^{\alpha} C_{j,t}^{\beta} = (wA_{j,t+1} + S_j)^{\alpha}(wA_{j,t} - S_j)^{\beta}.$$

Die Grenzraten der intertemporalen Substitution lauten in diesem Fall

$$s_{C_{j,t+1},C_{j,t}} = \frac{\beta C_{j,t+1}}{\alpha C_{j,t}} = \frac{\beta(wA_{j,t+1} + S_j)}{\alpha(wA_{j,t} - S_j)}.$$

Damit ergibt sich die Sparregel in ihrer zweiten Formulierung (2.21) als

$$i = \frac{\beta C_{j,t+1}}{\alpha C_{j,t}} - 1 = \frac{\beta(wA_{j,t+1} + S_j)}{\alpha(wA_{j,t} - S_j)} - 1.$$

Die beiden rechten Seiten zeigen die Werte des Grenzleids des Sparens. Zusammen mit der intertemporalen Budgetrestriktion (2.19) erhalten wir die nutzenmaximalen Konsumsummen

$$C_{j,t+1} = \frac{\alpha}{\alpha + \beta}(1+i)\left(wA_{j,t} + \frac{wA_{j,t+1}}{1+i}\right)$$

und

$$C_{j,t} = \frac{\beta}{\alpha + \beta}\left(wA_{j,t} + \frac{wA_{j,t+1}}{1+i}\right).$$

Die nutzenmaximierende Sparfunktion folgt direkt aus der im Sparen formulierten Sparregel als

$$S_j = \frac{\alpha}{\alpha + \beta}wA_{j,t} - \frac{\beta}{\alpha + \beta}\frac{wA_{j,t+1}}{1+i}.$$

Im Falle der Cobb-Douglas-Präferenzen gilt also: Steigt der Zinssatz, so wird mehr gespart, der Gegenwartskonsum sinkt und der Zukunftskonsum steigt. Die Abb. 2.23 zeigt ein Beispiel.

2.4.5 Ein Beispiel mit CES-Präferenzen

Im Falle der CES-Präferenzen mit einer Substitutionselastizität von kleiner als minus eins lautet die Nutzenindexfunktion in der Standardformulierung

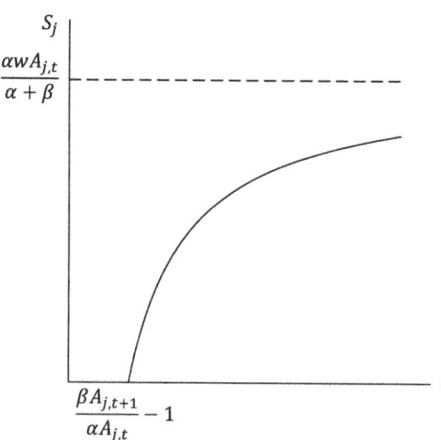

Abb. 2.23 Sparfunktion bei Cobb-Douglas-Präferenzen

2.5 Entscheidungen unter Risiko

$$u_j = \left(C_{j,t+1}^{\frac{\sigma+1}{\sigma}} + C_{j,t}^{\frac{\sigma+1}{\sigma}}\right)^{\frac{\sigma}{\sigma+1}} = \left((wA_{j,t+1} + S_j)^{\frac{\sigma+1}{\sigma}} + (wA_{j,t} - S_j)^{\frac{\sigma+1}{\sigma}}\right)^{\frac{\sigma}{\sigma+1}}.$$

Hier ergeben sich die Grenzraten der intertemporalen Substitution als

$$s_{C_{j,t+1},C_{j,t}} = \left(\frac{C_{j,t}}{C_{j,t+1}}\right)^{\frac{1}{\sigma}} = \left(\frac{wA_{j,t} - S_j}{wA_{j,t+1} + S_j}\right)^{\frac{1}{\sigma}}.$$

Also lautet die Sparregel

$$i = \left(\frac{C_{j,t}}{C_{j,t+1}}\right)^{\frac{1}{\sigma}} - 1 = \left(\frac{wA_{j,t} - S_j}{wA_{j,t+1} + S_j}\right)^{\frac{1}{\sigma}} - 1.$$

Zusammen mit der intertemporalen Budgetrestriktion führt das zu den Konsumsummen

$$C_{j,t} = \frac{wA_{j,t} + \frac{wA_{j,t+1}}{1+i}}{1 + \left(\frac{1}{1+i}\right)^{1+\sigma}}$$

und

$$C_{j,t+1} = \frac{wA_{j,t} + \frac{wA_{j,t+1}}{1+i}}{\frac{1}{1+i} + \left(\frac{1}{1+i}\right)^{-\sigma}}.$$

Die nutzenmaximierende Sparfunktion lautet

$$S_j = \frac{wA_{j,t}}{1 + (1+i)^{1+\sigma}} - \frac{wA_{j,t+1}}{1 + i + \left(\frac{1}{1+i}\right)^{\sigma}}.$$

Auch hier resultiert also eine im Zinssatz steigende Sparfunktion.

2.5 Entscheidungen unter Risiko

Anders als bisher vorausgesetzt müssen Entscheidungen oft unter unvollständiger Information hinsichtlich der zukünftigen Ausprägung bestimmter Merkmale bei verschiedenen Alternativen getroffen werden. Beispielsweise kann ein Konsumgüternachfrager, der mit neuen Varianten eines bestimmten Konsumgutes konfrontiert wird, oft ex ante (vor Konsum) nicht exakt einschätzen, welche Konsumentenrenten aus den Alternativen resultieren. Einem Arbeitsanbieter, der zwischen zwei Stellenangeboten wählen kann, dürfte es im Regelfall ex ante schwerfallen, das Arbeitsleid und damit die Arbeitsrenten aus den beiden Alternativen exakt zu beurteilen. Und Sparer sehen sich einer großen Vielfalt von alternativen Vermögensanlagen gegenüber, deren Renditen und damit Sparrenten in den meisten Fällen ex ante nicht feststehen.

Generell kann man zwei Arten der Entscheidung unter unvollständiger Information unterscheiden. Im ersten Fall besteht eine objektive Wahrscheinlichkeitsverteilung über den zu erwartenden Ertrag (Konsumenten-, Arbeits- oder Sparrente) einer Alternative. Hier weiß man, welche verschiedenen Erträge bei einer bestimmten Alternative prinzipiell möglich sind, und weiß zudem mit Sicherheit, wie hoch die Eintrittswahrscheinlichkeiten der einzelnen Möglichkeiten sind. Diesen ersten Fall bezeichnet man als Entscheidung unter Risiko. Dabei ergeben sich die objektiven Wahrscheinlichkeiten im Allgemeinen aufgrund von Naturgesetzen, beispielsweise bei Glücksspielen wie Würfeln oder Roulette, oder auf der Basis gesicherter empirischer Regelmäßigkeiten, beispielsweise auf der Basis von über einen langen Zeitraum statistisch ermittelter Häufigkeitsverteilungen. Im zweiten Fall der Entscheidung unter unvollständiger Information sind die Wahrscheinlichkeiten unsicher. Man spricht dann von subjektiven Wahrscheinlichkeiten und einer Entscheidung unter Unsicherheit. Eine solche Unsicherheit herrscht z. B. hinsichtlich des Ausgangs von Fußballspielen oder Pferderennen. Zwischen beiden Arten der Entscheidung gibt es keine klare Trennungslinie. So kann man schwerlich festlegen, ab welcher Länge des Beobachtungszeitraums eine empirisch ermittelte Eintrittshäufigkeit von einer subjektiven zu einer objektiven Wahrscheinlichkeit wird. Klar ist aber, dass sich die Menschen bei hoher Unsicherheit hinsichtlich der Wahrscheinlichkeiten anders verhalten als bei recht gesicherten Wahrscheinlichkeiten. Insofern macht die Unterscheidung in diese zwei Arten von Entscheidungen Sinn.

Im Folgenden wollen wir nur Entscheidungen unter Risiko behandeln. Dabei haben wir exemplarisch das Verhalten eines Sparers als Vermögensanleger an den Finanzmärkten im Auge. Dieser muss nun nicht nur (wie im Vorabschnitt angenommen) über die Höhe des Sparens entscheiden (was wir im Folgenden nicht erneut thematisieren), sondern zudem über die Aufteilung dieser Neuvermögensbildung auf verschiedene Anlagealternativen. Die alternativen Vermögensanlagen sind im Regelfall risikobehaftet. Dabei ist die Präferenzstruktur eines Sparers typischerweise von Risikoaversion geprägt.

2.5.1 Risiko und Risikoaversion

Ein einfacher Ansatz zur Formalisierung und Erfassung der Konzepte des Risikos und der Risikoaversion ist der so genannte Erwartungswert-Varianz-Ansatz. Wie der Name schon deutlich macht, geht man hier davon aus, dass von der objektiven Wahrscheinlichkeitsverteilung über die möglichen Ausprägungen eines Merkmals einer Alternative für den betrachteten Haushalt nur der Erwartungswert μ und die Standardabweichung δ entscheidungsrelevant sind, nicht aber die höheren statistischen Momente. Dabei ist die Standardabweichung das Risikomaß. Im Falle eines Sparers ist der Erwartungswert jener des Ertrags seiner Vermögensanlagen und ist die Standardabweichung jene der Wahrscheinlichkeitsverteilung über diesen Vermögensertrag. Der Nutzen aus den Vermögensanlagen steigt bei konstant gehaltenem Risiko mit dem Erwartungswert des Ertrags. Bei Risikoaversion fällt dieser Nutzen bei konstant gehaltenem Ertrag mit steigender Standardabweichung (steigendem Risiko). Für die Nutzenindexfunktion unseres j-ten Haushalts können wir also formulieren

2.5 Entscheidungen unter Risiko

Abb. 2.24 μ-δ-Indifferenzkurve

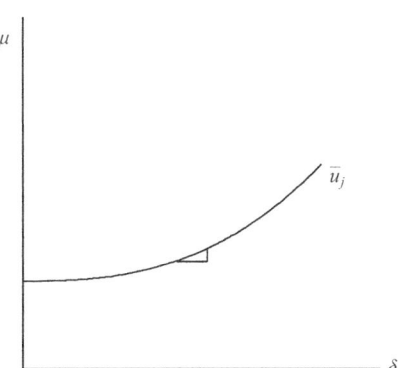

$$u_j = u_j(\mu, \delta), \qquad (2.22)$$

wobei typischerweise gilt

$$\frac{\partial u_j}{\partial \mu} > 0 \quad \text{und} \quad \frac{\partial u_j}{\partial \delta} < 0.$$

Die Präferenzstruktur kann man durch eine Indifferenzkurvenschar in der μ-δ-Ebene abbilden. Da das durch die Standardabweichung operationalisierte Risiko für sich gesehen ein Übel ist, verlaufen diese Indifferenzkurven steigend. Die Abb. 2.24 zeigt eine solche steigende Erwartungswert-Varianz- bzw. Ertragserwartung-Risiko-Indifferenzkurve.

Die Steigungswerte der Indifferenzkurven sind die Grenzraten der Substitution von erwartetem Ertrag (im Weiteren immer im Sinne des Erwartungswerts des Ertrags) durch Risiko. Diese Grenzraten geben an, wie viel mehr erwarteten Ertrag man dem betrachteten Anleger geben muss, damit er für eine Einheit mehr Risiko (also für einen Euro mehr Standardabweichung) nutzenmäßig kompensiert ist. Umgekehrt geben die Grenzraten der Substitution von Risiko durch erwarteten Ertrag an, wie viel mehr Risiko (Euro Standardabweichung) man dem Sparer bei konstant gehaltenem Nutzen aufbürden kann, wenn er dafür einen Euro mehr erwarteten Ertrag bekommt. Dabei können wir von steigenden Grenzraten der Substitution als Regelfall ausgehen. Je höher das Risiko (die Standardabweichung) schon ist, umso mehr zusätzlichen erwarteten Ertrag muss man einem Sparer geben, damit er für eine zusätzliche Einheit Risiko nutzenmäßig kompensiert ist. Die Indifferenzkurven verlaufen also progressiv steigend. Da auf einer Indifferenzkurve definitionsgemäß

$$-\frac{\partial u_j}{\partial \delta} d\delta = \frac{\partial u_j}{\partial \mu} d\mu$$

gelten muss, lassen sich die Grenzraten der Substitution von erwartetem Ertrag durch Risiko berechnen als

$$s_{\mu,\delta} = \frac{d\mu}{d\delta} = -\frac{\frac{\partial u_j}{\partial \delta}}{\frac{\partial u_j}{\partial \mu}}(\mu, \delta). \tag{2.23}$$

Von spezieller Bedeutung ist der Ordinatenabschnitt einer Indifferenzkurve, also jener Punkt, in dem kein Risiko (keine Streuung) vorliegt. Dieser Ordinatenabschnitt steht nicht für einen Erwartungswert, sondern für den dann sicheren zukünftigen Ertrag. Mit Blick auf alle übrigen und mit Risiko behafteten Punkte einer Indifferenzkurve bezeichnet man den Ordinatenabschnitt daher als Sicherheitsäquivalent. Gegeben irgendeine andere Ertragerwartung-Risiko-Kombination auf derselben Indifferenzkurve gibt er an, welcher sichere Betrag zu dieser anderen Kombination nutzenäquivalent ist.

2.5.2 Die Portfolioregel

Ein risikoaverser Sparer bzw. Anleger kann seinen Nutzen steigern, indem er sich nicht auf eine bestimmte Vermögensanlageform konzentriert, sondern ein Portfolio aus Alternativen mit unterschiedlichem μ-δ-Profil zusammenstellt. Denn zum einen ermöglicht es eine solche Portfoliobildung, das μ-δ-Profil der Vermögensanlage insgesamt durch eine entsprechende Mischung der verschiedenen einzelnen Alternativen nutzenmaximal auf die Präferenzen des Anlegers auszurichten. Zum zweiten kann man bei Vorliegen einer negativen Korrelation zwischen den Wahrscheinlichkeitsverteilungen der Alternativen im Zuge einer Portfoliobildung das Gesamtrisiko des Portfolios unter das Risiko einer einzelnen Alternative senken.

Wir wollen im Folgenden nur den ersten Punkt verdeutlichen. Dazu schauen wir auf zwei völlig unkorrelierte alternative Anlageformen: eine sichere Staatsanleihe S mit Ertrag $\mu_S > 0$ und Risiko $\delta_S = 0$ sowie eine Aktie A mit Erwartungswert des Ertrags $\mu_A > \mu_S$ und mit dem Risiko $\delta_A > 0$. In der Abb. 2.25 haben wir das μ-δ-Profil der

Abb. 2.25 Die Portfolioregel

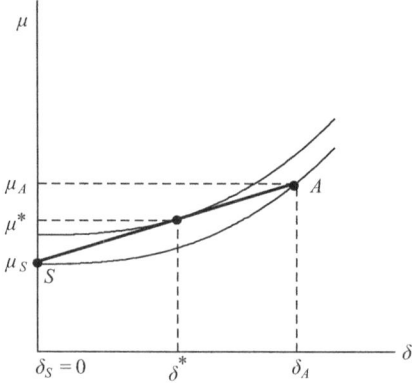

2.5 Entscheidungen unter Risiko

Aktie eingezeichnet (Punkt A) und anschließend die zugehörige Indifferenzkurve des betrachteten Anlegers. Mit Blick auf den sicheren Ertrag der Staatsanleihe haben wir speziell angenommen, dass dieser beim betrachteten Sparer genau dem Sicherheitsäquivalent dieser Aktie entspricht. Damit entspricht er dem Ordinatenabschnitt der Indifferenzkurve, auf welcher auch die Aktie liegt (Punkt S). Wenn der betrachtete Sparer seine gesamte Ersparnis ausschließlich in Aktien oder ausschließlich in Staatsanleihen anlegen müsste, so wäre er also in unserem Beispiel annahmegemäß zwischen beiden Anlageformen indifferent. Gegeben seine in der Krümmung der Indifferenzkurve zum Ausdruck kommende Risikoneigung würde das höhere Risiko der Aktie genau durch deren höheren erwarteten Ertrag aufgewogen.

Der Sparer kann nun seinen Nutzen erhöhen, indem er eine Mischung aus beiden Anlageformen, also ein Portfolio realisiert. Die in der Abb. 2.25 eingezeichnete Gerade zwischen den beiden Anlageformen ist der geometrische Ort aller durch Portfoliobildung realisierbaren μ-δ-Profile. Die Steigung dieser Geraden entspricht definitionsgemäß dem Verhältnis zwischen Erwartungswert-Differenz und Risiko-Differenz.

Da die Staatsanleihe unseres Beispiels nicht risikobehaftet ist, lautet hier die Steigung der Portfolio-Geraden speziell

$$\frac{d\mu}{d\delta} = \frac{\mu_A - \mu_S}{\delta_A}. \tag{2.24}$$

Diesen Steigungswert bezeichnet man auch als Preis des Risikos. Denn er gibt an, wie viel zusätzlichen erwarteten Ertrag man im Rahmen der Portfoliobildung durch Beimischung von mehr Aktien bekommt, wenn man einen Euro mehr Standardabweichung des erwarteten Ertrags aus dem Portfolio dafür in Kauf nimmt. Oder umgekehrt formuliert: Er zeigt, auf wie viel erwarteten Ertrag man verzichten muss, wenn man das Risiko um eine Einheit senken will. Offensichtlich wären die Bezeichnungen Lohn des Risikos oder Preis der Risikovermeidung treffender. Für den Erwartungswert des Ertrags eines Portfolios gilt

$$\mu = g\mu_A + (1-g)\mu_S$$

und für seine Standardabweichung

$$\delta = g\delta_A.$$

Dabei ist $0 < g < 1$ das Gewichtungsschema des Portfolios. In unserem einfachen Beispiel entspricht es seinem Aktienanteil. Für $g = 0$ wäre man im Punkt S, für $g = 1$ wäre man im Punkt A, und für $0 < g < 1$ hat man ein Portfolio auf der Geraden zwischen diesen Punkten.

Welches Portfolio – also welches Gewichtungsschema g – nutzenmaximal ist, macht ebenfalls die Abb. 2.25 deutlich. Man muss die beiden Anlageformen so mischen, dass die höchstmögliche Indifferenzkurve erreicht wird. Das ist dort der Fall, wo die Portfolio-Gerade einen Tangentialpunkt mit einer Indifferenzkurve hat. Mit diesem Tangentialpunkt liegt das nutzenmaximale Gewichtungsschema fest. Da sich in diesem

Tangentialpunkt die Steigungen der Indifferenzkurve gemäß Gl. (2.23) und der Portfoliogeraden gemäß Gl. (2.24) entsprechen, lautet die Nutzenmaximierungsbedingung

$$\frac{\mu_A - \mu_S}{\delta_A} = \frac{-\frac{\partial u_j}{\partial \delta}}{\frac{\partial u_j}{\partial \mu}}(\mu, \delta). \qquad (2.25)$$

Diese Nutzenmaximierungsregel der Vermögensanlage wollen wir als Portfolioregel bezeichnen. In Worten formuliert lautet sie: Wähle das Gewichtungsschema deines Portfolios so, dass die Grenzrate der Substitution von erwartetem Ertrag (aus dem Portfolio) durch Risiko (des Portfolios) gleich dem Preis des Risikos ist. Links von diesem Punkt ist die Grenzrate kleiner als der Lohn des Risikos. Also steigt der Nutzen noch, wenn man mehr Risiko eingeht. Rechts vom Nutzenmaximum ist es umgekehrt.

Bei Vorgabe der Eigenschaften der beiden Anlageformen (μ_S, δ_S) und (μ_A, δ_A) lässt sich aus der Portfolioregel das nutzenmaximale Gewichtungsschema

$$g^* = g^*(\mu_S, \mu_A, \delta_S, \delta_A)$$

berechnen. Der Nutzenzuwachs durch die Portfoliobildung resultiert im hier betrachteten Fall ausschließlich daraus, dass man dem sicheren Ertrag genau so viel Mehrertrag mit Risiko beimischt, wie es den Präferenzen (der Risikoneigung) des betrachteten Anlegers entspricht. Ändern wir dagegen das obige Beispiel derart ab, dass nun beide Anlagen eine positive Varianz haben, so ist auch die Korrelation zwischen ihnen bzw. ihren Wahrscheinlichkeitsverteilungen von Bedeutung. Besteht hier eine negative Korrelation, so führt eine Portfoliobildung zu einer Senkung des Risikos. Ein extremes Beispiel ist der Fall zweier Anlageformen, deren Erträge nur zwei spezielle Ausprägungen (z. B. 0 oder 1 Mio. EUR) annehmen können und deren Eintrittswahrscheinlichkeiten vollständig negativ korreliert sind. Dann besteht bei einem Kauf von nur einer Anlage ein erhebliches Risiko, bei einem Kauf beider Anlagen in gleicher Menge dagegen überhaupt kein Risiko.

2.5.3 Ein Beispiel

Es gelte die Nutzenindexfunktion

$$u_j = \sqrt{\mu} - \delta^2.$$

Dann lauten die Grenzraten der Substitution von erwartetem Ertrag durch Risiko

$$4\delta\sqrt{\mu}.$$

Damit lautet die Portfolioregel

$$4g\delta_A\sqrt{g\mu_A + (1-g)\mu_S} = \frac{\mu_A - \mu_S}{\delta_A}.$$

Gibt man hier die Erwartungswerte und Standardabweichungen der Erträge der beiden Anlageformen vor, so ist diese Gleichung ein numerisch lösbares Polynom im Gewichtungsfaktor.

2.6 Zusammenfassung

1. Bei Vollkommener Konkurrenz sind die Güter- und Faktorpreise im Kalkül eines privaten Haushalts vorgegebene Größen. Bei rationalem Verhalten und Nutzenmaximierung als Ziel handelt er als Mengenanpasser: Er wählt seine Konsummengen, seine Arbeitszeit und seine Sparhöhe derart, dass er bei den gegebenen Preisen eine möglichst hohe Konsumenten-, Arbeits- und Sparrente erreicht.
2. Die Präferenzstruktur eines Konsumgüternachfragers wird durch den Verlauf seiner Grenzraten der Substitution aller anderen Güter (der „übrigen Einkommensverwendung") durch jeweils ein Gut bzw. durch den Verlauf seiner maximalen Grenzzahlungsbereitschaften für die einzelnen Konsumgüter(einheiten) beschrieben. Letztere geben an, wie viel Euro der Nachfrager für jeweils eine weitere Einheit eines Gutes maximal bezahlen würde. Kumuliert über alle Einheiten eines Gutes ergibt sich aus diesen maximalen Grenzzahlungsbereitschaften die maximale Zahlungsbereitschaft für die entsprechende Menge dieses Gutes. Zieht man von dieser die tatsächlichen Ausgaben für diese Menge ab, so erhält man die zugehörige Konsumentenrente. Nutzenmaximierung bedeutet, jene Menge zu wählen, bei der diese Konsumentenrente maximal ist.
3. Bei gegebener Konsumsumme und gegebenen Konsumgüterpreisen maximiert der Konsument seinen Nutzen bzw. seine Konsumentenrente, indem er die Konsumgütermengen so wählt, dass seine maximale Grenzzahlungsbereitschaft für jedes Konsumgut auf den Preis dieses Gutes gefallen ist (so genannte Konsumregel).
4. Eine Preiserhöhung hat mit Blick auf die nutzenmaximale Nachfragemenge des betroffenen Konsumgutes sowohl einen negativen Substitutionseffekt (bei gedanklich unverändertem Nutzenniveau kommt es durch die Erhöhung des relativen Preises zu allen anderen Gütern zu einem Substitutionsprozess) als auch einen negativen Einkommenseffekt (die Preiserhöhung bedeutet einen Realeinkommensrückgang und dadurch weniger Nachfrage). Die Konsumgüternachfragefunktionen verlaufen daher eindeutig fallend.
5. Die Präferenzstruktur eines Arbeitsanbieters wird durch den Verlauf seiner Grenzraten der Substitution von Konsum durch Freizeit bzw. durch den Verlauf seines bewerteten Grenzleids der Arbeit beschrieben. Letzteres gibt an, wie viel Euro man dem Arbeitsanbieter für jeweils eine weitere Stunde Arbeitsangebot mindestens zahlen muss. Kumuliert über alle Arbeitsstunden ergibt sich aus diesem bewerteten Grenzleid das bewertete Arbeitsleid für die entsprechende Stundenzahl. Zieht man dieses von dem tatsächlich erhaltenen Arbeitseinkommen ab, so ergibt sich die

zugehörige Arbeitsrente. Nutzenmaximierung bedeutet, jene Zahl an Arbeitsstunden zu wählen, bei der diese Arbeitsrente maximal ist.

6. Bei gegebenem Vermögenseinkommen, gegebenem Lohnsatz und gegebenen Konsumgüterpreisen maximiert der Arbeitsanbieter seinen Nutzen bzw. seine Arbeitsrente, indem er seine Konsumgüternachfrage- und seine Arbeitsangebotsmenge so wählt, dass sein bewertetes Grenzleid der Arbeit auf die Höhe des Nominallohnsatzes gestiegen ist (so genannte Arbeitsregel).
7. Eine Lohnsatzerhöhung hat mit Blick auf die nutzenmaximale Arbeitszeit einen positiven Substitutionseffekt (Freizeit verteuert sich) und einen negativen Einkommenseffekt (das Einkommen steigt selbst bei leichter Arbeitszeitverringerung). Das Steigungsverhalten der nutzenmaximierenden Arbeitsangebotsfunktion hängt daher von der konkreten Präferenzstruktur des betrachteten Arbeitsanbieters ab.
8. Die Präferenzstruktur eines Sparers (Anbieters neuen Finanzkapitals) wird durch den Verlauf seiner Grenzraten der intertemporalen Substitution von Zukunftskonsum(summe) durch Gegenwartskonsum(summe) bzw. durch den Verlauf seines bewerteten Grenzleids des Sparens beschrieben. Letzteres gibt an, wie viel Euro man dem Kapitalanbieter für jeweils einen weiteren Euro Kapitalangebot mindestens zahlen muss. Kumuliert über den gesamten Sparbetrag ergibt sich aus diesem bewerteten Grenzleid das bewertete Sparleid. Zieht man dieses von den tatsächlich erhaltenen Zinsen ab, so ergibt sich die zugehörige Sparrente. Nutzenmaximierung bedeutet, jenen Sparbetrag zu wählen, bei dem diese Sparrente maximal ist.
9. Bei gegebenen Periodeneinkommen und gegebenem Zinssatz maximiert der Sparer seinen Nutzen bzw. seine Sparrente, indem er seine Periodenkonsumsummen bzw. seine Sparhöhe so wählt, dass sein bewertetes Grenzleid des Sparens auf die Höhe des Zinssatzes gestiegen ist (so genannte Sparregel).
10. Eine Zinssatzerhöhung hat mit Blick auf die nutzenmaximale Sparhöhe einen positiven Substitutionseffekt und einen in der Wirkungsrichtung offenen Einkommenseffekt. Das Steigungsverhalten der nutzenmaximierenden Sparfunktion (Finanzkapitalangebotsfunktion) hängt daher von der konkreten Präferenzstruktur des betrachteten Sparers ab.
11. Die Präferenzstruktur eines Anlegers, der konfrontiert mit verschiedenen Anlagealternativen eine Entscheidung unter Risiko treffen muss, wird durch den Verlauf seiner Grenzraten der Substitution von erwartetem Ertrag durch Risiko beschrieben.
12. Der Anleger maximiert bei Vorliegen von Risiko seinen Nutzen, indem er das Gewichtungsschema seines Portfolios so wählt, dass die Grenzrate der Substitution von erwartetem Ertrag durch Risiko gleich dem so genannten Preis des Risikos ist (so genannte Portfolioregel).

Die Konsumregel und die aus ihr abgeleitete Güternachfrage sind – wenn auch unter verschiedenen Bezeichnungen – Gegenstand jedes Lehrbuchs zur Mikroökonomik. Ausführliche Darstellungen dieses Themenfelds sind das Kapitel I.B in Schumann et al. (2011), das 3. und 4. Kapitel von Pindyck und Rubinfeld (2015) sowie die Kapitel 2 bis 6 in

Varian (2016). Arbeitsregel und Arbeitsangebot sowie Sparregel und Kapitalangebot finden sich sehr präzise (allerdings auch etwas knapp) behandelt in den Unterkapiteln 2.3 und 2.4 von Breyer (2015). Zur intertemporalen Konsum- und damit Sparentscheidung siehe auch Kapitel I.D in Schumann et al. (2011) und das 10. Kapitel in Varian (2016). Eine empfehlenswerte Abhandlung zur Arbeitsangebotsentscheidung ist zudem im 9. Kapitel von Varian (2016) zu finden. Gelungene Erläuterungen zur Entscheidung unter Risiko sind sowohl das 5. Kapitel in Pindyck und Rubinfeld (2015) als auch Kapitel 13 in Varian (2016) sowie das Unterkapitel VI.A in Schumann et al. (2011).

Literatur

Breyer F (2015) Mikroökonomik, 6. Aufl. Springer, Berlin u. a. O.
Pindyck R, Rubinfeld D (2015) Mikroökonomie, 8. Aufl. Pearson, München u. a. O.
Schumann J, Meyer U, Ströbele W (2011) Grundzüge der mikroökonomischen Theorie, 9. Aufl. Springer, Berlin u. a. O.
Varian HR (2016) Grundzüge der Mikroökonomik, 9. Aufl. Oldenbourg, Berlin u. a. O.

Marktkoordination bei Vollkommener Konkurrenz

Inhaltsverzeichnis

3.1	Einführung	77
3.2	Der Güterpreismechanismus	78
	3.2.1 Koordination von Konsumgüterangebot und Konsumgüternachfrage	78
	3.2.2 Die Wohlfahrtsoptimalität des Konsumgütermarktgleichgewichts	80
	3.2.3 Ein lineares Beispiel	82
3.3	Der Lohnsatzmechanismus	84
	3.3.1 Koordination von Arbeitsnachfrage und Arbeitsangebot	84
	3.3.2 Die Wohlfahrtsoptimalität des Arbeitsmarktgleichgewichts	86
	3.3.3 Ein lineares Beispiel	88
3.4	Der Zinssatzmechanismus	89
	3.4.1 Koordination von Investition und Sparen	90
	3.4.2 Die Wohlfahrtsoptimalität des Kapitalmarktgleichgewichts	91
	3.4.3 Ein lineares Beispiel	93
3.5	Zusammenfassung	95
Literatur		96

3.1 Einführung

In diesem Kapitel werden wir uns anschauen, wie bzw. unter welchen Umständen die Angebots- und Nachfrageentscheidungen der Unternehmen und Haushalte auf den Konsumgüter- und den Faktormärkten durch den Güterpreis- bzw. den Faktorpreismechanismus koordiniert werden. Dabei beschränken wir uns hier weiterhin (allerdings letztmalig) auf den Fall der Vollkommenen Konkurrenz. Wir betrachten einen transparenten Markt für ein homogenes Konsumgut bzw. für einen homogenen Produktionsfaktor, auf dem keiner der Beteiligten Marktmacht hat. Dementsprechend passen sich alle Marktteilnehmer mit ihren Güter- und Faktormengen gewinn- bzw. nutzenmaximal an die für alle gleichen Güter- und Faktorpreise an. Die Güter- und Faktorpreise werden bei Vollkommener Konkurrenz von Marktmachern gesetzt. Idealtypische Fälle sind hier Börsen für Güter und Faktoren, insbesondere die Börsen für Finanzkapital. Die Marktmacher sind die Betreiber der Börse. Sie stehen letztlich hinter dem Güterpreis- bzw. Faktorpreismechanismus, über den Marktangebot und Marktnachfrage koordiniert werden.

Wir wollen zunächst die Wirkungsweise des Preismechanismus auf einem Konsumgütermarkt, anschließend die Wirkungsweise eines Lohnsatzmechanismus auf einem Arbeitsmarkt und abschließend die Wirkungsweise des Zinssatzmechanismus auf einem Markt für neues Finanzkapital betrachten. Dabei werden wir stets in zwei Schritten vorgehen. In einem ersten Schritt betrachten wir, wie der jeweilige Marktmechanismus die Höhe von Angebot und Nachfrage aufeinander abgleicht. Durch diese Koordination der Angebots- und Nachfrageentscheidungen wird die Rationierung von Marktteilnehmern verhindert. Es gibt dann beispielsweise keinen Güteranbieter, der zum herrschenden Preis verkaufen will und keine Abnehmer findet. Ebenso wenig kann es dann Nachfrager geben, die zum herrschenden Preis kaufen wollen, aber keinen verkaufswilligen Anbieter finden. In einem zweiten Schritt zeigen wir dann jeweils, dass diese Koordination von Angebot und Nachfrage über den Marktmechanismus bei Vollkommener Konkurrenz stets zum wohlfahrtsmaximalen Niveau der gehandelten Güter- bzw. Faktormenge führt. Beispielsweise stellt sich auf einem Konsumgütermarkt der Vollkommenen Konkurrenz jener Preis ein, bei dem sich angebotene und nachgefragte Menge entsprechen und die Höhe dieser Menge zugleich jene ist, bei welcher die Wohlfahrt als Summe von Gewinnen und Konsumentenrente ihren maximal möglichen Wert annimmt.

3.2 Der Güterpreismechanismus

Im Abschn. 1.2 haben wir gezeigt, wie ein Unternehmen seine gewinnmaximale Produktionshöhe über die Outputregel bestimmen kann und dass seine einzelwirtschaftliche Güterangebotsfunktion im Güterpreis steigend verläuft. Im Abschn. 2.2 haben wir gezeigt, wie ein Haushalt seine nutzenmaximalen Konsumgütermengen über die Konsumregel bestimmen kann und dass seine einzelwirtschaftliche Konsumgüternachfragefunktion im Güterpreis fallend verläuft. In diesem Abschnitt werden wir nun diese beiden Seiten des Konsumgütermarktes zusammenbringen und zeigen, wie der Güterpreismechanismus Angebot und Nachfrage in einer die Wohlfahrt maximierenden Weise koordiniert.

3.2.1 Koordination von Konsumgüterangebot und Konsumgüternachfrage

Die Abb. 3.1 ist eine stilisierte Darstellung eines Konsumgütermarktes in einem Mengen-Preis-Diagramm mit der aggregierten Marktangebotsfunktion $x^A = x^A(p)$ und

3.2 Der Güterpreismechanismus

der aggregierten Marktnachfragefunktion $x^N = x^N(p)$. Die Marktangebotsfunktion steigt, weil die dahinterstehenden einzelwirtschaftlichen Angebotsfunktionen gemäß der Outputregel „Grenzkosten gleich Preis" bei (mit steigender Menge) steigenden Grenzkosten steigend verlaufen. Außerdem kommen wegen unterschiedlicher Preisuntergrenzen der einzelnen Unternehmen mit steigendem Preis immer mehr Anbieter an den Markt. Die Marktnachfragefunktion fällt, weil die dahinterstehenden einzelwirtschaftlichen Nachfragefunktionen gemäß der Konsumregel „maximale Grenzzahlungsbereitschaft gleich Preis" bei (mit steigender Menge) fallenden maximalen Grenzzahlungsbereitschaften fallend verlaufen. Beim Preis $p = p^*$ entsprechen sich angebotene und nachgefragte Menge. Dies ist das Marktgleichgewicht. Im Marktgleichgewicht gehen alle einzelwirtschaftlichen Angebots- und Nachfragepläne bzw. Produktions- und Konsumpläne auf. Dagegen führen höhere und niedrigere Preise stets zu einem Ungleichgewicht im Sinne der Rationierung einer der beiden Marktseiten.

Ist der Preis kleiner als der Gleichgewichtspreis, so liegt ein Nachfrageüberschuss vor. Da man die Unternehmen kaum zur Produktion der nicht gewinnmaximalen höheren Nachfragemenge zwingen kann, kommt es zu einer Rationierung der Nachfrager. Einige Nachfrager bekommen gar nichts und/oder einige (oder alle) Nachfrager bekommen weniger als sie haben wollen. Ist der Preis höher als der Gleichgewichtspreis, so liegt ein Angebotsüberschuss vor. Da man die Haushalte kaum zum Konsum der nicht nutzenmaximalen höheren Angebotsmenge zwingen kann, kommt es zu einer Rationierung der Anbieter. Bei einem ungleichgewichtigen Preis bestimmt also stets die kürzere Marktseite die gehandelte Menge. Die in diesem Sinne relevanten Teile der Angebots- und Nachfragefunktion sind in der Abb. 3.1 verdickt eingezeichnet.

Herrscht nun Vollkommene Konkurrenz in der perfekten Form einer elektronischen Börse mit einem Marktmacher, so kann es zu gar keinem Ungleichgewicht kommen. Denn der Marktmacher sammelt für verschiedene mögliche Preise die Angebots- und Nachfragepläne und legt dann den Preis so fest, dass dieser den Markt räumt. Dies ist

Abb. 3.1 Der Güterpreismechanismus

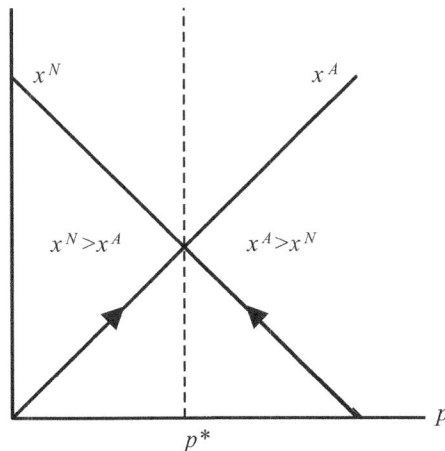

der Preismechanismus. Als Regel für den Marktmacher formuliert, lautet er: Erhöhe den Preis, solange sich ein Nachfrageüberschuss ergeben würde, und senke den Preis, solange sich ein Angebotsüberschuss ergeben würde. Aber auch auf vielen Märkten, die keinen Marktmacher haben und daher nicht so perfekt funktionieren, führt ein Preismechanismus zum Marktgleichgewicht. Dieser besteht hier in der Reaktion der Beteiligten auf eine erfahrene bzw. beobachtete Rationierung einer Marktseite, die das Ergebnis eines „falschen" Preises ist. Liegt beispielsweise ein Nachfrageüberschuss vor, so werden einige rationierte Nachfrager höhere Preise bieten, um ihren Konsumplänen näher zu kommen. Zumindest einige Anbieter werden sehen, dass man den Preis erhöhen und dabei zugleich mehr verkaufen kann. Damit bewegt sich der Markt auf der Angebotsfunktion in Richtung Marktgleichgewicht (siehe noch einmal die Abb. 3.1). Liegt ein Angebotsüberschuss vor, so werden einige Anbieter bereit sein, auch zu niedrigeren Preisen zu verkaufen. Zumindest einige Nachfrager werden die Marktlage erkennen und niedrigere Preise verlangen. Damit bewegt sich der Markt auf der Nachfragefunktion in Richtung Marktgleichgewicht.

3.2.2 Die Wohlfahrtsoptimalität des Konsumgütermarktgleichgewichts

Der oben beschriebene Preismechanismus führt nicht nur zum Abgleich von angebotener und nachgefragter Menge, sondern die sich ergebende Gleichgewichtsmenge ist zudem die wohlfahrtsmaximale: Sie maximiert die Gesamtwohlfahrt als Summe der gesamten Gewinne

$$G(x) = px - K(x)$$

und der gesamten Konsumentenrente

$$r(x) = z(x) - px.$$

Da hier die Erlöse der Unternehmen den Ausgaben der Haushalte entsprechen, kann man diese aggregierte Wohlfahrt auch als Differenz der kumulierten maximalen Zahlungsbereitschaft für das betrachtete Gut und den zughörigen Produktionskosten formulieren:

$$WF = G(x) + r(x) = z(x) - K(x). \tag{3.1}$$

Zur Wohlfahrtsmaximierung muss also gelten

$$\frac{\partial z}{\partial x}(x) = \frac{\partial K}{\partial x}(x). \tag{3.2}$$

Diese Bedingung wird im Marktgleichgewicht der Vollkommenen Konkurrenz erfüllt. Dies ist der Fall, obwohl niemand die Wohlfahrtsmaximierungsbedingung (3.2) im Auge hat. Vielmehr folgen die Anbieter der den Gewinn maximierenden Outputregel und die

3.2 Der Güterpreismechanismus

Nachfrager der die Konsumentenrente maximierenden Konsumregel. Da sie sich dabei jedoch mit ihrem Mengenanpasserverhalten am gleichen Preis – im Gleichgewicht am Gleichgewichtspreis – orientieren, führt dies via Preismechanismus zum Abgleich von maximaler Grenzzahlungsbereitschaft und Grenzkosten und damit zur Erfüllung der Bedingung für ein Wohlfahrtsmaximum.

Die Wohlfahrtsoptimalität des Marktgleichgewichts kann man sich auch leicht an der Abb. 3.2 klarmachen, die den Markt in einem Preis-Mengen-Diagramm darstellt. Da die Anbieter nach der Outputregel

$$p = \frac{\partial K}{\partial x}(x)$$

verfahren, entspricht die nach dem Preis aufgelöste Angebotsfunktion der aggregierten Grenzkostenfunktion. Die Fläche unter dieser Funktion (bis hin zur betrachteten Menge) entspricht also den variablen Produktionskosten dieser Menge. Zieht man das Dreieck der variablen Produktionskosten vom Erlösviereck px ab, so erhält man den Gewinn vor Fixkostenabzug G_v. In der Abb. 3.2 ist diese Erlöszerlegung für die Marktgleichgewichtsmenge dargestellt. Da die Nachfrager nach der Konsumregel

$$p = \frac{\partial z}{\partial x}(x)$$

verfahren, entspricht die nach dem Preis aufgelöste Nachfragefunktion der aggregierten Grenzzahlungsbereitschaftsfunktion. Die Fläche unter dieser Funktion (bis hin zur betrachteten Menge) entspricht also der maximalen Zahlungsbereitschaft für diese Menge. Zieht man von diesem ungleichseitigen Viereck das Ausgabenviereck ab, so erhält man das Dreieck der Konsumentenrente. Auch diese Zahlungsbereitschaftszerlegung ist in der Abb. 3.2 speziell für die Gleichgewichtsmenge eingezeichnet.

Abb. 3.2 Die Wohlfahrtsoptimalität des Konsumgütermarktgleichgewichts

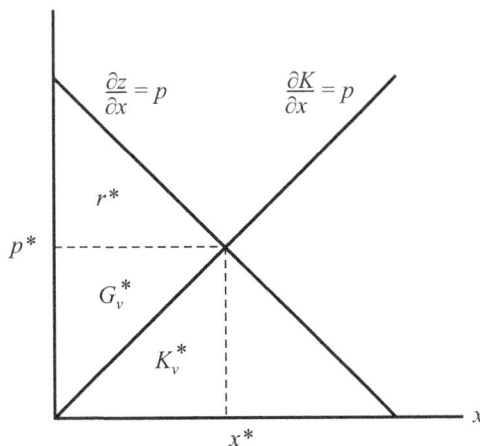

Damit ergibt sich die im Marktgleichgewicht insgesamt realisierte Wohlfahrt als das aus dem Konsumentenrenten- und dem Gewinndreieck resultierende Wohlfahrtsdreieck. Dieses Wohlfahrtsdreieck erhält man auch, wenn man von dem ungleichseitigen Viereck der maximalen Zahlungsbereitschaft das zugehörige Produktionskostendreieck abzieht.

Die Abbildung macht deutlich, dass die im Marktgleichgewicht resultierende Wohlfahrt durch die Wahl keiner anderen Menge übertroffen werden kann. Denn die Wohlfahrt steigt bei sukzessiver Erhöhung der Menge so lange, wie die maximale Zahlungsbereitschaft schneller wächst als die Produktionskosten, also solange die maximale Grenzzahlungsbereitschaft größer ist als es die Grenzkosten sind. Geht man über jene Menge hinaus, bei der sich maximale Grenzzahlungsbereitschaft und Grenzkosten entsprechen, so sinkt die Wohlfahrt, weil die Kosten um mehr steigen als die maximale Zahlungsbereitschaft.

3.2.3 Ein lineares Beispiel

Wir wollen auf ein einfaches Beispiel mit linearer Marktangebotsfunktion und mit linearer Marktnachfragefunktion schauen. Eine lineare Marktangebotsfunktion ergibt sich aus einer (auf die Ebene des Gesamtmarkts) aggregierten quadratischen Kostenfunktion

$$K = kx^2 + K_f.$$

Hier ist der Steigungsparameter k umso niedriger, je produktiver die Technologie ist und je niedriger die Faktorpreise sind. Über die Outputregel

$$p = 2kx$$

resultiert die lineare Marktangebotsfunktion

$$x^A = \frac{p}{2k}.$$

Eine lineare Marktnachfragefunktion ergibt sich aus einer (auf die Ebene des Gesamtmarkts) aggregierten quadratischen Zahlungsbereitschaftsfunktion

$$z = \frac{a}{b}x - \frac{1}{2b}x^2.$$

Über die Konsumregel

$$p = \frac{a}{b} - \frac{1}{b}x$$

resultiert die lineare Marktnachfragefunktion

$$x^N = a - bp.$$

3.2 Der Güterpreismechanismus

Hier ist der Niveauparameter a umso höher, je höher die Präferenz für das betrachtete Gut ist und je höher die Konsumsummen sind. Der Steigungsparameter b ist umso höher, je höher die Preisempfindlichkeit (Preisreagibilität) der Nachfrager ist.

Die Marktgleichgewichtsbedingung unseres Beispiels lautet damit

$$\frac{p}{2k} = a - bp.$$

Daraus folgt der Gleichgewichtspreis

$$p^* = \frac{2ak}{1 + 2bk}.$$

Dies eingesetzt in die Marktangebotsfunktion oder in die Marktnachfragefunktion ergibt die Gleichgewichtsmenge

$$x^* = \frac{a}{1 + 2bk}.$$

Man sieht hier explizit: Bei technischem Fortschritt oder fallenden Faktorpreisen (k fällt) steigt die Gleichgewichtsmenge und fällt der Gleichgewichtspreis, bei steigendem Einkommen bzw. steigender Konsumsumme (a steigt) steigen Gleichgewichtsmenge und Gleichgewichtspreis. Eine höhere Preissensibilität der Nachfrager (b steigt) senkt sowohl den Gleichgewichtspreis als auch die Gleichgewichtsmenge.

Auf der Anbieterseite folgen die Gesamterlöse als

$$E^* = p^* x^* = \frac{2a^2 k}{(1 + 2bk)^2} = 2k x^{*2}.$$

Unter Berücksichtigung der Kostenfunktion von oben bedeutet das maximal mögliche Gewinne im Markt in Höhe von

$$G^* = \frac{a^2 k}{(1 + 2bk)^2} - K_f = k x^{*2} - K_f.$$

Auf der Nachfragerseite ergibt sich im Marktgleichgewicht insgesamt eine maximale Zahlungsbereitschaft in Höhe von

$$z^* = \frac{a^2(1 + 4bk)}{2b(1 + 2bk)^2} = \frac{1 + 4bk}{2b} x^{*2}.$$

Damit folgt die Konsumentenrente als

$$r^* = \frac{a^2}{2b(1 + 2bk)^2} = \frac{1}{2b} x^{*2}.$$

Schließlich resultiert eine Gesamtwohlfahrt im Marktgleichgewicht als Summe von Gewinnen und Konsumentenrenten in Höhe von

$$WF^* = \frac{a^2}{2b(1+2bk)} - K_f = \frac{a}{2b}x^{*2} - K_f.$$

Die Gesamtwohlfahrt im betrachteten Markt ist also umso höher, je höher die Einkommen sind (je höher der Parameter a ist), je niedriger die Faktorpreise sind (je niedriger der Parameter k ist) und je niedriger die Preisreagibilität der Nachfrager ist (je niedriger der Parameter b ist).

3.3 Der Lohnsatzmechanismus

Im Abschn. 1.4 haben wir gezeigt, wie ein Unternehmen seine gewinnmaximale Beschäftigungshöhe über die Grenzproduktivitätsregel bestimmen kann und dass seine einzelwirtschaftliche Arbeitsnachfragefunktion im Lohnsatz fallend verläuft. Im Abschn. 2.3 haben wir gezeigt, wie ein Haushalt sein nutzenmaximales Arbeitsangebot über die Arbeitsregel bestimmen kann und dass seine einzelwirtschaftliche Arbeitsangebotsfunktion im Lohnsatz steigend verläuft sofern der Substitutionseffekt einer Lohnsatzerhöhung dominiert (was der Regelfall ist und im Weiteren vorausgesetzt wird). In diesem Abschnitt wollen wir nun diese beiden Seiten des Arbeitsmarktes zusammenbringen und zeigen, wie der Lohnsatzmechanismus Arbeitsnachfrage und Arbeitsangebot in einer die Wohlfahrt maximierenden Weise koordiniert – wenn man ihn lässt bzw. ließe.

3.3.1 Koordination von Arbeitsnachfrage und Arbeitsangebot

Die Abb. 3.3 zeigt einen Arbeitsmarkt der Vollkommenen Konkurrenz in stilisierter Form. Gemäß der Grenzproduktivitätsregel „Wert des Grenzprodukts der Arbeit gleich

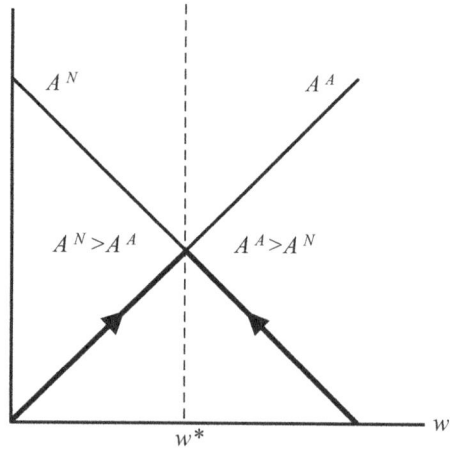

Abb. 3.3 Der Lohnsatzmechanismus

3.3 Der Lohnsatzmechanismus

Lohnsatz" fällt die Arbeitsnachfrage der Unternehmen bei (mit steigender Arbeitsmenge) fallenden Grenzproduktivitäten der Arbeit mit steigendem Lohnsatz. Gemäß der Arbeitsregel „Wert des Grenzleids der Arbeit gleich Lohnsatz" steigt das Arbeitsangebot der Haushalte bei (mit steigender Arbeitsmenge) steigendem Grenzleid der Arbeit mit zunehmendem Lohnsatz. Beim Lohnsatz w^* liegt das Marktgleichgewicht. In diesem Gleichgewicht herrscht in dem Sinne Vollbeschäftigung, dass alle, die zum hier gültigen Lohnsatz arbeiten wollen, dies auch können. Vollbeschäftigung in diesem Sinne bedeutet also nicht, dass alle arbeiten – und das wohlmöglich auch noch, soviel sie können. Vielmehr wird es insbesondere Haushalte geben, die erst bei höheren Lohnsätzen anfangen, überhaupt Arbeit anzubieten. Diese sind dann aber freiwillig arbeitslos und daher kein Wohlfahrtsproblem. Im Gegenteil: Die Wohlfahrt würde sinken, wenn man sie zum Gleichgewichtslohnsatz zur Arbeit zwingen würde.

Bei einem höheren als dem gleichgewichtigen Lohnsatz kommt es zu einem Angebotsüberschuss der Haushalte. Es entsteht dann unfreiwillige Arbeitslosigkeit: Haushalte wollen zum herrschenden Lohnsatz arbeiten, bekommen aber keine Stelle. Auf der anderen Seite führt ein gemessen am Gleichgewichtslohnsatz zu geringer Lohnsatz zu einem Nachfrageüberschuss, also einem Arbeitskräftemangel. Beide Arten von Ungleichgewichten können aber nicht von Dauer sein, wenn es einen zum Preismechanismus auf dem Gütermarkt analog funktionierenden Lohnsatzmechanismus gibt. Im Falle unfreiwilliger Arbeitslosigkeit würden dann zumindest einige der rationierten Haushalte zu Lohnzugeständnissen bereit sein, was den Lohnsatz zum Fallen brächte und damit die Arbeitsnachfrage erhöhen würde. Auf der anderen Seite würden mindestens einige der rationierten Unternehmen auf einen Arbeitskräftemangel mit Lohnsatzerhöhungen reagieren, was auf der Haushaltsseite zusätzliches Angebot induzieren würde. An der Abb. 3.3 kann man sich im Übrigen leicht klarmachen, dass diese Stabilität des Arbeitsmarktgleichgewichts keine steigende Arbeitsangebotsfunktion erfordert. Auch bei einem völlig lohnsatzunabhängigen Arbeitsangebot würde ein funktionierender Lohnsatzmechanismus den Markt ins Gleichgewicht bringen. Die stabilisierenden Reaktionen liegen in diesem Fall ganz auf der Unternehmensseite, also in der Grenzproduktivitätsregel begründet.

In der Realität sind die Arbeitsmärkte meist alles nicht wettbewerblich geordnet. Vielmehr ist der Lohnsatzmechanismus durch die Kollektivverhandlungen zwischen Arbeitgeberverbänden und Gewerkschaften auf vielen Arbeits-„Märkten" weitgehend außer Kraft gesetzt. Die Kartellbildung, die auf den meisten anderen Märkten zumindest im Prinzip verboten ist, ist auf zentralen Arbeitsmärkten zum Ordnungsprinzip erhoben worden. Mit der Durchsetzung der so genannten Tarifautonomie ist sie zudem oft dem direkten Einfluss nicht nur der einzelnen Unternehmen und Arbeitnehmer, sondern auch jenem gewählter staatlicher Gremien entzogen. Im Extremfall stehen sich dann die Verhandlungsfunktionäre beider Seiten in einer Art bilateralem Monopol gegenüber. Wie auf den Gütermärkten bedeutet eine derartige Marktmacht auch auf Arbeitsmärkten stets eine geringere gehandelte Menge – also ein geringeres Beschäftigungsniveau – als unter den Bedingungen der Vollkommenen Konkurrenz. Die Folgen der Marktmachtbildung auf einem Arbeitsmarkt werden wir im fünften Kapitel ausführlicher beleuchten.

3.3.2 Die Wohlfahrtsoptimalität des Arbeitsmarktgleichgewichts

Der obige Lohnsatzmechanismus führt nicht nur zum Abgleich von angebotener und nachgefragter Arbeitsmenge, sondern die sich ergebende Gleichgewichtsmenge ist zudem wohlfahrtsmaximale. Sie maximiert die Gesamtwohlfahrt als Summe der gesamten Gewinne aus dem Arbeitseinsatz

$$G(A) = px(A) - wA$$

einerseits und der gesamten Arbeitsrente

$$AR(A) = wA - y(A)$$

andererseits. Da die Lohnausgaben der Unternehmen den Lohneinkommen der Haushalte entsprechen, kann man diese aggregierte Wohlfahrt aus dem betrachteten Arbeitsmarkt auch als Differenz der bewerteten Produktion aus der jeweiligen Arbeitsmenge und dem zughörigen bewerteten Arbeitsleid formulieren:

$$WF = G(A) + AR(A) = px(A) - y(A). \tag{3.3}$$

Hier lautet die Maximierungsbedingung erster Ordnung

$$p\frac{\partial x}{\partial A}(A) = \frac{\partial y}{\partial A}(A). \tag{3.4}$$

Diese Bedingung wird im Marktgleichgewicht der Vollkommenen Konkurrenz erfüllt, obwohl keiner der Beteiligten die Maximierung der Gesamtwohlfahrt zum Ziel hat. Die Nachfrager schauen nur auf ihren Gewinn und folgen der Grenzproduktivitätsregel und die Anbieter schauen nur auf ihren Nutzen und folgen der Arbeitsregel. Da sie sich dabei jedoch mit ihrem Mengenanpasserverhalten am gleichen Lohnsatz orientieren, führt dies via Lohnsatzmechanismus zum Abgleich von bewerteter Mehrproduktion und dafür in Kauf zu nehmendem zusätzlichem bewerteten Arbeitsleid.

Diese Wohlfahrtsoptimalität des Arbeitsmarktgleichgewichts bei Vollkommener Konkurrenz kann man sich auch an der Abb. 3.4 klarmachen. Dabei ist die Achsenbelegung nun umgekehrt wie in der Abb. 3.3. Gemäß der Grenzproduktivitätsregel

$$w = p\frac{\partial x}{\partial A}(A)$$

steht die fallende Funktion für die aggregierten Grenzerlöse des Arbeitseinsatzes auf der Unternehmensseite. Die Fläche unter dieser Funktion bis hin zur Gleichgewichtsmenge $A = A^*$ gibt die gesamten Erlöse (also die mit dem Marktpreis bewertete Produktion) aus

3.3 Der Lohnsatzmechanismus

Abb. 3.4 Die Wohlfahrtsoptimalität des Arbeitsmarktgleichgewichts

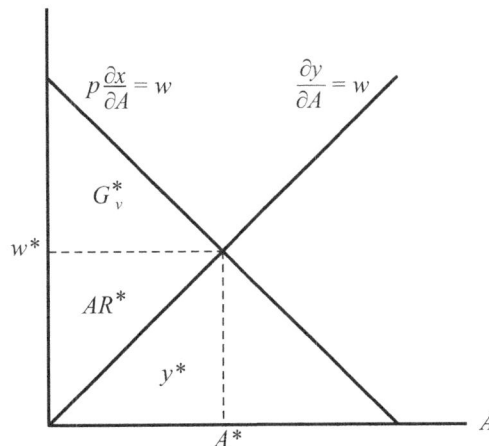

dem Arbeitseinsatz in den Unternehmen bei Einsatz der Marktgleichgewichtsmenge an. Zieht man von diesen die Arbeitskosten w^*A^* ab, so ergeben sich die Gewinne aus dem Arbeitseinsatz. Dabei ist wieder zu beachten, dass aus diesen Gewinnen noch die anderen Faktoren zu entlohnen sind. Gemäß der Arbeitsregel

$$w = \frac{\partial y}{\partial A}(A)$$

gibt die steigende Funktion den aggregierten Gesamtwert des Grenzleids der Arbeit an. Dementsprechend ist die Fläche unter dieser Kurve bis hin zur Gleichgewichtsmenge der aggregierte Wert des Arbeitsleids $y(A^*)$. Gemäß dem Konzept des Arbeitsleids ist dies jene Konsumsumme, mit der man die Arbeiter kompensieren müsste, wenn man sie nutzenmäßig genau so stellen wollte, als ob sie nicht arbeiten würden. Zieht man diese Fläche von der Lohnsumme w^*A^* – also dem, was sie für ihre Arbeit tatsächlich bekommen – ab, so ergibt sich die kumulierte Arbeitsrente $AR(A^*)$. Diese Arbeitsrente ist das Analogkonzept zur Konsumentenrente, also das kardinale Wohlfahrtsmaß auf der Arbeitsanbieterseite. Arbeitsrente und Gewinne nach Fixkostenabzug ergeben zusammen die im Marktgleichgewicht der Vollkommenen Konkurrenz realisierte Gesamtwohlfahrt. Diese kann man entsprechend der Definitionsgleichung (3.3) alternativ ermitteln als die Fläche unter der Kurve des Werts des Grenzprodukts der Arbeit $px(A^*)$ abzüglich der Fläche unter der Kurve des bewerteten Grenzleids der Arbeit $y(A^*)$. Die Abbildung macht deutlich, dass die im Marktgleichgewicht resultierende Wohlfahrt durch die Wahl keiner anderen Arbeitsmenge übertroffen werden kann. Die Wohlfahrt steigt bei sukzessiver Erhöhung des Arbeitseinsatzes so lange, wie die bewertete Produktion aus dem Arbeitseinsatz schneller wächst als das bewertete Arbeitsleid, also solange der Wert des Grenzprodukts der Arbeit größer ist als der Wert des Grenzleids der Arbeit. Geht man über jene Menge hinaus, bei der sich Grenzproduktivität und Grenzleid der Arbeit wertmäßig entsprechen, so sinkt die Wohlfahrt, weil das bewertete Leid dann mehr steigt als die bewertete Produktion.

3.3.3 Ein lineares Beispiel

Wir wollen auch in diesem Abschnitt auf ein einfaches Beispiel mit linearer Marktangebotsfunktion und mit linearer Marktnachfragefunktion schauen. Eine lineare Marktangebotsfunktion ergibt sich aus einer (auf die Ebene des Gesamtmarkts) aggregierten quadratischen Funktion des bewerteten Arbeitsleids

$$y = fA^2.$$

Über die Arbeitsregel

$$w = 2fA$$

resultiert die lineare Marktangebotsfunktion

$$A^A = \frac{w}{2f}.$$

Eine lineare Marktnachfragefunktion ergibt sich aus einer (auf die Ebene des Gesamtmarkts) aggregierten quadratischen Erlösfunktion

$$E = \frac{m}{n}A - \frac{1}{2n}A^2.$$

Über die Grenzproduktivitätsregel

$$w = \frac{m}{n} - \frac{1}{n}A$$

resultiert die lineare Marktnachfragefunktion

$$A^N = m - nw.$$

Die Marktgleichgewichtsbedingung lautet damit

$$\frac{w}{2f} = m - nw.$$

Daraus folgt für den Gleichgewichtslohnsatz

$$w^* = \frac{2mf}{1 + 2nf}.$$

Dies eingesetzt in die Marktangebotsfunktion oder in die Marktnachfragefunktion ergibt die Arbeitsmenge

$$A^* = \frac{m}{1+2nf}.$$

Auf der Anbieterseite folgen die Arbeitseinkommen als

$$w^*A^* = \frac{2m^2f}{(1+2nf)^2} = 2fA^{*2}.$$

Unter Berücksichtigung der Funktion des bewerteten Arbeitsleids von oben bedeutet das eine kumulierte Arbeitsrente von

$$AR^* = \frac{m^2f}{(1+2nf)^2} = fA^{*2}.$$

Auf der Nachfragerseite ergeben sich im Marktgleichgewicht insgesamt Erlöse in Höhe von

$$E^* = \frac{m^2(1+4nf)}{2n(1+2nf)^2} = \frac{1+4nf}{2n}A^{*2}.$$

Damit folgen die Gewinne als

$$G^* = \frac{m^2}{2n(1+2nf)^2} - K_f = \frac{1}{2n}A^{*2} - K_f.$$

Schließlich resultiert die Gesamtwohlfahrt im Marktgleichgewicht als Summe von Gewinnen und Arbeitsrenten als

$$WF^* = \frac{m^2}{2n(1+2nf)} - K_f = \frac{m}{2n}A^{*2} - K_f.$$

3.4 Der Zinssatzmechanismus

Im Abschn. 1.5 haben wir gezeigt, wie ein Unternehmen seine gewinnmaximale Investitionshöhe über die Investitionsregel bestimmen kann und dass seine einzelwirtschaftliche (Neufinanz-) Kapitalnachfragefunktion (Investitionsfunktion) im Zinssatz fallend verläuft. Im Abschn. 2.4 haben wir gezeigt, wie ein Haushalt seine nutzenmaximale Sparhöhe über die Sparregel bestimmen kann und dass seine einzelwirtschaftliche (Neufinanz-) Kapitalangebotsfunktion (Sparfunktion) im Zinssatz steigend verläuft sofern der Substitutionseffekt einer Zinssatzerhöhung dominiert (was der Regelfall ist und im Weiteren vorausgesetzt wird). In diesem Abschnitt bringen wir nun diese beiden Seiten des primären Finanzkapitalmarktes zusammen und zeigen, wie der Zinssatzmechanismus Investitionen und Sparen in einer die Wohlfahrt maximierenden Weise koordiniert.

Abb. 3.5 Der Zinssatzmechanismus

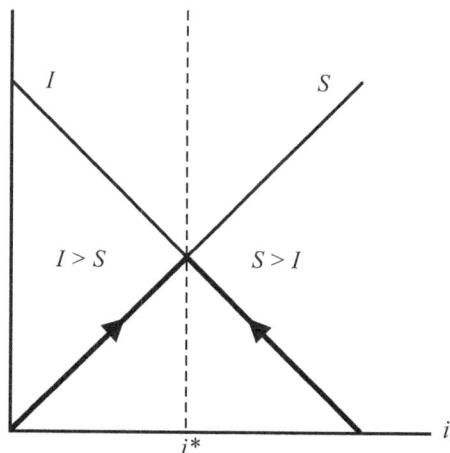

3.4.1 Koordination von Investition und Sparen

Das Sparen als Angebot von neuem Finanzkapital durch die Haushalte und die Investition als Nachfrage nach neuem Finanzkapital seitens der Unternehmen werden auf dem primären Finanzkapitalmarkt durch den Zinssatzmechanismus koordiniert. Diesen Mechanismus kann man sich an der Abb. 3.5 leicht klarmachen. Dabei verläuft die Investitionsfunktion gemäß der Investitionsregel „Realzinssatz gleich Finanzierungszinssatz" bei (mit zunehmenden Investitionen) abnehmender Realverzinsung im Zinssatz fallend. Die Sparfunktion verläuft gemäß der Sparregel „bewertetes Grenzleid des Sparens gleich Finanzzinssatz" bei (mit zunehmendem Sparen) steigendem Grenzleid des Sparens (und Dominanz des Substitutionseffekts) im Zinssatz steigend. Der Zinssatzmechanismus funktioniert analog zum Preismechanismus auf einem Gütermarkt und sorgt dafür, dass es stets eine Tendenz zum Gleichgewichtszinssatz gibt – also eine Entwicklung zu jenem Zinssatz hin, bei dem die Sparpläne der Haushalte und die Investitionspläne der Unternehmen zusammenpassen. Die Rolle des Marktmachers haben hier Banken und andere Finanzintermediäre inne. Liegt der tatsächliche Zinssatz über dem Gleichgewichtszinssatz, so können sie einen Teil der neuen Spareinlagen der Haushalte bzw. der daraus schöpfbaren Investitionskredite nicht an die Unternehmen weitervermitteln und werden daher den Zinssatz senken. Ist der Zinssatz gemessen am Gleichgewichtszinssatz zu niedrig, kommt es zu mehr Nachfrage nach neuem Finanzkapital als durch das Sparen zur Verfügung steht. Die Banken werden dann den Zinssatz erhöhen, um höhere Spareinlagen zu generieren, auf deren Basis sie zusätzliche Investitionskredite vergeben können.

Viel größer als der primäre Finanzkapitalmarkt ist der sekundäre Finanzkapitalmarkt, auf dem in vorangegangenen Perioden zur Investitionsfinanzierung von den Unternehmen emittierte und von den Haushalten zur Vermögensbildung gekaufte Aktien und Anleihen und Ähnliches gehandelt werden – also sozusagen das „alte" umlaufende Finanzkapital. Zwischen dem primären und dem sekundären Finanzkapitalmarkt kommt es tendenziell zu einem Renditeausgleich. Die Verzinsung von „neuem" und „altem" Kapital bzw.

3.4 Der Zinssatzmechanismus

Vermögen kann nicht nachhaltig auseinanderfallen. Um dies deutlich zu machen, sei angenommen, es gebe nur eine Art von Wertpapier: eine Anleihe mit unendlicher Laufzeit und mit einem Nominalwert (Nennwert) von W, die zum Emissionszeitpunkt auf dem primären Markt auch tatsächlich zu diesem Wert verkauft wird. Der Nennwert der Anleihe soll also dem tatsächlichen Ausgabekurs entsprechen – was in der Praxis nicht so sein muss. Wir können uns vorstellen, ein repräsentatives Unternehmen finanziere damit seine Investitionen und ein repräsentativer Haushalt lege durch ihren Kauf sein Sparen an. (Einen Intermediär, der Geld und Kredite schöpfen kann, gibt es in diesem Beispiel nicht.) Der Zinssatz i auf dem primären Finanzmarkt gibt den Nominalzinssatz i_{nom} der Anleihe vor. Die Zinsen als laufende Finanzierungskosten des Investors und laufendes Vermögenseinkommen des Sparers belaufen sich also auf $i_{nom}W$. Bleibt nun im Verlaufe der Perioden Alles unverändert, so emittieren die Unternehmen und kaufen die Haushalte in jeder Periode diese Anleihe und deren Wert bzw. Verzinsung ist auf dem primären und dem sekundären Finanzmarkt stets derselbe. Der Gesamtwert des umlaufenden Vermögens entspricht dann einfach dem über die Zeit kumulierten Sparen. Tatsächlich aber ändern sich z. B. die Determinanten des Zinssatzes auf dem primären Markt laufend. Sei beispielsweise angenommen, dass sich – ausgehend von der eben skizzierten fiktiven Situation – aufgrund technischen Fortschritts neue lukrative Investitionsmöglichkeiten ergeben. Dann verschiebt sich die Investitionsfunktion nach oben und der Gleichgewichtszinssatz steigt. Dieser höhere Zinssatz wird zum (Nominal-)Zinssatz für die neu emittierten Anleihen. Die alten Anleihen hätten nun zunächst eine niedrigere Nominalverzinsung. Bei gleichem Nominalwert würde das höhere Zinsen aus den neuen Anleihen als aus den alten Anleihen bedeuten. Diese Situation kann nicht von Dauer sein; genau genommen stellt sie sich gar nicht erst ein. Sofort beginnen die Haushalte und vor allem professionelle Händler damit, Arbitrage zu betreiben. Sie verkaufen alte Anleihen und kaufen dafür neue. Dadurch fällt der tatsächliche Kurswert KW der alten Anleihen unter ihren Ausgabekurs W und steigt jener der neuen Anleihen. Das geht so lange, bis die Zinsen aus der alten und der neuen Anleihe wieder dieselben sind. Dies ist dann der Fall, wenn der Kurswert der alten Anleihe so weit gefallen und jener der neuen so weit gestiegen ist, dass sich bei gegebenem Nominalzinssatz i_{nom} der alten Anleihe ein effektiver Zinssatz i_{eff} ergibt, der dem Zinssatz der neuen Anleihe entspricht. Dieser effektive Zinssatz gibt die tatsächliche Verzinsung der Anleihen an, ist also deren Rendite:

$$i_{eff} = \frac{i_{nom}W}{KW}.$$

3.4.2 Die Wohlfahrtsoptimalität des Kapitalmarktgleichgewichts

Der Zinssatzmechanismus führt nicht nur zum Abgleich von Investitionen und Sparen, sondern der sich ergebende Gleichgewichtswert ist bei Vollkommener Konkurrenz zudem wohlfahrtsmaximal. Er maximiert die Gesamtwohlfahrt als Summe der Periodengewinne aus den Investitionen

$$\Pi_t(R) = G_t(R) - iI$$

einerseits (mit G_t als dem Periodengewinn vor Abzug der Periodenkapitalkosten) und der gesamten Sparrente

$$SR(S) = iS - e(S)$$

andererseits. Mit Blick auf die Gewinnfunktionen, die zunächst einmal direkt von der Kapitalstockhöhe abhängen, ist der Definitionszusammenhang

$$I = p_R R \quad \text{bzw.} \quad R = \frac{I}{p_R}$$

zu beachten. Es gilt hier also beispielsweise

$$\frac{\partial G_t}{\partial I} = \frac{\partial G_t}{\partial R} \frac{1}{p_R}.$$

Da die Periodenkapitalkosten der Unternehmen iI den Zinsen der Haushalte iS entsprechen, kann man die aggregierte Wohlfahrt aus dem primären Finanzkapitalmarkt auch als Differenz der Periodengewinne vor Kapitalkostenabzug und dem zughörigen bewerteten Sparleid formulieren:

$$WF = \Pi_t(R) + SR(S) = G_t(R) - e(S). \tag{3.5}$$

Die Wohlfahrtsmaximierungsbedingung lautet also

$$\frac{\frac{\partial G_t}{\partial R}}{p_R} = \frac{\partial e}{\partial S} \tag{3.6}$$

Diese Bedingung wird im Marktgleichgewicht bei Vollkommener Konkurrenz erfüllt, obwohl keiner der Beteiligten die Maximierung der Gesamtwohlfahrt zum Ziel hat. Die Nachfrager schauen nur auf ihren Gewinn und folgen der Investitionsregel. Die Anbieter schauen nur auf ihren Nutzen und folgen der Sparregel. Da sie sich dabei jedoch mit ihrem Mengenanpasserverhalten am gleichen Zinssatz orientieren, führt dies via Zinssatzmechanismus zum Abgleich von Realverzinsung und dafür in Kauf zu nehmendem zusätzlichen Sparleid.

Die Wohlfahrtsoptimalität des Kapitalmarktgleichgewichts bei Vollkommener Konkurrenz kann man sich auch an der Abb. 3.6 klarmachen. Dabei ist die Achsenbelegung umgekehrt wie in der Abb. 3.5. Die fallende Funktion stellt gemäß der Investitionsregel

$$i = \frac{\frac{\partial G_t}{\partial R}}{p_R}$$

den Verlauf des Realzinssatzes dar. Gemäß der Sparregel

$$i = \frac{\partial e}{\partial S}$$

3.4 Der Zinssatzmechanismus

Abb. 3.6 Die Wohlfahrtsoptimalität des Kapitalmarktgleichgewichts

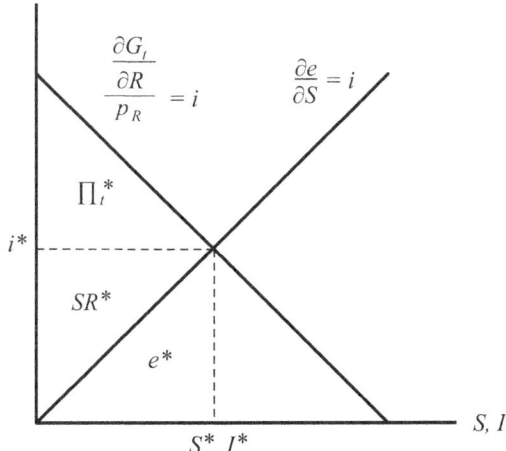

stellt die steigende Funktion den Verlauf des bewerteten Grenzleids des Sparens dar. Die Fläche unter der Kurve des Realzinssatzes bis hin zum Gleichgewicht entspricht definitionsgemäß den Periodengewinnen vor Kapitalkostenabzug. Zieht man von dieser Fläche das Viereck der Periodenkapitalkosten i^*I^* ab, so erhält man die Periodengewinne nach Kapitalkostenabzug. Die Fläche unter der Funktion des Werts des Grenzleids des Sparens bis hin zum Gleichgewicht entspricht definitionsgemäß dem Wert des Leids des Sparens. Zieht man dieses von den Zinsen i^*S^* ab, so erhält man die Sparrente SR^*. Diese Sparrente als Wohlfahrtsmaß für die Sparer ist das kardinale Abbild des Mehrnutzens aus dem Sparen im Vergleich zum sofortigen Konsum. Damit ergibt sich insgesamt das in der Abbildung zwischen dem Ursprung und dem Gleichgewichtswert liegende von den beiden Funktionen aufgespannte Dreieck als Wohlfahrt. Dieses erhält man auch, wenn man von den Periodengewinnen vor Kapitalkostenabzug das bewertete Sparleid abzieht. Die Wohlfahrt steigt mit sukzessive steigenden Investitionen so lange, wie deren Erträge schneller steigen als das durch sie verursachte zusätzliche bewertete Sparleid. Geht man über diesen Punkt hinaus, so bringen die zusätzlichen Investitionen weniger Ertrag als sie Sparleid verursachen und die Wohlfahrt verringert sich.

3.4.3 Ein lineares Beispiel

Wir wollen wieder auf ein einfaches Beispiel mit linearer Marktangebotsfunktion (Sparfunktion) und mit linearer Marktnachfragefunktion (Investitionsfunktion) schauen. Eine lineare Sparfunktion ergibt sich aus einer (auf die Ebene des Gesamtmarkts) aggregierten quadratischen Funktion des bewerteten Sparleids

$$e = fS^2.$$

Über die Sparregel

$$i = 2fS$$

resultiert die lineare Sparfunktion

$$S = \frac{i}{2f}.$$

Eine lineare Investitionsfunktion ergibt sich aus einer (auf die Ebene des Gesamtmarkts) aggregierten quadratischen Funktion der Periodengewinne vor Kapitalkostenabzug

$$G_t = \frac{m}{n}I - \frac{1}{2n}I^2 - K_{f,t}.$$

Über die Investitionsregel

$$i = \frac{m}{n} - \frac{1}{n}I$$

resultiert die lineare Investitionsfunktion

$$I = m - ni.$$

Die Gleichgewichtsbedingung für den Finanzkapitalmarkt lautet damit

$$\frac{i}{2f} = m - ni.$$

Daraus folgt für den Gleichgewichtszinssatz

$$i^* = \frac{2mf}{1 + 2nf}.$$

Dies eingesetzt in die Sparfunktion bzw. in die Investitionsfunktion ergibt

$$S^* = I^* = \frac{m}{1 + 2nf}.$$

Auf der Sparerseite folgen die Zinsen als

$$i^*S^* = \frac{2m^2f}{(1 + 2nf)^2} = 2fS^{*2}.$$

Unter Berücksichtigung der Funktion des bewerteten Sparleids von oben bedeutet das eine kumulierte Sparrente von

$$SR^* = \frac{m^2f}{(1 + 2nf)^2} = fS^{*2}.$$

Auf der Investorenseite ergeben sich im Marktgleichgewicht insgesamt Periodengewinne vor Kapitalkostenabzug in Höhe von

$$G_t^* = \frac{m^2(1+4nf)}{2n(1+2nf)^2} - K_{f,t} = \frac{1+4nf}{2n}I^{*2} - K_{f,t}.$$

Bei Periodenkapitalkosten in Höhe von

$$i^*I^* = 2fI^{*2}$$

folgen die Periodengewinne nach Periodenkapitalkostenabzug als

$$\Pi_t^* = \frac{m^2}{2n(1+2nf)^2} - K_{f,t} = \frac{1}{2n}I^{*2} - K_{f,t}.$$

Die (Perioden-) Wohlfahrt als Summe von Periodengewinnen nach Periodenkapitalkostenabzug und Sparrenten folgt als

$$WF^* = \frac{m^2}{2n(1+2nf)} - K_{f,t} = \frac{m}{2n}I^{*2} - K_{f,t}.$$

3.5 Zusammenfassung

1. Auf einem Konsumgütermarkt der Vollkommenen Konkurrenz führt der Güterpreismechanismus zur Koordination aller Güterangebots- und Güternachfrageentscheidungen und damit zur Koordination von Produktion und Konsum. Die Höhe des Preises im Marktgleichgewicht wird durch die Produktionstechnologie, die Präferenzen, die Preise anderer Güter und die Faktorpreise determiniert.
2. Da sich alle Konsumgüteranbieter mit ihren Grenzkosten und alle Konsumgüternachfrager mit ihren maximalen Grenzzahlungsbereitschaften an den Gleichgewichtspreis anpassen, kommt es zum Abgleich der Grenzkosten der Produktion mit der maximalen Grenzzahlungsbereitschaft im Konsum. Dies impliziert die Maximierung der Gesamtwohlfahrt als Summe von Gewinnen und Konsumentenrenten bzw. als Differenz zwischen maximaler Zahlungsbereitschaft und Produktionskosten.
3. Auf einem Arbeitsmarkt der Vollkommenen Konkurrenz führt der Lohnsatzmechanismus zur Koordination aller Arbeitsnachfrage- und Arbeitsangebotsentscheidungen. Die Höhe des Lohnsatzes im Marktgleichgewicht wird durch die Produktionstechnologie, die Präferenzen, den Preis des produzierten Gutes und durch die anderen Faktorpreise determiniert.
4. Da sich alle Arbeitsnachfrager mit dem Wert des Grenzprodukts der Arbeit und alle Arbeitsanbieter mit ihrem bewerteten Grenzleid der Arbeit an den Gleichgewichtslohnsatz anpassen, kommt es zum Abgleich der bewerteten Grenzproduktivität der Arbeit mit dem bewerteten Grenzleid der Arbeit. Dies impliziert die Maximierung der Gesamtwohlfahrt als Summe von Gewinnen und Arbeitsrenten bzw. als Differenz zwischen dem Wert der Produktion und dem bewerteten Arbeitsleid.

5. Auf einem primären Finanzkapitalmarkt der Vollkommenen Konkurrenz führt der Zinssatzmechanismus zur Koordination von Investitionen und Sparen. Die Höhe des Zinssatzes im Marktgleichgewicht wird durch die Produktionstechnologie, die Präferenzen, den Preis des Kapitalgutes und durch die anderen Faktorpreise determiniert.
6. Da sich alle Investoren mit dem Realzinssatz und alle Sparer mit ihrem bewerteten Grenzleid des Sparens an den Gleichgewichtszinssatz anpassen, kommt es zum Abgleich des Realzinssatzes mit dem bewerteten Grenzleid des Sparens. Dies impliziert die Maximierung der Gesamtwohlfahrt als Summe von Periodengewinnen nach Kapitalkostenabzug und Sparrente bzw. als Differenz von Periodengewinnen vor Kapitalkostenabzug und dem bewerteten Sparleid.

Eine ausführliche Diskussion des Preismechanismus und der Eigenschaften des Gütermarktgleichgewichts bei Vollkommener Konkurrenz findet sich im Kapitel III.A von Schumann et al. (2011). Hingewiesen sei diesbezüglich auch auf das 13. Kapitel von Feess (2000). Eher ergänzenden Charakter zu unseren Ausführungen zum Lohn- und Zinssatzmechanismus hat die Darstellung der Funktionsweise kompetitiver Faktormärkte in den Unterkapiteln 14.1 und 14.2 bei Pindyck und Rubinfeld (2015).

Literatur

Feess E (2000) Mikroökonomie, 2. Aufl. Metropolis, Marburg
Pindyck R, Rubinfeld D (2015) Mikroökonomie, 8. Aufl. Pearson, München u. a. O.
Schumann J, Meyer U, Ströbele W (2011) Grundzüge der mikroökonomischen Theorie, 9. Aufl. Springer, Berlin u. a. O.

Staatliche Markteingriffe 4

Inhaltsverzeichnis

4.1	Einführung	97
4.2	Internalisierung externer Effekte	99
	4.2.1 Verursacherhaftung	99
	4.2.2 Mengenauflagen	104
	4.2.3 Lenkungssteuern	105
	4.2.4 Handelbare Umweltnutzungsrechte	106
	4.2.5 Ein Beispiel zur Verursacherhaftung	107
	4.2.6 Ein Beispiel zum Zertifikatehandel	108
4.3	Einkommensumverteilung	109
	4.3.1 Mindestlohnsätze und Höchstpreise	109
	4.3.2 Steuerfinanzierte Sozialtransfers	113
	4.3.3 Ein Beispiel zur Verbrauchsteuer	117
4.4	Zusammenfassung	119
Literatur		121

4.1 Einführung

Die Notwendigkeit staatlicher Interventionen in den Marktprozess kann sich zunächst einmal aus der Existenz von Marktmacht ergeben. Marktmacht liegt vor, wenn Marktteilnehmer merklichen Einfluss auf den (Faktor-)Preis bzw. Zinssatz haben. Dies kann der Fall sein, sobald einzelne Marktteilnehmer über einen nicht unerheblichen Marktanteil verfügen und der Zutritt zum Markt beschränkt ist. Als Folge der Marktmacht ergibt sich ein Marktgleichgewicht, welches nicht wohlfahrtsoptimal im Sinne des vorangegangenen Kapitels ist. Da die Existenz von Marktmacht ein allgegenwärtiges Phänomen ist, werden wir uns damit ausführlich in den Kapiteln fünf bis sieben beschäftigen.

Im vorliegenden Kapitel soll es um zwei andere Ansatzpunkte staatlicher Markteingriffe gehen: das Vorliegen externer Effekte und eine politisch nicht akzeptierte Einkommensverteilung als Ergebnis der Faktormarktallokation.

Externe Effekte liegen beispielsweise vor wenn Wirtschaftssubjekte an den Produktionskosten eines Gutes beteiligt sind, aber nicht an den Verkaufserlösen partizipieren, bzw. wenn sie aus einem Konsumgut Nutzen ziehen, ohne dafür zu zahlen. Ein prominentes Beispiel sind negative externe Effekte der Umweltnutzung, also beispielsweise die Nutzung eines Flusses zur industriellen Abwasserentsorgung, durch die stromabwärts liegende Anrainer ökonomisch geschädigt werden. Gibt es externe Effekte, so entsprechen die bei der Produktions- bzw. der Konsumentscheidung zugrunde gelegten Grenzkosten bzw. maximalen Grenzzahlungsbereitschaften nicht den tatsächlich entstehenden Grenzkosten bzw. den tatsächlich vorhandenen maximalen Grenzzahlungsbereitschaften. Daher verzerren die externen Effekte die gemäß der Outputregel bzw. der Konsumregel getroffenen Mengenentscheidungen derart, dass diese Entscheidungen nicht mehr wohlfahrtsoptimal sind. Liegen beispielsweise negative externe Umwelteffekte in der Produktion vor, so wählt ein gemäß der Outputregel entscheidender Produzent eine zu hohe Produktionsmenge, weil er in seinem Kalkül nur die ihn treffenden Grenzkosten ansetzt, nicht aber die zusätzlich bei anderen Wirtschaftssubjekten entstehenden Grenzkosten seiner Produktion, für die er nicht aufkommen muss. Will man die durch externe Effekte bewirkten Allokationsdefekte beheben, muss man dafür sorgen, dass die externen Kosten bzw. Nutzen im einzelwirtschaftlichen Kalkül der Verursacher Berücksichtigung finden, also zu internen Kosten bzw. Nutzen werden. Diese ursachenadäquate Lösung des Problems der externen Effekte bezeichnet man als die Internalisierung der externen Effekte. Ein ordnungspolitischer Weg zu einer solchen Internalisierung negativer externer Effekte besteht darin, den von ihnen Betroffenen Entschädigungsrechte gegenüber dem Verursacher einzuräumen. Diese so genannte Verursacherhaftung werden wir uns als erstes anschauen. In der Praxis stößt deren Anwendbarkeit jedoch insbesondere bei breiter gestreuten negativen Umweltexternalitäten schnell an Grenzen. Dann bleiben zunächst direkte staatliche Interventionen in Form von Mengenauflagen bezüglich des Schadstoffausstoßes sowie in Form einer Besteuerung des Schadstoffausstoßes über eine Lenkungssteuer als Alternativen. Im Abschn. 4.2 werden wir zeigen, dass diese beiden Maßnahmen jeweils ihre Vor- und Nachteile haben und dass eine Art Kombination beider Instrumente in Form handelbarer Umweltnutzungsrechte eine marktorientierte Lösung des Umweltexternalitätenproblems sein kann.

Der Abschn. 4.3 wird sich mit den zentralen Instrumenten der staatlichen (Einkommens-) Umverteilungspolitik befassen. Der staatlichen Umverteilungspolitik zugrunde liegt die politische Nichtakzeptanz jener Einkommensverteilung, die sich aus der Faktormarktallokation ergibt. Dabei steht die Frage im Vordergrund, wie man jenen Menschen, denen ein eigenes Faktorangebot nicht möglich ist oder die trotz eigenen Faktorangebots kein zum Leben hinreichendes Einkommen haben, durch Umverteilung einen Mindestlebensstandard sichern kann. Teil eines ursachenadäquaten ordnungspolitischen Ansatzes wäre hier beispielsweise die Förderung der Humankapitalbildung insbesondere bei gering qualifizierten Arbeitsanbietern. Dies würde die Grenzproduktivität ihrer Arbeit erhöhen und ihnen damit höhere Markteinkommen ermöglichen. Eine interventionistische Alternative ist die Einführung von Mindestlohnsätzen, eventuell noch ergänzt durch Höchstpreise für Güter des täglichen (Grund-)Bedarfs. Diese Instrumente haben jedoch den gravierenden Nachteil, dass sie den (Faktor-)Preismechanismus außer Kraft setzen und die Lenkungsfunktion der Preise als Knappheitsindikatoren zerstören. Ein Umverteilungsinstrument mit weniger drastischen Kollateralschäden sind steuerfinanzierte Sozialtransfers. Allerdings entstehen auch bei diesem Instrument im Rahmen der dabei notwendigen Besteuerung volkswirtschaftliche Kosten der Umverteilung. Dies werden wir im Abschn. 4.3 zeigen.

4.2 Internalisierung externer Effekte

Bei negativen externen Effekten ist mit einer Internalisierung durch die Beteiligten zunächst einmal nicht ohne weiteres (insbesondere nicht ohne staatliches Handeln) zu rechnen, wenn diese externen Effekte mit einem Verteilungskonflikt einhergehen. Der Verursacher der negativen Externalität wird dann freiwillig keine Kompensationszahlungen an die Geschädigten leisten wollen. Eigentliche Ursache solcher negativen externen Effekte ist typischerweise das Fehlen von Eigentums- und Nutzungsrechten. Hier ist daher der Staat zunächst einmal in seiner ordnungspolitischen Funktion als Setzer und Garant solcher Eigentums- und Nutzungsrechte gefordert.

4.2.1 Verursacherhaftung

Der Fall der negativen Umweltexternalität in Form einer unentgeltlichen Nutzung eines knappen Umweltgutes ist ein gutes Beispiel dafür, wie der Staat durch eine entsprechende Festlegung von Eigentums – und Nutzungsrechten eine Internalisierung über private Verhandlungen ermöglichen kann. Ein Standardbeispiel für diesen Fall ist das folgende: Betrachtet wird ein Fluss, an dem nur zwei Unternehmen liegen, ein den Fluss verschmutzendes Chemiewerk und weiter stromabwärts eine Fischzucht. Sind keine Eigentumsrechte am Fluss bzw. seiner Nutzung definiert (Wasser als „freies" Gut), so kommt es zu einem Externe-Effekte-Problem. Das Chemieunternehmen wird bei der Wassernutzung nicht berücksichtigen, dass es mit zunehmender Nutzung die Kosten der Fischzucht für eine hinreichende Wasserreinigung erhöht. Wohlfahrtstheoretisch gesehen ergibt sich eine Überproduktion in der Chemiefabrik. Bekommt aber nun die Fischzucht vom Staat das Recht auf reines Wasser, so muss die Chemiefabrik die Belastung des Wassers verringern und/oder Kompensationszahlungen leisten. Die zunächst – vor Zuweisung der Nutzungsrechte – externen Kosten werden internalisiert. Diese Internalisierungslösung folgt dem Verursacherprinzip.

Ist ein Recht auf reines Wasser etabliert, so werden die beiden Unternehmen in Verhandlungen darüber eintreten, wie hoch die Chemiefabrik das Wasser belasten darf und wie hoch ihre Kompensationszahlungen an die Fischzucht dafür sein sollen. Im Kern besteht eine Verhandlungslösung in der Festlegung einer bestimmten zulässigen Schadstoffmenge x_S – im Beispiel gemessen in Gramm eines in den Fluss geleiteten Umweltgifts – und einer dazugehörigen bestimmten Kompensationszahlung pro Schadstoffeinheit p_S. Damit steht dann zugleich die Höhe der zwischen den beiden Beteiligten fließenden Kompensationszahlung $p_S x_S$ fest. Für den Verursacher, also hier die Chemiefabrik, ist p_S der Preis für das Recht auf die Emission einer weiteren Schadstoffeinheit. Diesen wird sie bei der Entscheidung über die Höhe von x_S mit den Grenzkosten der Vermeidung des Schadstoffes, den so genannten Grenzvermeidungskosten, vergleichen. Für den Betroffenen, hier die Fischzucht, ist p_S die Entschädigung für eine weitere hingenommene Schadstoffeinheit. Diese wird sie bei der Entscheidung über x_S mit den dadurch zusätzlich entstehenden Schäden, den so genannten Grenzschäden, vergleichen.

Für das Kalkül der Chemiefabrik ist also der Verlauf ihrer Grenzvermeidungskosten in Abhängigkeit von der Schadstoffmenge entscheidend. Diese Grenzvermeidungskosten geben an, wie viel die Reduktion der Schadstoffmenge um eine weitere Einheit kostet. Im Regelfall sind die Grenzvermeidungskosten umso höher, je mehr Schadstoff schon vermieden wurde. Umgekehrt fallen sie also mit zunehmender zugelassener (!) Schadstoffmenge. Die Abb. 4.1 zeigt den stilisierten Verlauf der durch die Kompensationszahlungen vermiedenen (!) Grenzvermeidungskosten in Abhängigkeit von der zugelassenen (!) Schadstoffmenge (mit K_{ver} für Vermeidungskosten und dem hochgestellten Index v für „vermieden"). Die Grenzvermeidungskosten stellen für die Chemiefabrik die maximale Grenzzahlungsbereitschaft für das Recht auf die Emission einer weiteren Schadstoffeinheit dar. Ist ihr eine bestimmte Kompensationszahlung pro Schadstoffeinheit p_S vorgegeben, so wird sie alle Einheiten emittieren, deren Vermeidung mehr gekostet hätten

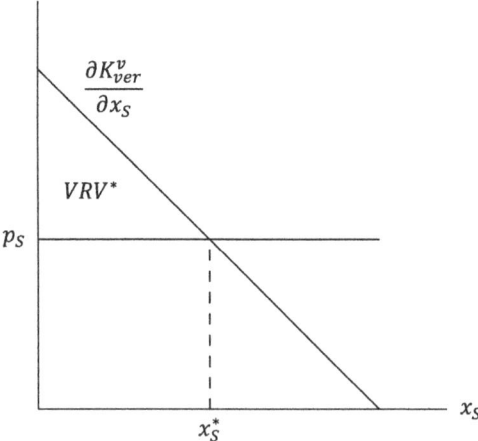

Abb. 4.1 Vertragsrentenmaximierung beim Verursacher

4.2 Internalisierung externer Effekte

als dieser Emissionspreis p_S beträgt, und alle Einheiten vermeiden, deren Vermeidungskosten unterhalb dieses Emissionspreises liegen. Die Entscheidungsregel lautet also für den Verursacher: Wähle jene Schadstoffmenge, für welche die vermiedenen Grenzvermeidungskosten dem Emissionspreis entsprechen:

$$p_S = \frac{\partial K_{ver}^v}{\partial x_S}(x_S). \tag{4.1}$$

Die Abb. 4.1 illustriert diese Entscheidungsregel für das Finden der optimalen Schadstoffmenge aus Verursachersicht. Die Fläche unter der Grenzvermeidungskostenfunktion vom Abszissenabschnitt (!) bis hin zur optimalen Schadstoffmenge gibt die im Optimum zu tragenden Vermeidungskosten an. Die Fläche unter der Grenzvermeidungskostenfunktion zwischen Null und der optimalen Schadstoffmenge gibt jenen Vermeidungskosten an, die man durch die Kompensationszahlung $p_S x_S$ vermieden hat. Die Differenz zwischen vermiedenen Vermeidungskosten und der zur Abgeltung zu zahlenden Kompensation ist die Vertragsrente des Verursachers:

$$VRV(x_S) = K_{ver}^v(x_S) - p_S x_S. \tag{4.2}$$

Dies ist der Wohlfahrtszuwachs des Verursachers aus dem Umweltnutzungsvertrag mit dem Betroffenen. Der Leser beachte hier noch einmal, dass x_S die zugelassene Schadstoffmenge ist, nicht die vermiedene. Dementsprechend handelt es sich hier um die vermiedenen Vermeidungskosten, nicht die getragenen. Die Entscheidungsregel (4.1) ist offensichtlich die notwendige Bedingung der Maximierung der Rente (4.2).

Für das Kalkül der Fischzucht ist der Verlauf ihrer Grenzschäden in Abhängigkeit von der zugelassenen Schadstoffmenge entscheidend. Der Grenzschaden ist der durch eine weitere Schadstoffeinheit bei der Fischzucht ausgelöste Gewinnrückgang. Im Allgemeinen steigen die Grenzschäden mit steigender zugelassener Schadstoffmenge. Die Abb. 4.2 zeigt eine linear stilisierte Grenzschadensfunktion mit V als dem Schadensniveau, also

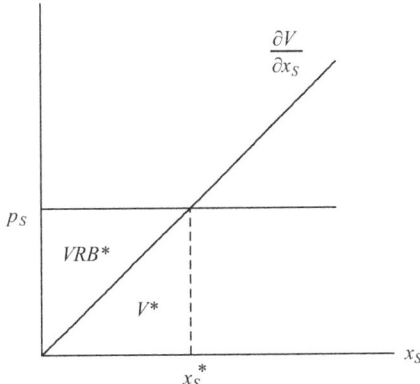

Abb. 4.2 Vertragsrentenmaximierung beim Betroffenen

dem der Fischzucht entstehenden Gesamtschaden in Form eines Gewinnrückgangs. Die Fläche unter der Grenzschadensfunktion gibt den bei der Fischzucht entstehenden Schaden aus der zugehörigen zugelassenen Schadstoffmenge an. Die Grenzschäden stellen für die Fischzucht in den Verhandlungen die mindestens zu fordernden Kompensationen für eine weitere hingenommene Schadstoffeinheit dar. Ist eine bestimmte tatsächliche bezahlte Kompensation pro Schadstoffeinheit p_S vorgegeben, so wird die Fischzucht alle Schadstoffeinheiten hinnehmen, die einen geringeren Schaden als p_S verursachen. Steigen die Grenzschäden bei höheren Schadstoffmengen aber über p_S, so wird die Fischzucht dies nicht mehr hinnehmen. Die Entscheidungsregel lautet also für den Betroffenen: Wähle jene zugelassene Schadstoffmenge, für welche die Grenzschäden auf die gezahlte Kompensation pro Schadstoffeinheit gestiegen sind:

$$p_S = \frac{\partial V}{\partial x_S}(x_S). \tag{4.3}$$

Die Abb. 4.2 illustriert diese Entscheidungsregel für das Finden der optimalen Schadstoffmenge aus Betroffenensicht. Die Differenz zwischen der erhaltenen Kompensationszahlung $p_S x_S$ und dem zu tragenden Schaden ist die Vertragsrente des Betroffenen:

$$VRB(x_S) = p_S x_S - V(x_S). \tag{4.4}$$

Dies ist der Wohlfahrtszuwachs des Betroffenen aus dem Umweltnutzungsvertrag mit dem Verursacher. Die Entscheidungsregel (4.3) ist offensichtlich die notwendige Bedingung der Maximierung der Rente (4.4).

An der Abb. 4.3 kann man sich nun leicht überlegen, dass die Verhandlungslösung im Schnittpunkt von Grenzvermeidungskostenfunktion und Grenzschadensfunktion liegen muss. Ist die zugelassene Schadstoffmenge höher als in diesem Schnittpunkt, so ist die maximale Zahlungsbereitschaft der Chemiefabrik für eine weitere in den Fluss geleitete Schadstoffeinheit geringer als die von der Fischzucht dafür mindestens zu for-

Abb. 4.3 Verhandlungslösung

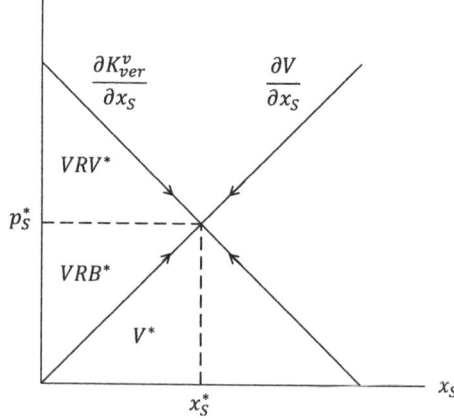

4.2 Internalisierung externer Effekte

dernde Kompensation. In diesem Bereich kann also keine Verhandlungslösung liegen. Ist die zugelassene Schadstoffmenge niedriger als in diesem Schnittpunkt, so liegt die Zahlungsbereitschaft der Chemiefabrik für eine weitere zugelassene Schadstoffeinheit über der von der Fischzucht mindestens zu fordernden Kompensation dafür. Es können also beide Seiten von einer Erhöhung der zugelassenen Schadstoffmenge noch profitieren. Diese Profitabilität einer weiteren Erhöhung der zugelassenen Schadstoffmenge besteht für beide Seiten so lange, bis sich die Grenzvermeidungskosten und die zu fordernde Mindestkompensation entsprechen. Die für beide Seiten optimale Verhandlungslösung (x_S^*, p_S^*) ist also durch die Gleichheit von vermiedenen Grenzkosten und Grenzschäden gekennzeichnet:

$$\frac{\partial K_{ver}^v}{\partial x_S}(x_S) = \frac{\partial V}{\partial x_S}(x_S). \tag{4.5}$$

Die mit der Abb. 4.3 skizzierte private Verhandlungslösung ist wohlfahrtsoptimal: Sie maximiert gemäß Gl. (4.5) die Summe aus Verursacherrente und Betroffenenrente:

$$WF(x_S) = VRV(x_S) + VRB(x_S) = K_{ver}^v(x_S) - V(x_S). \tag{4.6}$$

Mit Blick auf die Darstellung der Gesamtwohlfahrt als Differenz aus vermiedenen Vermeidungskosten und entstehenden Schäden kann man hinsichtlich der Umweltnutzung formulieren: Die Umweltbelastung (mit Schadstoff) ist optimal, wenn die entstehenden zusätzlichen Schäden auf die Höhe der zusätzlich eingesparten Vermeidungskosten gestiegen sind. Dies macht deutlich: Bei der Verursacherhaftung geht es nicht um Umweltschutz per se, sondern um den Schutz der verschiedenen Umweltnutzer voreinander.

Private Verhandlungen führen also unter den gegebenen Annahmen zur wohlfahrtsoptimalen Internalisierung negativer externer Effekte. Der Staat hat in diesen Fällen nur den eigentumsrechtlichen Ordnungsrahmen zu setzen. Weitere Beispiele für die oben skizzierte private Verhandlungslösung sind beobachtbare Kompensationszahlungen ansiedlungswilliger Industriebetriebe an die umliegenden Einwohner für Lärm-, Strahlen- oder sonstige Belastungen. Inwieweit man hier tatsächlich dem Wohlfahrtsoptimum nahe kommt, hängt wesentlich von den Kenntnissen über die Verläufe der Grenzvermeidungskostenfunktion und der Grenzschadensfunktion ab.

Es gibt aber auch Umstände, unter denen solche privaten Verhandlungslösungen nicht zustande kommen. Das ist insbesondere dann der Fall, wenn die Zahl der Beteiligten zu groß ist. Denn mit der Zahl der Verhandelnden wachsen die Verhandlungskosten typischerweise exponentiell. Das hängt zum Einen damit zusammen, dass mit zunehmender Zahl von Beteiligten die Transparenz sowohl hinsichtlich der Schadstoffentstehung (wer ist verantwortlich) als auch des Schadensanfalls (wer ist wie stark geschädigt) abnimmt. Außerdem sorgt die mit steigender Anzahl von Verhandelnden zunehmende Heterogenität der Technologien und Präferenzen für eine nachhaltige Intransparenz und damit für hohe Verhandlungskosten. Der Staat kann diese

Informationsprobleme natürlich auch nicht lösen. Aber er kann hoheitlich eine Lösung durchsetzen, die zumindest einige ökonomische Wohlfahrtskriterien erfüllt. Das ist immer noch besser als gar keine Internalisierung. Typische Fälle, in denen man keine private Verhandlungslösung erwarten kann, sind flächendeckende Umweltverschmutzungen mit einem großen Kreis von Verursachern und Betroffenen. Mit Blick auf diese Fälle ist zu diskutieren, ob der Staat die Internalisierung der externen Effekte über Mengenauflagen oder über eine Lenkungssteuer anstreben sollte.

4.2.2 Mengenauflagen

Im Folgenden sei das Problem der Implementierung der wohlfahrtsoptimalen Höhe von Schwefeldioxidemissionen betrachtet. Angesichts der Vielzahl von Emittenten und Geschädigten kann man hier mit keiner privaten Internalisierungslösung rechnen. Also liegt diese Aufgabe beim Staat. Interpretieren wir die beiden Funktionen in der Abb. 4.3 als über alle Betroffenen aggregierte Grenzschadens- bzw. als über alle Verursacher aggregierte Grenzvermeidungskostenfunktion, so verdeutlicht diese Abbildung die beiden vom Staat zu lösenden Probleme: Zum Einen muss er die wohlfahrtsoptimale Emissionsgesamtmenge finden. Zum Zweiten muss er diese Lösung implementieren, also Instrumente finden, welche die Verursacher zur Einhaltung der optimalen Emissionsmenge bringen.

Das Finden der wohlfahrtsoptimalen Emissionsmenge ist das eigentliche Allokationsproblem. Dieses betrifft hier kein privates Gut, sondern mit der Luft bzw. der Luftqualität ein öffentliches Gut. Dabei sind die Präferenzen der Betroffenen hinsichtlich der Umweltqualität einerseits und ihren Kosten andererseits meist recht unterschiedlich. Aber alle Betroffenen bekommen – anders als bei einem privaten Gut – die gleiche Luftqualität. Zur Lösung dieses Allokationsproblems bedarf es daher eines akzeptierten Verfahrens der Präferenzaggregation. In Demokratien besteht dieses Verfahren in einer Abstimmung über das Umweltschutzniveau im Kontext von Wahlen. Damit liegt die Allokation derartiger öffentlicher Güter außerhalb des engeren Bereichs der Ökonomie.

Die Frage der Implementierung einer politisch vorgegebenen Emissionsmenge ist dagegen eine ökonomische: Gesucht ist der kostengünstigste Weg, also das kostenminimierende Instrumentarium. Unter ökonomischem Aspekt geht es hier also „nur" um die Kosteneffizienz; die Allokationseffizienz hat das politische System zu leisten. Die traditionellen Instrumente der staatlichen Lenkung der Umweltnutzung sind Mengenauflagen im Sinne von den Verursachern auferlegten Emissionsobergrenzen sowie Lenkungssteuern.

Mengenauflagen sind ein sehr direkt wirkendes Instrument und zudem ist ihre Einhaltung vergleichsweise leicht zu kontrollieren. Sie sind aber im Regelfall nicht kosteneffizient. Denn sobald die Unternehmen unterschiedliche Grenzvermeidungskostenverläufe haben, der Staat aber mangels Kenntnis der individuellen Verläufe allen die gleiche Höchstmenge auferlegt, führt dies bei den Unternehmen zu unterschiedlichen

4.2 Internalisierung externer Effekte

Abb. 4.4 Kosteneffizienz der Mengenauflage

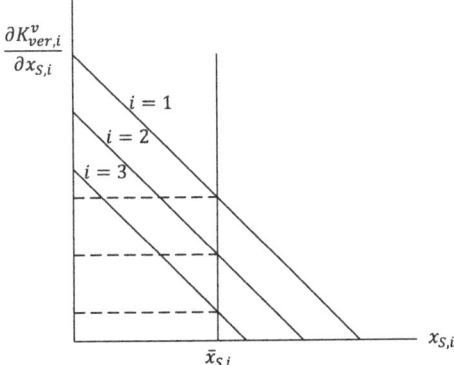

Grenzvermeidungskosten. Unterschiedliche realisierte Grenzvermeidungskosten bedeuten aber immer, dass die Kosten der Vermeidung nicht minimiert wurden. Dies illustriert die Abb. 4.4 anhand von drei Unternehmen $i=1, 2, 3$. Auf der Abszisse abgetragen sind die einzelwirtschaftlich zugelassenen Schadstoffmengen. Die zur Einhaltung der als vertikale Linie eingezeichneten Mengenauflage zu tragenden Vermeidungskosten sind also die Flächen unter den Grenzvermeidungskostenkurven rechts von der Geraden der Mengenauflage. Das erste Unternehmen ist hier jenes mit der „schlechtesten" Vermeidungstechnologie. Bei für alle gleicher Mengenauflage hat es daher die höchsten Grenzvermeidungskosten. In dem in der Abbildung dargestellten Fall ist das Dreieck seiner Vermeidungskosten um ein Vielfaches größer als das Vermeidungskostendreieck des dritten Unternehmens, das über die beste Vermeidungstechnologie verfügt. Es ist nun unmittelbar einsichtig, dass die Gesamtvermeidungskosten fallen, wenn man ausgehend von einer Situation, in der die eingezeichnete Mengenauflage implementiert ist, dem effizientesten Unternehmen eine Schadstoffeinheit weniger zugesteht und dem ineffizientesten Unternehmen eine mehr. Denn dann sinken die Vermeidungskosten beim letztgenannten um ein Vielfaches des Betrages, den das effizienteste Unternehmen für die Vermeidung dieser Schadstoffeinheit aufbringen muss. Diese Logik gilt solange, bis die Schadstoffmenge zwischen den beiden Unternehmen so verteilt ist, dass sie die gleichen Grenzvermeidungskosten haben. Erst wenn alle beteiligten Unternehmen die gleichen Grenzvermeidungskosten haben, besteht Kosteneffizienz. Würde der Staat die Grenzvermeidungskostenverläufe jedes einzelnen Unternehmens kennen, so könnte er diese kosteneffiziente Lösung mittels individuell differenzierter Mengenauflagen erreichen. Ein realistischerer Weg zur Kosteneffizienz ist hier allerdings die Lenkungssteuer.

4.2.3 Lenkungssteuern

Bei einer Lenkungssteuer in Form einer je emittierter Schadstoffeinheit zu zahlenden Abgabe ist Kosteneffizienz gegeben. Dies illustriert die Abb. 4.5. Jedes Unternehmen

Abb. 4.5 Kosteneffizienz der Lenkungssteuer

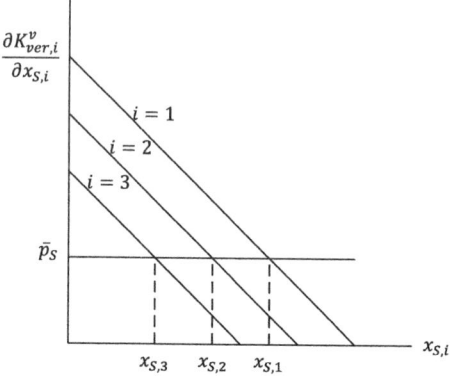

wird den Steuersatz tragen und emittieren, bis seine vermiedenen Grenzvermeidungskosten auf die Höhe des vorgegebenen Steuersatzes p_S gefallen sind. Ab dort lohnt die weitere durch Steuerzahlung abgegoltene Emission nicht mehr, denn es ist billiger, die Emission technisch zu vermeiden. Die gewinnmaximale Anpassung an die Lenkungssteuer lautet also

$$\bar{p}_S = \frac{\partial K_{ver,i}^v}{\partial x_{S,i}}(x_{S,i}).$$

Dieses Anpassungsverhalten garantiert die Gleichheit der Grenzvermeidungskosten aller Verursacher und damit die Kosteneffizienz. Diese Ökosteuer garantiert also, dass das politisch vorgegebene Vermeidungsvolumen in einer die Kosten minimierenden Weise realisiert wird. In der Abb. 4.5 ist der Steuersatz speziell so angesetzt, dass sich dieselbe Gesamtmenge an Emissionen ergibt wie sie in der Abb. 4.4 als zulässig vorgegeben war. Das zweite Unternehmen wählt exakt die gleiche Schadstoffmenge, wie ihm in der Abb. 4.4 verbindlich vorgegeben wurde, und das erste und ineffizienteste Unternehmen emittiert genau so viel mehr, wie das dritte und effizienteste nun zusätzlich vermeidet.

4.2.4 Handelbare Umweltnutzungsrechte

In der Praxis ist das Finden jenes Steuersatzes, der die Zielmenge implementiert, ein nicht zu unterschätzendes Problem. Dies kann man jedoch dem Markt überlassen, indem man in einem ersten Schritt die Mengenauflage der Abb. 4.4 implementiert und den Unternehmen die eingeräumten Emissionsmengen als Nutzungsrechte zertifiziert und im zweiten Schritt den Handel mit diesen Zertifikaten zulässt. Dann lohnt es beispielsweise für das ineffizienteste Unternehmen, von den anderen Unternehmen zu einem Preis zwischen seinen in der Ausgangssituation bestehenden Grenzvermeidungskosten und den Grenzvermeidungskosten der anderen Zertifikate zu kaufen, und für die anderen Unternehmen lohnt es, diese zu verkaufen. Das geht so lange, bis alle die gleichen Grenzvermeidungskosten

4.2 Internalisierung externer Effekte

haben. Dann gilt die Abb. 4.5 und der vormalige Steuersatz hat sich als Marktpreis der Zertifikate ergeben.

4.2.5 Ein Beispiel zur Verursacherhaftung

Wir schauen auf ein einfaches Beispiel, das zu den Abb. 4.1 bis 4.3 passt: Für die durch den Umweltnutzungsvertrag zwischen Verursacher und Geschädigtem bei ersterem (im Vergleich zur Situation ohne Vertrag, also zu einer zugelassenen Schadstoffmenge von Null) vermiedenen Vermeidungskosten gelte die quadratische Funktion

$$K_{ver}^v = kx_S - 0{,}5x_S^2.$$

Die vermiedenen Grenzvermeidungskosten entwickeln sich also linear in der Emissionsmenge:

$$\frac{\partial K_{ver}^v}{\partial x_S} = k - x_S.$$

Bei den Vertragsverhandlungen über den Kompensationssatz und die zugelassene Schadstoffmenge wird sich der Verursacher an der Optimalbedingung

$$p_S = k - x_S$$

orientieren. Für den Betroffenen gelte die quadratische Schadensfunktion

$$V = 0{,}5dx_S^2.$$

Seine Grenzschäden entwickeln sich also linear in der Emissionsmenge:

$$\frac{\partial V}{\partial x_S} = dx_S.$$

Bei den Vertragsverhandlungen wird sich der Betroffene an der Optimalbedingung

$$p_S = dx_S$$

orientieren.

Die Bedingung für den wohlfahrtsoptimalen Vertrag lautet also in diesem Beispiel

$$k - x_S = dx_S.$$

Daraus folgt eine optimale zugelassene Emissionsmenge in Höhe von

$$x_S^* = \frac{k}{1+d}.$$

Der zugehörige Kompensationssatz lautet

$$p_S^* = \frac{dk}{1+d} = dx_S^*.$$

Man sieht hier (und kann sich auch an den Abbildungen klarmachen): Je höher das generelle Niveau der vermiedenen Grenzvermeidungskosten ist (je höher der Parameter k ist), umso höher sind die optimale Schadstoffmenge, der optimale Kompensationssatz und damit die Kompensationszahlungen des Verursachers an den Betroffenen. Außerdem gilt: Je schneller die Grenzschäden mit dem Schadstoffniveau ansteigen (je höher der Parameter d ist), desto höher sind der optimale Kompensationssatz und die Kompensationszahlungen, aber desto niedriger ist die ausgehandelte zugelassene Schadstoffmenge.

Mit Blick auf die Wohlfahrt ergibt sich bei Abschluss des optimalen Vertrages für den Betroffenen die Vertragsrente

$$VRB^* = \frac{dk^2}{2(1+d)^2} = 0{,}5dx_S^{*2}.$$

Für den Verursacher folgt die Vertragsrente

$$VRV^* = \frac{k^2}{2(1+d)^2} = 0{,}5x_S^{*2}.$$

Insgesamt beläuft sich die maximal mögliche Wohlfahrt aus der vertraglichen Regelung der Umweltnutzung damit auf

$$WF^* = \frac{k^2}{2(1+d)} = 0{,}5kx_S^*.$$

Das heißt: Je höher das generelle Niveau der vermiedenen Grenzvermeidungskosten ist und je langsamer die Grenzschäden mit steigendem Emissionsniveau steigen, desto höher ist die Wohlfahrt aus der Umweltnutzung.

4.2.6 Ein Beispiel zum Zertifikatehandel

Wir schauen auf ein einfaches Beispiel mit zwei Emittenten, für deren durch den Kauf von Emissionszertifikaten vermiedene Vermeidungskosten die quadratischen Funktionen

$$K_{ver,i}^v = k_i x_{S,i} - 0{,}5 x_{S,i}^2$$

gelten. Damit entwickeln sich die vermiedenen Grenzvermeidungskosten in der Emissionsmenge linear:

$$\frac{\partial K_{ver,i}^v}{\partial x_{S,i}} = k_i - x_{S,i}.$$

Jedes Zertifikat erlaube seinem Besitzer die Emission einer Schadstoffeinheit. Damit entspricht die Gesamtmenge der vom Staat in Umlauf gebrachten Emissionszertifikate der insgesamt zugelassenen Schadstoffmenge. Definitionsgemäß gilt

$$\bar{x}_S = x_{S,1} + x_{S,2}$$

Solange die realisierten Grenzvermeidungskosten der beiden Emittenten auseinanderfallen, lohnt noch ein Zertifikatehandel zwischen ihnen. Der Zertifikatemarkt ist im Gleichgewicht, wenn gilt

$$k_1 - x_{S,1} = k_2 - x_{S,2}$$

bzw.

$$k_1 - x_{S,1} = k_2 - (\bar{x}_S - x_{S,1}),$$

also

$$x^*_{S,1} = 0{,}5\bar{x}_S + \frac{k_1 - k_2}{2}$$

und ganz analog

$$x^*_{S,2} = 0{,}5\bar{x}_S + \frac{k_2 - k_1}{2}.$$

Es hält also derjenige Emittent mehr Zertifikate, der die teurere Vermeidungstechnologie (das höhere k_i) hat. Der gleichgewichtige Zertifikatepreis folgt aus

$$p^*_S = k_1 - x^*_{S,1} = k_2 - x^*_{S,2}$$

als

$$p^*_S = \frac{k_1 + k_2}{2} - 0{,}5\bar{x}_S.$$

Der Preis eines Emissionszertifikats ist also umso höher, je teurer die technische Vermeidung der Emissionen ist und je weniger Emissionszertifikate der Staat ausgibt.

4.3 Einkommensumverteilung

Eine Einkommensumverteilung bringt Nutzen, weil sie altruistische Bedürfnisse der Menschen befriedigt, die Stabilität der Eigentumsordnung fördert und von vielen als eine Art Grundversicherung gegen existentielle Lebensrisiken angesehen wird. Sie verursacht aber auch Kosten in Form von Wohlfahrtsverlusten. Dabei haben Steuer-Sozialtransfer-Lösungen im Vergleich zu Mindestlohnsatz- und Höchstpreislösungen den Vorteil, dass sie die Preismechanismen intakt lassen und damit Rationierungen vermeiden.

4.3.1 Mindestlohnsätze und Höchstpreise

Rechtlich gesehen ist es dem Staat in gewissen Grenzen erlaubt, den Arbeitsmärkten Mindestlohnsätze vorzuschreiben. Solange diese unterhalb der Gleichgewichtslohnsätze liegen, bleibt dies allerdings reine Umverteilungsrhetorik ohne direkte ökonomische Konsequenzen. Wir werden uns daher im Folgenden nur mit Mindestlohnsätzen oberhalb der Gleichgewichtslohnsätze beschäftigen. Solche Mindestlohnsätze auf Märkten für relativ unqualifizierte Arbeit zu Umverteilungszwecken einzuführen, scheint auf den ersten Blick nicht nur in der praktischen Umsetzung einfacher, sondern zudem auch noch zielgenauer zu sein als die Einführung steuerfinanzierter Sozialtransfers: Mit einer einzigen einfachen gesetzlichen Maßnahme bewirkt man, dass die hinter den Unternehmen stehenden „reichen" Haushalte direkt an die „armen" Haushalte zahlen. Die Einfachheit dieser Überlegung macht vermutlich auch ihre Popularität aus. In Wirklichkeit aber greift sie zu kurz, weil sie die Reaktionen des Arbeitsmarkts auf den Mindestlohnsatz nicht bedenkt. Diese Marktreaktionen kann man sich an der Abb. 4.6 leicht überlegen. Diese Abbildung zeigt zum einen als Ausgangs- und Referenzpunkt das Arbeitsmarktgleichgewicht bei Vollkommener Konkurrenz mit dem Gleichgewichtslohnsatz w^* und der dazu gehörigen Beschäftigung A^* sowie andererseits mit einem Überstrich notiert die Situation nach Einführung eines Mindestlohnsatzes. Die fallende Funktion ist die umgekehrte Arbeitsnachfragefunktion, die entsprechend der Grenzproduktivitätsregel den Verlauf des Werts des Grenzprodukts der Arbeit in Abhängigkeit von der Beschäftigungshöhe zeigt. Die steigende Funktion ist die umgekehrte Arbeitsangebotsfunktion, die entsprechend der Arbeitsregel den Verlauf des Werts des Grenzleids der Arbeit in Abhängigkeit von der Beschäftigungshöhe wiedergibt. Wird der Lohnsatz durch den Staat oberhalb des Gleichgewichtslohnsatzes festgesetzt, so werden die Unternehmen alle Arbeiter entlassen, bei denen der Wert ihres Grenzprodukts unter dem neuen Lohnsatz liegt. Die tatsächliche Beschäftigung entspricht also nach der Einführung des Mindestlohnsatzes der Arbeitsnachfrage der Unternehmen beim Mindestlohnsatz. Aus allokativer Sicht ist entscheidend, dass die Einführung des Mindestlohnsatzes zu unfreiwilliger Arbeitslosigkeit in Höhe der Differenz zwischen Arbeitsangebot und Arbeitsnachfrage beim Mindestlohnsatz führt. Zum Mindestlohnsatz wollen viel mehr Haushalte arbeiten als die Unternehmen beschäftigen können. Der Lohnsatzmechanismus wird außer Kraft gesetzt, sodass es zum allokativen Kollateralschaden einer Rationierung des Arbeitsangebots

Abb. 4.6 Unfreiwillige Arbeitslosigkeit durch einen staatlichen Mindestlohnsatz

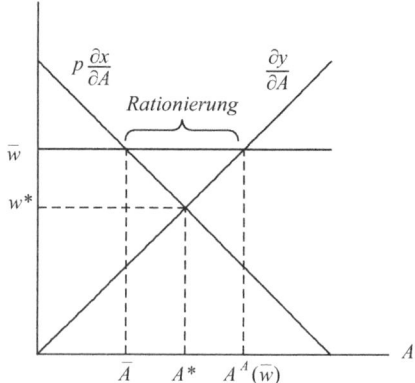

4.3 Einkommensumverteilung

kommt. Dies ist ein wesentlicher Unterschied zur gleich noch zu besprechenden Steuervariante der Umverteilung. Diese Rationierung induziert eine ganze Reihe von Ausweichreaktionen wie beispielsweise Schwarzmärkte für Arbeit, welche die Wohlfahrt ihrerseits verringern. Es können jedoch durch den Mindestlohnsatz auch Folgewirkungen induziert werden, die das Ausmaß der Rationierung geringer ausfallen lassen. Ein Beispiel ist die (teilweise) Überwälzung des höheren Lohnsatzes auf den Verkaufspreis des produzierten Gutes. In der Abb. 4.6 wäre das eine Nach-Oben-Verschiebung der Nachfragefunktion.

Das Einzige, was mit Blick auf die durch einen Mindestlohnsatz bewirkte Umverteilung feststeht, ist das Fallen der Gewinne sowie der Rückgang der Wohlfahrt insgesamt: Steigender Lohnsatz und zurückgehende Beschäftigung lassen als Gewinn nur das Dreieck zwischen der Kurve des Werts des Grenzprodukts der Arbeit und der horizontalen Gerade für den Mindestlohnsatz übrig; siehe die Abb. 4.7. Der Wohlfahrtsverlust insgesamt entspricht dem dort dick umrandeten Dreieck. Die Frage, ob die Arbeitsrente (also die Fläche zwischen Mindestlohnsatz und der Kurve des Werts des Grenzleids der Arbeit bis zum nun niedrigeren neuen Beschäftigungsniveau) jetzt höher ist, bleibt im Allgemeinen genauso offen wie jene, ob die Lohnsumme wA steigt. Die Antwort auf beide Fragen hängt von den konkreten Lohnsatzelastizitäten des jeweiligen Arbeitsmarktes ab. Im Beispiel der Abbildung steigt die Arbeitsrente und fällt die Lohnsumme. Es können also – jeweils als Ganzes gesehen – beide Seiten verlieren. Das ist die Konsequenz aus dem durch die Lohnerhöhung induzierten Beschäftigungsrückgang. Es kommt allerdings immer zu einer Umverteilung zwischen Teilen der Arbeitsanbieter. Es profitieren jene Arbeitsanbieter vom Mindestlohnsatz, die auch nach seiner Einführung noch beschäftigt sind, und es verlieren jene, die entlassen werden. Entlassen werden die Arbeiter mit der relativ geringen Produktivität. Damit erreicht der Mindestlohnsatz eine Umverteilung innerhalb der Arbeiterschaft „von unten nach oben".

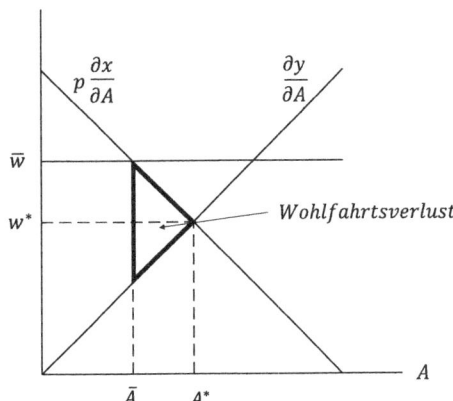

Abb. 4.7 Wohlfahrtsverlust durch einen staatlichen Mindestlohnsatz

Ähnlich wie Mindestlohnsätze sind unter dem Gleichgewichtspreis liegende Höchstpreise für Güter, die einen hohen Anteil an den Ausgaben einkommensschwacher Haushalte haben, einzuschätzen. Bei diesen Gütern handelt es sich vor allem um Grundnahrungsmittel, Energie und Wohnen. Wie Mindestlohnsätze haben auch staatliche Höchstpreise eine lange Tradition und erfreuen sich hoher Popularität. Auch sie erscheinen auf den ersten Blick als eine einfache und zielsichere Maßnahme. Umverteilt wird scheinbar direkt von den vermeintlich reichen Energiekonzernen oder Immobilienbesitzern zu den armen Haushalten. Aber auch hier zeigt die Berücksichtigung des Anpassungsverhaltens des Marktes eine andere Wirklichkeit. Diese illustrieren die Abb. 4.8 und 4.9. Die fallende Kurve ist hier die umgekehrte Nachfragefunktion des betrachteten Gutes und zeigt gemäß der Konsumregel den Verlauf der maximalen Grenzzahlungsbereitschaft. Die steigende Funktion ist die umgekehrte Angebotsfunktion und zeigt gemäß der Outputregel den Verlauf der Grenzkosten der Unternehmen. Dabei kann man als Beispiel an den Markt für die Nutzung von Wohnraum denken. Dann ist der staatliche Höchstpreis eine von den Vermietern zu beachtende Höchstmiete pro

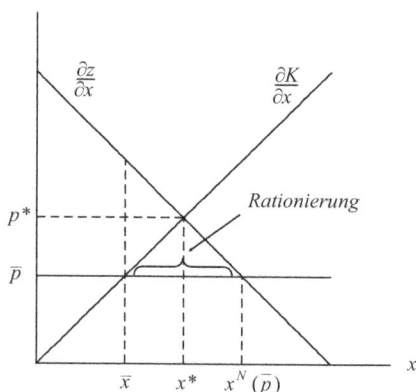

Abb. 4.8 Güterrationierung durch einen staatlichen Höchstpreis

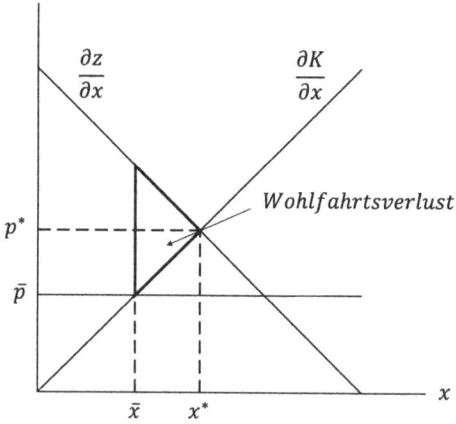

Abb. 4.9 Wohlfahrtsverlust durch einen staatlichen Höchstpreis

Quadratmeter Wohnraum. Die Grenzkosten sind in diesem Beispiel jene des Mietwohnungsbaus und Wohnungserhalts umgelegt auf den Monat. Wegen der hier sicherlich vorliegenden steigenden Grenzkosten in der Wohnungsproduktion wird das Angebot an Mietwohnungen (bzw. zu vermietender Quadratmeter) bei Einführung einer Höchstmiete pro Quadratmeter zurückgehen. Auf der anderen Seite wird durch eine unter dem Marktpreis liegende Höchstmiete die Wohnungsnachfrage zusätzlich angeregt. Die Folge ist eine Nachfragerationierung in Form einer Wohnungsrationierung, siehe Abb. 4.8. Wohnungssuchende, die bereit sind, die Höchstmiete zu zahlen, bekommen trotzdem keine Wohnung, weil sich durch die Höchstmiete eine Schere zwischen Angebot und Nachfrage geöffnet hat. Die Folgen dieser Rationierung sind diverse ihrerseits die Wohlfahrt senkende Reaktionen wie beispielsweise das Abschöpfen der Differenz zwischen Gleichgewichtsmiete und Höchstmiete durch überhöhte (oder unter der Hand gezahlte) Vermittlungsprämien und überhöhte Abstandszahlungen an Vormieter.

Das Einzige, was hinsichtlich der Verteilung als Folge der Einführung einer Höchstmiete feststeht, ist der Rückgang der Gewinne und der Rückgang der Wohlfahrt insgesamt. Der Wohlfahrtsverlust ist in der Abb. 4.9 wieder als dick umrandetes Dreieck eingezeichnet. Die Gewinne (vor Abzug der Produktionsfixkosten) reduzieren sich auf das Dreieck zwischen Grenzkostenfunktion und Höchstmiete. Dagegen können die Mietrenten je nach Höhe der Mietelastizitäten von Angebot und Nachfrage steigen oder fallen. Wenn der durch den Höchstpreis induzierte Wohlfahrtsrückgang stark genug ist, können beide Seiten des Marktes verlieren. In jedem Fall kommt es zu einer Umverteilung zwischen denen, die auch nach der Einführung der Höchstmiete noch eine Wohnung haben bzw. bekommen, und jenen, die nun erst gar keine Mietwohnung erlangen können.

4.3.2 Steuerfinanzierte Sozialtransfers

Erfolgt die Umverteilung mittels steuerfinanzierter Transfers, so ist auf der Finanzierungsseite festzulegen, was für eine Steuer gewählt werden soll, und auf der Transferempfängerseite zu regeln, in welcher Form die Umverteilungstransfers den Begünstigten zugute kommen sollen. Das zweite Problem hat aus Ökonomsicht eine einfache Lösung: Es sollte sich um hinsichtlich ihrer Verwendung ungebundene Sozialtransfers handeln. Denn nur dies ermöglicht den Begünstigten die nutzenmaximale Verwendung des Transfervolumens. Die Einführung einer Zweckbindung hinsichtlich der Verwendung, wie z. B. bei Transfers in Form von Wohngeld, verhindert eine an den eigenen Präferenzen orientierte Verwendung und senkt daher den erreichbaren Wohlfahrtszuwachs auf der Empfängerseite.

Da die Umverteilung im Wesentlichen eine Arbeitseinkommensumverteilung ist, liegt auf der Finanzierungsseite zunächst einmal das direkte Anknüpfen am Arbeitseinkommen mittels einer von den Beschäftigten zu zahlenden Arbeitseinkommensteuer nahe. Im Folgenden wird – etwas vereinfachend – eine von den Beschäftigten zu zahlende Mengensteuer auf Arbeit mit einem festen abzuführenden Steuerbetrag je gearbeiteter Stunde (statt einer an der Lohnsumme ansetzenden Lohnsteuer) betrachtet. Eine solche Mengensteuer auf das Arbeitsangebot führt zu einer Verschiebung der Arbeitsangebotsfunktion in Höhe des Steuersatzes T nach oben. Dasselbe Arbeitsangebot erfordert jetzt einen um den Steuersatz erhöhten Stundenlohn. Die Abb. 4.10 zeigt die Auswirkungen einer solchen Steuerfinanzierung am Beispiel eines Marktes der Vollkommenen Konkurrenz. Der Ausgangs- und Referenzpunkt ist das Marktgleichgewicht der Vollkommenen Konkurrenz mit dem Gleichgewichtslohnsatz w^* und der zugehörigen Beschäftigung A^*. Das Marktgleichgewicht nach Einführung der Steuer ist mit dem Index St gekennzeichnet. Man sieht, dass sich der Faktor Arbeit infolge der Anpassungsreaktion des Arbeitsangebotes an die Steuer verteuert und daher Arbeitsnachfrage und tatsächliche Beschäftigung zurückgehen. Außerdem macht die Abbildung deutlich, dass das Steueraufkommen TA_{St} von beiden Marktseiten getragen wird. Die Arbeitsanbieter, welche die Steuer „zahlungstechnisch" an den Staat abführen müssen, tragen den Betrag

$$\left(w^* - (w_{St} - T)\right)A_{St}.$$

Dabei ist die Differenz zwischen dem Lohnsatz bei Besteuerung und dem Steuersatz der „effektive Lohnsatz", der den Haushalten verbleibt. Die Unternehmen tragen als Arbeitsnachfrager auch einen Teil des Steueraufkommens, nämlich den Betrag

$$(w_{St} - w^*)A_{St}.$$

Es ist also keineswegs so, dass die privaten Haushalte, nur weil sie das Steueraufkommen fiskalisch abführen müssen, dieses auch komplett tragen. Vielmehr tragen auch die Unternehmer über den induzierten Lohnsatzanstieg einen Teil davon. Wie sich das Steueraufkommen im konkreten Fall auf die privaten Haushalte als Arbeitsanbieter und Zahlungspflichtige einerseits und die Unternehmen als Arbeitsnachfrager andererseits verteilt, hängt von den Werten der Arbeitsangebots- und der Arbeitsnachfrageelastizitäten hinsichtlich des Lohnsatzes ab. In der Abb. 4.10 ist diese Lohnsatzelastizität bei beiden Marktseiten betragsmäßig gleich hoch, sodass jede Marktseite die Hälfte der Steuerlast trägt. An analogen Abbildungen, in denen eine der beiden Funktionen steiler

Abb. 4.10 Folgen einer Mengensteuer auf das Arbeitsangebot

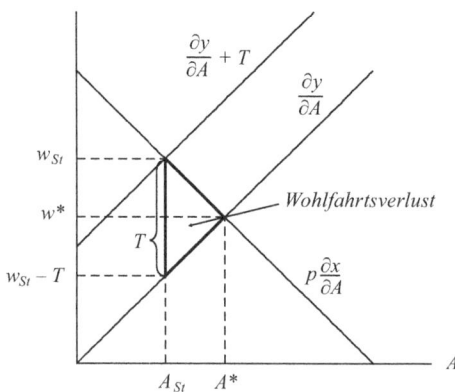

4.3 Einkommensumverteilung

verläuft als die andere, kann sich der Leser schnell klarmachen, dass die Steuer stets die weniger lohnsatzelastische Marktseite stärker trifft.

Die Verteilungswirkungen der Steuererhebung erkennt man am deutlichsten an den durch sie ausgelösten Wohlfahrtsänderungen. In der Ausgangssituation des steuerfreien Gleichgewichts bei Vollkommener Konkurrenz entspricht die Wohlfahrt dem von den Kurven des Werts des Grenzprodukts der Arbeit und des Werts des Grenzleids der Arbeit bis zu ihrem Schnittpunkt gebildeten linken Dreieck. Dabei ist die Fläche unterhalb des Gleichgewichtslohnsatzes die kumulierte Arbeitsrente der privaten Haushalte als Anbieter, die Fläche oberhalb des Gleichgewichtslohnsatzes ist der kumulierte Gewinn aus dem Arbeitseinsatz (vor Abzug aller anderen Faktorkosten) bei den Unternehmen als Arbeitsnachfragern. In der Ausgangssituation ohne Besteuerung ist die Wohlfahrt die maximal mögliche, weil sich die Werte des Grenzprodukts der Arbeit und des Grenzleids der Arbeit entsprechen. Durch die Steuererhebung wird nun ein Keil in Form des Steuersatzes zwischen Grenzproduktivität der Arbeit einerseits und Grenzleid der Arbeit andererseits getrieben: Im Marktgleichgewicht mit Steuer gilt

$$p\frac{\partial x}{\partial A}(A_{St}) = \frac{\partial y}{\partial A}(A_{St}) + T. \qquad (4.7)$$

Der Lohnsatz ist nun höher und die beschäftigte Arbeitsmenge geringer als ohne die Steuer. Dies verringert zunächst einmal die Wohlfahrt auf beiden Marktseiten. Die Arbeitsrente entspricht jetzt nur noch der Fläche zwischen effektivem Lohnsatz $w_{St} - T$ und der Kurve des Werts des Grenzleids der Arbeit (letztere ohne Steuersatz). Der Gewinn aus dem Arbeitseinsatz verkleinert sich auf die Fläche zwischen dem neuen Lohnsatz w_{St} und der Kurve des Werts des Grenzprodukts der Arbeit. Vor allem aber fällt auch die direkt gemessene Wohlfahrt insgesamt. Den eben geschilderten Wohlfahrtsverlusten steht zwar die wohlfahrtssteigernde Wirkung des Steueraufkommens bei den Begünstigten gegenüber. Wenn man jedoch annimmt, dass dieses Steueraufkommen TA_{St} in der Verwendung bei den Begünstigten dieselbe Wohlfahrt schafft wie durch seinen Einzug den Betroffenen weggenommen wurde, kommt es unter dem Strich durch die Steuer zu einem Wohlfahrtsverlust. Dieser Wohlfahrtsverlust ist in der Abb. 4.10 wieder als dick umrandetes Dreieck eingezeichnet. Dies sind die direkt messbaren Kosten der Umverteilung, die man ihrem oben umrissenen Nutzen (aus Altruismus oder durch den Versicherungscharakter der Existenzsicherung) gegenüberstellen muss. Hier könnte man natürlich argumentieren, dass ein Euro, der von einem reichen zu einem armen Haushalt umverteilt wird, bei letzterem einen viel höheren Wohlfahrtszuwachs bringt als bei ersterem an Einbuße entsteht. Aber solche Aussagen würden intersubjektive Nutzenvergleiche erfordern, die auf wissenschaftlicher Basis nicht möglich sind (also einen rein verteilungsideologischen Charakter haben).

Bei dieser und der folgenden Diskussion der Verteilungswirkungen muss man im Übrigen im Auge haben, dass die Abbildungen immer nur die Erstrundeneffekte zeigen. Die in den Abbildungen abzulesenden Effekte induzieren ihrerseits weitere, indirekte Effekte der Umverteilung. So trifft beispielsweise der zunächst von den Unternehmen über den Lohnsatzanstieg zu tragende Teil der Steuer letztlich zu einem Teil die Unternehmenseigentümer, senkt dort also die Einkommen. Ein Teil des Lohnsatzanstiegs wird aber auch auf dem Gütermarkt an die Haushalte als Konsumenten in Form einer Preiserhöhung weitergewälzt.

Alternativ kann man das Umverteilungsvolumen über eine von den Unternehmen abzuführende Verbrauchsteuer mit einem bestimmten Steuerbetrag pro Mengeneinheit finanzieren. Deren Auswirkungen zeigt die Abb. 4.11 am Beispiel eines Gütermarkts der Vollkommenen Konkurrenz. Für die zahlungspflichtigen Unternehmen entspricht die Mengensteuer einer Erhöhung der Grenzkosten um den Steuersatz und führt zu einer entsprechenden Verschiebung der Grenzkostenfunktion nach oben. Daher steigt der Marktpreis und fällt die gehandelte Menge. Man beachte, dass der Marktpreis um weniger als den Steuersatz steigt, da die Nachfrage zurückgeht. Es ist klar, dass wieder beide Seiten zusammen das Steueraufkommen Tx_{St} tragen und nicht nur die zahlungspflichtigen Unternehmen. Letztere tragen

$$\left(p^* - (p_{St} - T)\right) x_{St}$$

mit der Differenz zwischen dem Preis nach der Steuereinführung und dem Steuersatz als ihnen verbleibendem „effektiven Preis". Den Rest tragen infolge der induzierten Preiserhöhung die Nachfrager:

$$(p_{St} - p^*) x_{St}.$$

Die Abb. 4.11 ist wieder so angelegt, dass beide Marktseiten die Hälfte des Steueraufkommens tragen. Im Allgemeinen gilt: Es trägt jene Seite den größeren Anteil, welche die betragsmäßig geringere Preiselastizität hat.

In der Ausgangssituation ohne Verbrauchsteuer entspricht die Wohlfahrt dem von der Kurve der maximalen Grenzzahlungsbereitschaft und der Grenzkostenfunktion bis zu ihrem Schnittpunkt gebildeten Dreieck. Dabei ist die Fläche unterhalb des alten Gleichgewichtspreises p^* der Gewinn der Unternehmen (vor Abzug der Produktionsfixkosten) und die Fläche oberhalb ist die Konsumentenrente. Ohne Steuererhebung ist die Wohlfahrt

Abb. 4.11 Folgen einer Mengensteuer auf das Konsumgüterangebot

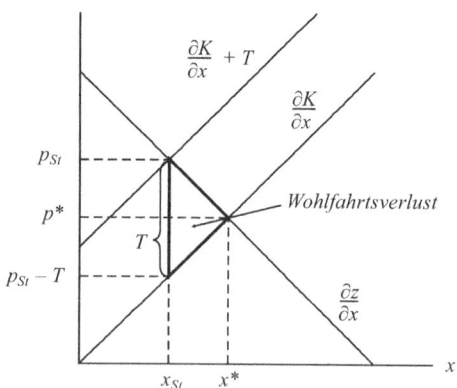

4.3 Einkommensumverteilung

die maximal mögliche, weil sich maximale Grenzzahlungsbereitschaft und Grenzkosten entsprechen. Durch die Steuererhebung wird ein Keil in Form des Steuersatzes zwischen maximale Grenzzahlungsbereitschaft und Grenzkosten getrieben. Es gilt nun im Marktgleichgewicht

$$\frac{\partial z}{\partial x}(x_{St}) = \frac{\partial K}{\partial x}(x_{St}) + T. \tag{4.8}$$

Der Preis steigt und die Menge fällt. Dies verringert zunächst einmal wieder die Wohlfahrt auf beiden Marktseiten. Die Konsumentenrente entspricht jetzt nur noch der Fläche zwischen dem neuen Marktpreis p_{St} und der Kurve der maximalen Grenzzahlungsbereitschaft. Der Gewinn verkleinert sich auf die Fläche zwischen dem effektiven Preis $p_{St} - T$ und der Grenzkostenkurve (letztere ohne Steuersatz). Vor allem aber fällt die Wohlfahrt insgesamt: Auch unter Berücksichtigung der wohlfahrtssteigernden Wirkung des Steueraufkommens bei den Begünstigten kommt es insgesamt durch die Steuer zu einem Wohlfahrtsverlust in Höhe des dick umrandet eingezeichneten Dreiecks. Es kommt jedoch zu keiner Rationierung und damit auch zu keinen weiteren negativen Rationierungsfolgen.

4.3.3 Ein Beispiel zur Verbrauchsteuer

Wir knüpfen an unser lineares Beispiel aus dem Abschn. 3.2.3 zum Konsumgütermarktgleichgewicht (ohne Besteuerung) an. Auf der Basis einer quadratischen Kostenfunktion hatte sich dort über die Outputregel die lineare Marktangebotsfunktion

$$x^A = \frac{p}{2k}$$

ergeben. Eine quadratische Zahlungsbereitschaftsfunktion führte über die Konsumregel zur linearen Marktnachfragefunktion

$$x^N = a - bp.$$

Daraus folgten über die Marktgleichgewichtsbedingung der Gleichgewichtspreis

$$p^* = \frac{2ak}{1 + 2bk}$$

und die Gleichgewichtsmenge

$$x^* = \frac{a}{1 + 2bk}.$$

Mit einer Mengensteuer auf das Konsumgüterangebot ergibt sich nun über die Outputregel

$$p = 2kx + T$$

die neue Marktangebotsfunktion

$$x^A = \frac{p-T}{2k}.$$

Über die neue Marktgleichgewichtsbedingung

$$a - bp = \frac{p-T}{2k}$$

folgt nun der höhere Gleichgewichtspreis bei Besteuerung

$$p_{St} = \frac{2ak+T}{1+2bk} = p^* + \frac{T}{1+2bk}.$$

Dies führt zu einer unter Besteuerung geringeren Menge:

$$x_{St} = \frac{a-bT}{1+2bk} = x^* - \frac{bT}{1+2bk}.$$

Das Steueraufkommen beläuft sich auf

$$Tx_{St} = T\frac{a-bT}{1+2bk}.$$

Von diesem Steueraufkommen tragen die Nachfrager

$$(p_{St} - p^*)x_{St} = \frac{T}{1+2bk}x_{St} = \frac{1}{1+2bk}Tx_{St}.$$

Der „effektive Preis" für die Anbieter ist

$$p_{St} - T = \frac{2ak+T}{1+2bk} - T = \frac{2ak - 2bkT}{1+2bk}.$$

Also tragen sie von der Gesamtsteuerlast

$$(p^* - (p_{St} - T))x_{St} = \left(\frac{2ak}{1+2bk} - \frac{2ak - 2bkT}{1+2bk}\right)x_{St} = \frac{2bk}{1+2bk}Tx_{St}.$$

Dividiert man den Anteil der Anbieter am Gesamtsteueraufkommen durch jenen der Nachfrager, so erhält man als Anteilsverhältnis $2bk$. Der relative Anteil der Anbieter ist also umso höher, je preisreagibler die Nachfrage ist (je steiler die Nachfragefunktion verläuft) und je höher die Faktorpreise sind bzw. weniger produktiv die Technologie ist (je flacher die Angebotsfunktion verläuft).

4.4 Zusammenfassung

1. Das Vorliegen von Marktmacht, die Existenz externer Effekte und eine als inakzeptabel betrachtete Einkommensverteilung als Ergebnis der Faktormarktallokation (insbesondere keine oder sehr geringe Arbeitseinkommen) können staatliche Markteingriffe erforderlich machen.
2. Externe Effekte liegen vor, wenn Wirtschaftssubjekte an den Produktionskosten eines Gutes beteiligt werden ohne dafür entgolten zu werden bzw. wenn sie aus einem Konsumgut Nutzen ziehen ohne dafür zahlen zu müssen. Ein wichtiges Beispiel sind negative externe Effekte zwischen verschiedenen Umweltnutzern.
3. Bei Vorliegen externer Effekte entsprechen die bei der Produktions- bzw. bei der Konsumentscheidung zugrunde gelegten Grenzkosten bzw. maximalen Grenzzahlungsbereitschaften nicht den tatsächlich entstehenden Grenzkosten bzw. den tatsächlich vorhandenen maximalen Grenzzahlungsbereitschaften. Dadurch sind die gemäß der Outputregel bzw. die gemäß der Konsumregel getroffenen Mengenentscheidungen nicht mehr wohlfahrtsoptimal.
4. Eine ursachenadäquate Behebung der durch externe Effekte bewirkten Allokationsdefekte erfordert staatliche Maßnahmen, die darauf abzielen, dass den Verursachern diese für sie zunächst externen Kosten bzw. Nutzen zugerechnet werden. Dieses ursachenorientierte Vorgehen bezeichnet man als die Internalisierung der (zuvor) externen Effekte.
5. Etabliert der Staat durch entsprechende Gesetze eine von negativ Betroffenen einklagbare Verursacherhaftung, so können externe Effekte oft im Zuge von Verhandlungen durch die Beteiligten selbst internalisiert werden. Zwei notwendige Voraussetzungen dafür sind, dass der Staat die Eigentumsrechte klar definiert und dass der Kreis der Beteiligten nicht zu groß ist. Dann können beispielsweise Verhandlungen zwischen den Verursachern und den Betroffenen einer Umweltverschmutzung zu einer wohlfahrtsoptimalen Internalisierung führen.
6. Bei Gültigkeit des Verursacherprinzips werden jene Schadstoffmenge (Umweltnutzung) und jene Kompensationszahlung pro Schadstoffeinheit ausgehandelt, bei denen die Grenzvermeidungskosten dem Grenzschaden entsprechen. Denn für die Betroffenen ist es rentenmaximal, jene Schadstoffmenge zuzulassen, bei welcher der Grenzschaden auf die Höhe der Kompensationszahlung pro Schadstoffeinheit gestiegen ist. Und für die Verursacher ist es rentenmaximal, jene Schadstoffmenge zu emittieren, bei welcher die Grenzvermeidungskosten auf die Höhe der Kompensationszahlung pro Schadstoffeinheit gestiegen sind.
7. Bei Vorliegen ubiquitärer negativer Umweltexternalitäten muss der Staat direkter in die Marktallokation eingreifen. Dabei sind zwei Probleme zu lösen: die Festlegung der zulässigen Schadstoffgesamtmenge und die Wahl des Instrumentariums zu deren Implementierung (Umsetzung). Das erste Problem betrifft die allokative Effizienz;

beim zweiten Problem steht die Kosteneffizienz im Vordergrund (Einhaltung der vorgegebenen Gesamtmenge zu möglichst geringen Kosten).

8. Dabei ist im Falle ubiquitärer Umweltexternalitäten das Problem der Festlegung der Schadstoffgesamtmenge im politischen Abstimmungsprozess zu lösen (es handelt sich um eine Variante des Öffentliches-Gut-Problems). Bei der Implementierung einer politisch vorgegebenen Schadstoffgesamtmenge kann der Staat u. a. zwischen Mengenauflagen, Lenkungssteuern (Ökosteuern) und handelbaren Umweltnutzungsrechten wählen.

9. Mengenauflagen sind administrativ einfach umzusetzen und in ihrer Wirkung relativ treffsicher. Sie haben allerdings den Nachteil, dass sie anders als Lenkungssteuern und handelbare Umweltnutzungsrechte nicht kosteneffizient sind.

10. Ist die Grenzproduktivität der Arbeit auf einem bestimmten Arbeitsmarkt sehr gering (verläuft also die Arbeitsnachfragefunktion sehr niedrig) und/oder wird das auf einem bestimmten Arbeitsmarkt gehandelte Arbeitsprofil von sehr vielen angeboten (verläuft also die Angebotsfunktion sehr hoch), so kann dies zu sehr geringen Lohnsätzen führen. Hier kann eine staatliche Einkommensumverteilung angebracht sein.

11. Für eine interventionistische Einkommensumverteilungspolitik stehen dem Staat zwei Arten von Instrumenten zur Wahl: Mindestlohnsätze und Höchstpreise einerseits und steuerfinanzierte Sozialtransfers andererseits.

12. Sowohl eine Umverteilung durch staatlich gesetzte Mindestlohnsätze und Höchstpreise als auch eine steuerfinanzierte Umverteilung senken die messbare Wohlfahrt. Dem steht jener schwer messbare Wohlfahrtsgewinn aus der Umverteilung gegenüber, der sich u. a. aus dem Altruismus der Besteuerten und dem Versicherungscharakter einer staatlichen Sozialhilfe ergibt.

13. Anders als eine Steuerlösung führen Mindestlohnsätze und Höchstpreise zu einer Rationierung der vermeintlich begünstigten Marktseite. Zu den Folgen dieser Rationierung gehört eine verteilungspolitisch unerwünschte Umverteilung zwischen den Wirtschaftssubjekten auf dieser Marktseite.

14. Eine Steuererhebung erhöht stets den Preis des besteuerten Faktors bzw. Gutes und senkt damit die gehandelte Menge. Unabhängig davon, welche Marktseite das Steueraufkommen an den Staat abführen muss, tragen stets beide Seiten einen Teil der Steuerlast. Dabei trägt jene Seite den größeren Teil, deren Preiselastizität betragsmäßig geringer ist.

Umfassende Darstellungen der Ursachen und Konsequenzen externer Effekte sowie der Alternativen staatlicher Internalisierungspolitik bieten das 18. Kapitel von Pindyck und Rubinfeld (2015) und das 19. Kapitel von Feess (2000). Bei beiden wird u. a. auch detailliert auf die von uns nur am Rande behandelte Zertifikatelösung (handelbare Umweltnutzungsrechte) eingegangen. Hingewiesen sei hier auch auf das Kapitel 35 in Varian (2016). Die Folgen einer Steuererhebung (zum Beispiel zum Zwecke der Einkommensumverteilung) für Marktgleichgewicht und Wohlfahrt werden in den Unterkapiteln 16.6 bis 16.8 in Varian (2016) und im Unterkapitel 9.6 von Pindyck und

Rubinfeld (2015) diskutiert. Bei letzteren kommen im Rahmen ihres 9. Kapitels darüber hinaus auch die Wirkungen von Mindestpreisen, von Importquoten und von Zöllen auf das Gütermarktgleichgewicht zur Sprache.

Literatur

Feess E (2000) Mikroökonomie, 2. Aufl. Metropolis, Marburg
Pindyck R, Rubinfeld D (2015) Mikroökonomie, 8. Aufl. Pearson, München u. a. O.
Varian HR (2016) Grundzüge der Mikroökonomik, 9. Aufl. Oldenbourg, Berlin u. a. O.

Monopole 5

Inhaltsverzeichnis

5.1 Einführung	123
5.2 Das klassische Güterangebotsmonopol	125
5.2.1 Gewinnmaximierung und Marktgleichgewicht	126
5.2.1.1 Die Erlösfunktion des Monopolisten	126
5.2.1.2 Die Outputregel des Monopolisten	128
5.2.2 Wohlfahrtsanalyse	130
5.2.3 Ein Beispiel	132
5.3 Natürliche Monopole	133
5.3.1 Gewinnmaximierung und Marktgleichgewicht	133
5.3.2 Wohlfahrtsanalyse	136
5.3.3 Ein Beispiel	137
5.4 Monopolistische Gütermarktkonkurrenz	138
5.4.1 Nutzenmaximierung und Nachfrage	139
5.4.2 Gewinnmaximierung und Marktgleichgewicht	141
5.5 Monopole auf dem Arbeitsmarkt	144
5.5.1 Das Arbeitsnachfragemonopol	145
5.5.1.1 Gewinnmaximierung und Marktgleichgewicht	145
5.5.1.2 Wohlfahrtsanalyse	147
5.5.2 Das Arbeitsangebotsmonopol	148
5.5.2.1 Nutzenmaximierung und Marktgleichgewicht	148
5.5.2.2 Wohlfahrtsanalyse	151
5.6 Zusammenfassung	152
Literatur	154

5.1 Einführung

In den ersten drei Kapiteln haben wir mit der Vollkommenen Konkurrenz eine Marktform betrachtet, bei der ein homogenes Gut bzw. ein homogener Produktionsfaktor von sehr vielen sehr kleinen Anbietern und Nachfragern gehandelt wird. Dann verfügt keines der beteiligten Wirtschaftssubjekte über Marktmacht und einzelwirtschaftliche Gewinn- bzw. Nutzenmaximierung führt bei gegebener Produktionstechnologie und gegebenen Präferenzen zugleich zur Maximierung der Gesamtwohlfahrt. Wie zu Beginn des vierten Kapitels schon angemerkt, ergibt sich diese Wohlfahrtsoptimalität von im Marktgleichgewicht realisierten Preisen und Mengen nicht mehr, sobald einer der Beteiligten über Marktmacht verfügt. Marktmacht entsteht aus der Kombination von Marktzutrittsschranken mit einem so großen Marktanteil, dass der betreffende Anbieter bzw. Nachfrager einen merklichen Einfluss auf die Höhe des Marktpreises hat. Dabei schützen die Marktzutrittsschranken die etablierten Marktteilnehmer vor der so genannten potenziellen Konkurrenz. Das sind jene Konkurrenten, die auf dem betrachteten Markt aktuell nicht handeln, aber mit Blick auf ihre Produktionstechnik bzw. ihre Faktorausstattung an sich dort aktiv werden könnten. Marktzutrittsschranken werden oft von den etablierten Marktteilnehmern errichtet, um sich vor dem Druck der potenziellen Konkurrenz zu schützen. Dies ist dann in der Regel wettbewerbswidrig. Marktzutrittsschranken gehen aber auch oft auf staatliche Vorschriften und Gesetze zurück. Beispiele sind das Patentrecht, in Zulassungsbedingungen geforderte Qualifikationsnachweise sowie eine staatliche Lizenzierung. Ziel derartiger staatlicher Marktzutrittsbeschränkungen ist die Erhöhung der Wohlfahrt in einem weiteren und längerfristigen Sinne. Ein gutes Beispiel ist hier der einem Innovator gewährte Patentschutz. Diese Marktzutrittsschranke schützt Innovatoren für einen gewissen Zeitraum vor Imitatoren und ermöglicht ihnen damit marktmachtbedingte Monopolgewinne. Während des Zeitraums des Patentschutzes ist die Wohlfahrt kleiner als sie bei gegebener Innovation ohne den Patentschutz wäre. Aber ohne die Aussicht auf eine Phase der Monopolgewinne würden die Unternehmen nicht in Forschung und Entwicklung investieren und es gäbe gar keine Innovation. Langfristig und spätestens nach Fallen des Patentschutzes erhöhen die Innovationen die Wohlfahrt im Vergleich zur Situation ohne Innovation. Dieses Beispiel macht deutlich, dass man bei der Wohlfahrtsanalyse der Auswirkungen von Marktmacht nicht nur die kurzfristige Preis-Mengen-Allokation bei gegebener Produktionstechnik und gegebenen Produkten im Auge haben darf, sondern auch die sich längerfristig bei Prozess- und Produktinnovationen ergebenden Wohlfahrtswirkungen sehen muss.

Die Marktmacht eines Marktteilnehmers ist denkbar groß, wenn er ein Monopolist ist und zudem infolge von Marktzutrittsschranken auch keine potenzielle Konkurrenz fürchten muss. Diesen besonders deutlichen „klassischen" Fall werden wir in den beiden Abschn. 5.2 und 5.5 an den drei Beispielen eines Güterangebotsmonopols, eines Arbeitsnachfragemonopols sowie einer Monopolgewerkschaft näher betrachten. Hier werden die Auswirkungen der Marktmacht auf die kurzfristige (Faktor-)Preis-Mengen-Allokation denkbar deutlich. Wir werden insbesondere sehen, dass die gehandelte Gütermenge und die Beschäftigung bei Marktmacht stets geringer sind als bei Vollkommener Konkurrenz bzw. als kurzfristig wohlfahrtsoptimal wäre. Im Abschn. 5.3 werden wir zeigen, wie konstante Grenzkosten in Verbindung mit (hohen) Fixkosten einen Markt auch dann zu einem Monopol machen, wenn keinerlei Marktzutrittsschranken existieren. Derartige technologisch bedingte Monopole werden als Natürliche Monopole bezeichnet. Mit dieser Bezeichnung will man deutlich machen, dass hier keine künstlich geschaffenen

Marktzutrittsschranken für das Monopol verantwortlich sind. Beispiele für derartige Natürliche Monopole finden sich insbesondere im Bereich der Netzindustrien. Wir werden sehen, dass die Höhe der Preise und gehandelten Mengen sowie der in einem Natürlichen Monopol realisierten Wohlfahrt wesentlich vom Grad der Disziplinierung des Monopolisten durch die potenzielle Konkurrenz abhängen. Im Abschn. 5.4 wird dann erstmalig eine Produktdifferenzierung eingeführt. Haben wir bisher auf den Markt für ein homogenes Gut geschaut, so analysieren wir nun den Fall eines in vielen verschiedenen Varianten angebotenen Gutes. Einschlägige Beispiele sind die Märkte für Erfrischungsgetränke, für Biere, für Weine und für viele andere sachlich differenzierte Konsumgüter. Hier ist jeder Anbieter ein Monopolist seiner Variante bzw. Marke, steht aber als solcher in enger Konkurrenz zu anderen, sehr ähnlichen Varianten. Diese Marktform bezeichnet man als Monopolistische Konkurrenz und meint damit die Konkurrenz zwischen vielen kleinen Ein-Varianten-Monopolisten. Betrachtet man diese Monopolistische Konkurrenz vor dem Hintergrund des Monopols, so macht sie deutlich, wie die Marktmacht eines Monopolisten ihre Grenze in der Konkurrenz durch verwandte Güter findet – also durch Güter, welche von den Nachfragern als gute Substitute des Monopolgutes betrachtet werden. Betrachtet man die Monopolistische Konkurrenz vor dem Hintergrund der Vollkommenen Konkurrenz, so macht sie deutlich, wie man durch die sachliche Differenzierung seines Gutes von einem marktmachtlosen Vollkommenen Konkurrenten zu einem Anbieter mit Marktmacht werden kann.

5.2 Das klassische Güterangebotsmonopol

In diesem Abschnitt wollen wir einen Güterangebotsmonopolisten betrachten, der als Folge von Marktzutrittsschranken auch keiner potenziellen Konkurrenz ausgesetzt ist. Auf der Nachfrageseite gebe es viele kleine Nachfrager. Das betrachtete Gut sei homogen und es herrsche Markttransparenz. Letzteres bedeutet nicht, dass jeder Alles weiß, sondern dass jeder Alles weiß, was er für seine Gewinn- bzw. Nutzenmaximierung wissen muss. Der Monopolist kennt also seine Kostenfunktion sowie die Marktnachfragefunktion und die Nachfrager kennen ihre Präferenzen, ihre Einkommen sowie den Güterpreis. Unter diesen Umständen passen sich die polypolistischen Nachfrager mit ihren Konsummengen nutzenmaximal an den vom Monopolisten gesetzten Preis an. Das Marktgleichgewicht entspricht dem Gewinnmaximum des Monopolisten. Anders als bei der Vollkommenen Konkurrenz gibt es im Monopol keine Marktangebotsfunktion. Außerdem ist der Monopolmarkt stets im Marktgleichgewicht: Solange der Monopolist keinen Entscheidungsfehler begeht, kann es keinen Angebots- oder Nachfrageüberschuss geben. Der Monopolist realisiert auf der ihm vorgegebenen Marktnachfragefunktion die für ihn gewinnmaximale Kombination von Preis und Menge. Dabei kann er sein Gewinnmaximierungskalkül in der Produktionsmenge oder im Preis formulieren. Die jeweils andere Größe ergibt sich dann gemäß der Marktnachfragefunktion. Im ersten Fall spricht man von Mengenfixierung, im zweiten Fall von Preisfixierung. Wegen der besseren Vergleichbarkeit mit dem Mengenanpasserverhalten eines Polypolisten bei Vollkommener Konkurrenz wird im Folgenden der Fall der Mengenfixierung behandelt.

5.2.1 Gewinnmaximierung und Marktgleichgewicht

Der entscheidende Unterschied in der Gewinnmaximierung eines Güterangebotsmonopolisten und eines Polypolisten bei Vollkommener Konkurrenz ergibt sich aus dem unterschiedlichen Verlauf der Erlösfunktion. Daher schauen wir zunächst auf die monopolistische Erlösfunktion.

5.2.1.1 Die Erlösfunktion des Monopolisten

Löst man die Marktnachfragefunktion $x^N(p)$ nach dem Preis auf, so ergibt sich die so genannte Preis-Absatz-Funktion des Monopolisten

$$p = p(x) \quad \text{mit } \frac{\partial p}{\partial x} < 0. \tag{5.1}$$

Diese verläuft bei Nutzenmaximierung der Nachfrager über die Konsumregle fallend. Will der Monopolist also mehr absetzen, so muss er den Preis senken. Dies ist der entscheidende Unterschied zum Polypolisten bei Vollkommener Konkurrenz, welcher annahmegemäß einen so kleinen Marktanteil hat, dass er den Preis mit Mengen im Rahmen seiner Produktionskapazität nicht merklich beeinflussen kann. Die Erlösfunktion des Monopolisten lautet

$$E = p(x)x. \tag{5.2}$$

Eine Mengenerhöhung wirkt auf den Monopolerlös ambivalent. Zum einen erhöht das Steigen der Menge den Erlös direkt über die Mengenkomponente. Zum anderen senkt das Steigen der Menge den Erlös indirekt über die Preiskomponente. Den Grenzerlös eines Monopolisten kann man also in zwei Teileffekte zerlegen. Erhöht der Monopolist die Menge um eine Einheit, so steigt sein Erlös in Höhe des Preises (erster und positiver Teileffekt) abzüglich jener Verminderung, die sich durch den Preisrückgang ergibt (zweiter und negativer Teileffekt). Diese Verminderung ergibt sich aus dem Ausmaß des Sinkens des Preises gemäß der Steigung der Preis-Absatz-Funktion multipliziert mit der Verkaufsmenge. Formal erhält man diese Effektzerlegung über die Anwendung der Produktregel des Differenzierens in der obigen Erlösgleichung als

$$\frac{\partial E}{\partial x} = p(x) + \frac{\partial p}{\partial x}x. \tag{5.3}$$

Insgesamt liegt der vom Monopolisten in seinem Kalkül angesetzte Grenzerlös wegen der induzierten Preissenkung stets unterhalb des Preises. Zudem hängt seine Höhe von der Menge ab. Im Regelfall ist der monopolistische Grenzerlös umso kleiner, je höher die Ausgangsmenge schon ist: Ist die Ausgangsmenge bei einer Mengenerhöhung noch

5.2 Das klassische Güterangebotsmonopol

klein, so ist der Preis gemäß der Preis-Absatz-Funktion und damit der erste und positive Teileffekt groß. Der zweite und negative Teileffekt ist dann noch klein. Also darf man insgesamt mit einem relativ hohen Grenzerlös rechnen. Bei einer schon hohen Ausgangsmenge ist es umgekehrt. Dann ist der Preis und damit der erste und positive Teileffekt klein. Der zweite und negative Teileffekt ist dann aber groß, denn die induzierte Preissenkung betrifft eine hohe Ausgangsnachfrage. Also muss man insgesamt mit einem relativ niedrigen Grenzerlös rechnen. Ist die Menge hoch genug, wird es zu negativen Grenzerlösen kommen. Das induzierte Sinken des Preises dominiert dann mit Blick auf den Grenzerlös das Steigen der Menge. Formal erhält man durch Ableiten der Grenzerlöse

$$\frac{\partial^2 E}{\partial x^2} = 2\frac{\partial p}{\partial x} + \frac{\partial^2 p}{\partial x^2}x.$$

Bei linearer Preis-Absatz-Funktion (erste Ableitung konstant, zweite Ableitung gleich null) fallen die Grenzerlöse also eindeutig mit steigender Menge. Die Abb. 5.1 illustriert diesen Fall einer linearen Preis-Absatz-Funktion. Bei der Nullstelle der Grenzerlöse liegt das Maximum der Erlösfunktion. Verläuft die Preis-Absatz-Funktion konkav (betragsmäßig steigende erste Ableitung, also negative zweite Ableitung), so fallen die Grenzerlöse erst recht mit steigender Menge. Dagegen könnte ein konvexer Verlauf theoretisch zu einem Steigen des Grenzerlöses mit steigender Menge führen, weil hier die induzierte Preissenkung mit zunehmender Ausgangsmenge immer kleiner wird. Dies ist aber empirisch gesehen ein irrelevanter Fall. Denn hier wird der Effekt erster Ordnung (die Änderung des Preises) den Effekt zweiter Ordnung (die Änderung der Steigung der Preis-Absatz-Funktion) immer dominieren.

Die Grenzerlöse des Güterangebotsmonopolisten kann man auch in Abhängigkeit von der Preiselastizität der Nachfrage formulieren. Es gilt

$$\frac{\partial E}{\partial x} = p\left(1 + \frac{\partial p}{\partial x}\frac{x}{p}\right) = p\left(1 + \frac{1}{\varepsilon_{x^N, p}}\right). \tag{5.4}$$

Abb. 5.1 Preis-Absatz-Funktion und Grenzerlösfunktion eines Monopolisten

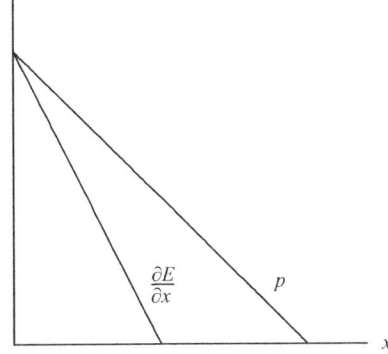

Dies ist die so genannte Amoroso-Robinson-Relation mit $\varepsilon_{x,p}$ als der negativen Preiselastizität der Nachfrage. Mit der Formulierung (5.4) wird deutlich, dass das Maximum der Erlöse dort liegt, wo sich die Preiselastizität der Nachfrage betragsmäßig auf eins beläuft. Wie hoch die Preiselastizität der Nachfrage nach dem Gut des Monopolisten ist, hängt davon ab, wie eng verwandt benachbarte Güter in den Augen der Nachfrager sind. Je bessere Substitute für die Nachfrager zur Wahl stehen, desto höher ist die Preiselastizität betragsmäßig. Dies macht deutlich, dass auch der geschützte Monopolist eines Gutes Konkurrenz zu berücksichtigen hat – nämlich die Konkurrenz der Anbieter guter Substitute.

5.2.1.2 Die Outputregel des Monopolisten

Das Gewinnmaximierungskalkül eines Gütermarktmonopolisten sieht nun im Prinzip nicht anders aus als die eines Polypolisten. Solange seine Grenzerlöse noch über den Grenzkosten liegen, kann er durch eine Erhöhung der Menge positive Grenzgewinne realisieren. Also wird er die Menge erhöhen, wodurch die Grenzerlöse fallen (das ist der Unterschied zum Polypolisten) und die Grenzkosten steigen. Dies macht er solange bis gilt

$$\frac{\partial G}{\partial x} = p(x) + \frac{\partial p}{\partial x}x - \frac{\partial K}{\partial x}(x) = 0.$$

Die Outputregel des Monopolisten lautet also

$$p(x) + \frac{\partial p}{\partial x}x = \frac{\partial K}{\partial x}(x). \tag{5.5}$$

Der Leser beachte, dass sich wegen des Fallens der Grenzerlöse – anders als bei Vollkommener Konkurrenz – auch bei konstanten Grenzkosten aus der Outputregel die gewinnmaximale Menge ermitteln lässt. Dieser Fall wird uns im Abschn. 5.3 als jener des Natürlichen Monopols noch näher beschäftigen. Die Abb. 5.2 zeigt den Regelfall steigender Grenzkosten anhand des Beispiels linear steigender Grenzkosten. Die

Abb. 5.2 Die Outputregel eines Monopolisten

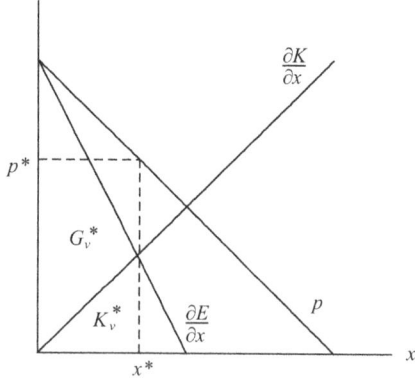

Abb. 5.3 Erlöse, Kosten und Gewinne im Gewinnmaximum

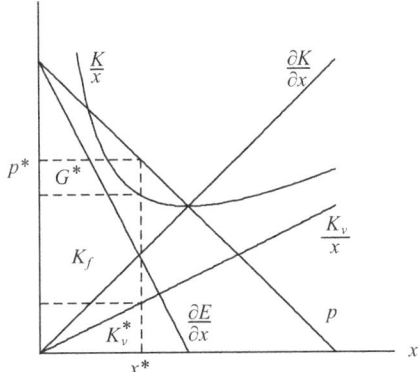

gewinnmaximale Menge liegt im Schnittpunkt von Grenzerlösen und Grenzkosten. Der zugehörige Preis befindet sich darüber auf der Preis-Absatz-Funktion. Diese gewinnmaximale Preis-Mengen-Kombination auf der Preis-Absatz-Funktion bezeichnet man auch als Cournotschen Punkt. Da die Grenzerlöse immer unter dem Preis liegen und im Gewinnmaximum gleich den Grenzkosten sind, liegt der Preis des Monopolisten immer über den Grenzkosten. Das sieht man sowohl an der Abb. 5.2 als auch an der Outputregel (5.5). Den maximal möglichen Gewinn vor Fixkostenabzug kann man in der Abb. 5.2 als Fläche zwischen der Grenzerlös- und der Grenzkostenfunktion von Null bis zur gewinnmaximalen Menge (also als Summe der Grenzgewinne) ablesen. Die zugehörigen variablen Kosten sind die entsprechende Fläche unter der Grenzkostenfunktion.

Die Abb. 5.3 zeigt, wie man mit Hilfe der beiden Stückkostenfunktionen den Erlös im Gewinnmaximum in seine drei Komponenten fixe Kosten, variable Kosten und Gewinn aufteilen kann. Dabei stellt die vertikale Strecke zwischen Preis-Absatz-Funktion und der Funktion der totalen Stückkosten bei der Gleichgewichtsmenge den Stückgewinn dar. Der Gesamtgewinn folgt aus der Multiplikation dieses Stückgewinns mit der Gleichgewichtsmenge.

Die Abb. 5.2 und 5.3 erlauben zudem den Vergleich des Marktgleichgewichtes eines Monopols mit jenem der Vollkommenen Konkurrenz. Beide Marktformen sind hier allerdings nur dann ohne weiteres vergleichbar, wenn die aggregierte Kostenfunktion des Polypols der Kostenfunktion des Monopols entspricht. Dies ist eine weitgehende Bedingung, denn sie impliziert, dass bei einem Vergleich mit einem Markt der Vollkommenen Konkurrenz mit N Anbietern auch der Monopolist in N Betrieben produziert – sodass er N-mal die Produktionsfixkosten eines Polypolisten trägt – und dass er zudem in jedem Betrieb über dieselbe Technologie wie ein Polypolist verfügt. Dies vorausgesetzt entspricht das zu vergleichende Gleichgewicht bei Vollkommener Konkurrenz dem Schnittpunkt von Preis-Absatz-Funktion (aggregierter Nachfragefunktion) und Grenzkostenfunktion (Angebotsfunktion bei Vollkommener Konkurrenz). Offensichtlich ist im Monopol der Preis höher und damit die Menge geringer als im Falle der Vollkommenen Konkurrenz. Dies ergibt sich zwingend aus dem Umstand, dass der Grenzerlös bei Vollkommener Konkurrenz dem Preis entspricht, während er im geschützten Monopol immer kleiner als der Preis ist. Wesentliche Folge der Monopolmacht ist also ein monopolistischer Preisaufschlag. Dieser höhere Preis resultiert einzig und allein aus der Zentralisierung der Entscheidung über die gewinnmaximale Menge beim Monopolisten.

Die Outputregel des Monopolisten kann man alternativ zu (5.5) mithilfe der Amoroso-Robinson-Relation (5.4) in der Preiselastizität der Nachfrage formulieren:

$$p\left(1 + \frac{1}{\varepsilon_{x^N, p}}\right) = \frac{\partial K}{\partial x}(x).$$

Mit Blick auf den gewinnmaximalen Monopolpreis gilt also

$$p = \frac{1}{1 + \frac{1}{\varepsilon_{x^N, p}}} \frac{\partial K}{\partial x}(x). \tag{5.6}$$

Diese Formulierung macht noch einmal deutlich, dass der Monopolpreis immer über den Grenzkosten liegt. Durch einfaches Umformen ergibt sich der relative Preisaufschlag auf die Grenzkosten als

$$\frac{p - \frac{\partial K}{\partial x}(x)}{p} = -\frac{1}{\varepsilon_{x^N, p}}. \tag{5.7}$$

Der monopolistische Preisaufschlag auf die Grenzkosten (in Relation zum Preis an sich) ist also umgekehrt proportional zum Betrag der Preiselastizität der Nachfrage. Dieser relative Aufschlag ist ein Maß der Monopolmacht und wird als Lerner-Index bezeichnet. Offensichtlich gilt: Je höher die Preiselastizität der Nachfrage betragsmäßig ist, desto geringer sind Monopolmacht und monopolistischer Preisaufschlag. Dies ergibt sich aus dem Umstand, dass eine betragsmäßig höhere Preiselastizität der Nachfrage für eine härtere Konkurrenz mit den Anbietern verwandter Güter steht.

5.2.2 Wohlfahrtsanalyse

Wie wir uns im Rahmen der Diskussion der Vollkommenen Konkurrenz schon überlegt hatten, ist die bei den Marktteilnehmern insgesamt entstehende Wohlfahrt, also die Summe von Konsumentenrente und Gewinnen bzw. die Differenz von maximaler Grenzzahlungsbereitschaft und Produktionskosten, bei jener Menge maximal, bei der die maximale Grenzzahlungsbereitschaft den Produktionsgrenzkosten entspricht. Im Marktgleichgewicht der Vollkommenen Konkurrenz ist dies der Fall. Dieses wohlfahrtsmaximierende Marktgleichgewicht ist in der Abb. 5.4 noch einmal als Referenzsituation eingezeichnet (mit dem tief gestellten Index VK für „Vollkommene Konkurrenz"). Anders als der Polypolist setzt ein vor Konkurrenz geschützter Monopolist gemäß der

Abb. 5.4 Wohlfahrtsverlust durch Monopolmacht

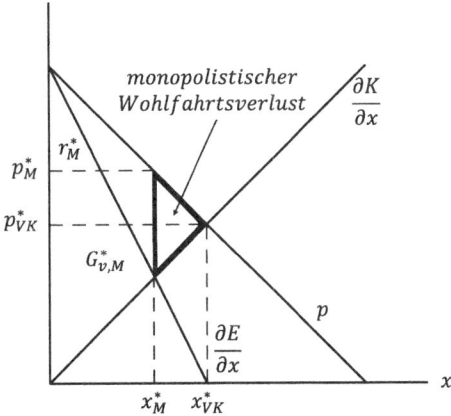

monopolistischen Outputregel einen Preis, der über den Grenzkosten liegt. Da ein höherer Preis eine geringere Nachfrage impliziert, ist die realisierte Menge vergleichsweise gering. Dies zeigt die Abb. 5.4 (mit dem tief gestellten Index M für „Monopol"). Dieser Vergleich der beiden Marktgleichgewichte gilt unter der – wie erwähnt sehr harten – Annahme einer gleichen Kostenstruktur. Insbesondere muss die Grenzkostenfunktion des Monopolisten der aggregierten Grenzkostenfunktion der Polypolisten entsprechen. Wenn dies so ist, entsteht durch die Zentralisierung der Entscheidung über die Gesamtmenge beim Monopolisten ein monopolistischer Wohlfahrtsverlust in Höhe des in der Abb. 5.4 dick umrahmt eingezeichneten Dreiecks. Dabei fällt die Konsumentenrente im Vergleich zur Vollkommenen Konkurrenz eindeutig geringer aus. Sie umfasst jetzt nur noch das Dreieck zwischen der Monopolpreisgeraden und der Preis-Absatz-Funktion zwischen $x=0$ und der gewinnmaximalen Monopolmenge (statt das Dreieck zwischen der Polypolpreisgeraden und der Preis-Absatz-Funktion zwischen $x=0$ und der gewinnmaximalen Polypolmenge). Der Gewinn des Monopolisten vor Fixkostenabzug, in der Abbildung der Rest der Fläche zwischen Preis-Absatz-Funktion und Grenzkostenfunktion bis hin zur gewinnmaximalen Monopolmenge, ist hier höher als der kumulierte Polypolistengewinn bei Vollkommener Konkurrenz. Die Monopolisierung eines Gütermarktes durch den Zusammenschluss der Polypolisten zu einem Monopolisten führt also bei unveränderter Kostenstruktur einerseits zu einem Rückgang der Wohlfahrt insgesamt, geht aber zugleich mit einer Umverteilung der Wohlfahrt zugunsten der Anbieterseite einher.

Für die markt- und wettbewerbspolitische Beurteilung eines monopolistischen Wohlfahrtsverlustes ist entscheidend, welche Art von Marktzutrittsschranke ihn ermöglicht hat. Handelt es sich beispielsweise um einen zeitlich befristeten Patentschutz, so kann der während der Patentlaufzeit entstehende Wohlfahrtsverlust im Interesse der längerfristigen Wohlfahrt gerechtfertigt sein. Ein besonders deutlicher Fall ist eine die Grenzkostenfunktion absenkende Prozessinnovation. Damit diese zustande kommt, muss dem Innovator ein Patentschutz in Aussicht gestellt werden. Andernfalls wird er nicht in Forschung und Entwicklung investieren. Während der Zeit des Patentschutzes ist die Wohlfahrt kleiner als sie ohne Patentschutz wäre, wenn es dennoch die Innovation gegeben hätte. Dies ist, was die Abb. 5.4 zeigt. Hier muss man also im Patentschutzbeispiel berücksichtigen, dass die Grenzkostenfunktion in der Ausgangssituation steiler verlief. Gilt nun nach Ablauf des Patentschutzes das Gleichgewicht der Vollkommenen Konkurrenz, so ist die Wohlfahrt jetzt höher als mit der steileren Grenzkostenfunktion vor Innovation und vor Patentschutz. Das kann sich der Leser selbst leicht klarmachen: Je flacher die Grenzkostenfunktion verläuft, desto größer ist das Wohlfahrtsdreieck zwischen Preis-Absatz-Funktion und Grenzkostenfunktion.

5.2.3 Ein Beispiel

Im Folgenden wollen wir ein Beispiel mit linearer Preis-Absatz-Funktion und mit quadratischer Kostenfunktion, also linearer Grenzkostenfunktion betrachten. Dieses Beispiel entspricht der in den Abb. 5.1, 5.2, 5.3 und 5.4 wiedergegebenen Situation und steht für den empirischen Regelfall steigender Grenzkosten. Aus der linearen Marktnachfragefunktion

$$x^N = a - bp$$

resultiert durch Auflösen nach dem Preis die Preis-Absatz-Funktion des Monopolisten

$$p = \frac{a}{b} - \frac{1}{b}x.$$

Für die Erlöse folgt

$$E = \left(\frac{a}{b} - \frac{1}{b}x\right)x,$$

die Grenzerlöse belaufen sich also auf

$$\frac{\partial E}{\partial x} = \left(\frac{a}{b} - \frac{1}{b}x\right) - \frac{1}{b}x = \frac{a}{b} - \frac{2}{b}x.$$

In der ersten Formulierung der Grenzerlöse finden sich deren zwei Teileffekte wieder: In den Klammern steht der Preis als erster und stets positiver Teileffekt, und dahinter steht das Produkt aus der Steigung der Preis-Absatz-Funktion und der Menge als zweiter und stets negativer Teileffekt. Hier kann man sich explizit verdeutlichen, wie der erste Teileffekt mit zunehmender Menge abnimmt und der zweite Teileffekt mit zunehmender Menge betragsmäßig zunimmt, sodass die Grenzerlöse mit steigender Menge fallen. Dieses Fallen der Grenzerlöse verursacht letztlich über die monopolistische Outputregel den monopolistischen Wohlfahrtsverlust. Für die Kostenfunktion gelte

$$K = kx^2 + K_f$$

mit den Grenzkosten

$$\frac{\partial K}{\partial x} = 2kx.$$

Die Outputregel des Monopolisten lautet damit

$$\frac{a}{b} - \frac{2}{b}x = 2kx,$$

woraus die gewinnmaximale Menge

$$x^* = \frac{a}{2(1+bk)}$$

folgt. Diese Marktgleichgewichtsmenge in die Preis-Absatz-Funktion eingesetzt ergibt den Gleichgewichtspreis. Der Vergleich mit der Menge bei Vollkommener Konkurrenz (siehe Abschn. 3.2.3) zeigt, dass diese im Monopol niedriger ist. Dementsprechend ist der Monopolpreis höher.

5.3 Natürliche Monopole

In diesem Abschnitt betrachten wir das so genannte „Natürliche" Monopol. Dies ist ein Güterangebotsmonopol, welches sich auch ohne künstliche, also vom Staat oder dem Monopolisten errichtete Marktzutrittsschranken ergibt. Ursache für Natürliche Monopole sind (annähernd) konstante Grenzkosten in der Produktion bei Existenz von Fixkosten. Wir schauen zunächst auf das Anbieterverhalten und anschließend auf die realisierte Wohlfahrt.

5.3.1 Gewinnmaximierung und Marktgleichgewicht

Ursächlich für ein Natürliches Monopol ist das Vorliegen von Kostensubadditivität: Die Produktion einer gegebenen Gesamtmenge in einem einzigen Betrieb verursacht geringere Kosten als ihre Aufteilung auf zwei oder mehr Betriebe. Eine solche Kostensubadditivität ist bei von der Höhe der produzierten Menge unabhängigen Grenzkosten gegeben, wenn zudem Produktionsfixkosten existieren. Die Abb. 5.5 illustriert diese Produktionskostenstruktur. Anders als bei steigenden Grenzkosten gibt es hier kein Minimum der totalen Stückkosten. Vielmehr fallen die totalen Stückkosten mit steigender Produktionsmenge immer weiter und nähern sich dabei asymptotisch den Grenzkosten an. Derartige Kostenstrukturen sind beispielsweise in Netzindustrien wie der Energieverteilung, der Telekommunikation und dem Schienenverkehr zu finden. Gute Beispiele für Kostensubadditivität und damit für Natürliche Monopole gibt es zudem im Bereich der digitalen Güter. Man denke hier etwa an die Erstellung und anschließende Vervielfältigung eines bestimmten Musikstücks, Films oder Videospiels. Durch die nicht

Abb. 5.5 Kostensubadditivität

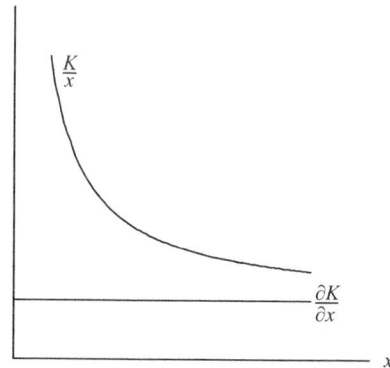

endenden Massenproduktionsvorteile neigen die betroffenen Märkte zu einer Monopolisierung. Denn solange noch mehr als ein Anbieter am Markt ist wird kostenineffizient produziert. Kostenineffiziente Anbieter können aber stets durch Preisunterbietung von einem kosteneffizienteren Unternehmen verdrängt werden. Kosteneffizient produziert bei Kostensubadditivität nur, wer die gesamte Marktmenge produziert. Sind also beispielsweise zwei gleich große Anbieter im Markt, die jeweils die halbe Gesamtmenge produzieren, so kann ein hinzutretender dritter Anbieter die Gesamtmenge produzieren und damit so geringe Stückkosten realisieren, dass er die beiden etablierten Duopolisten mit einem für ihn gewinnbringenden, für die Duopolisten aber nicht mehr kostendeckenden Preis aus dem Markt drängen kann.

Welcher Preis und welche Absatzmenge in einem Natürlichen Monopol resultieren, hängt davon ab, wie stark der Natürliche Monopolist durch die potenzielle Konkurrenz diszipliniert wird. Ist infolge einer strikten Marktzutrittsschranke überhaupt kein potenzieller Konkurrent vorhanden, so maximiert der Natürliche Monopolist seinen Gewinn über die „normale" monopolistische Outputregel des Abschn. 5.2. Diesen Fall illustriert die Abb. 5.6. Die gewinnmaximale Menge liegt dort, wo die Grenzerlöse auf die

Abb. 5.6 Das Natürliche Monopol bei Existenz einer strikten Marktzutrittsschranke

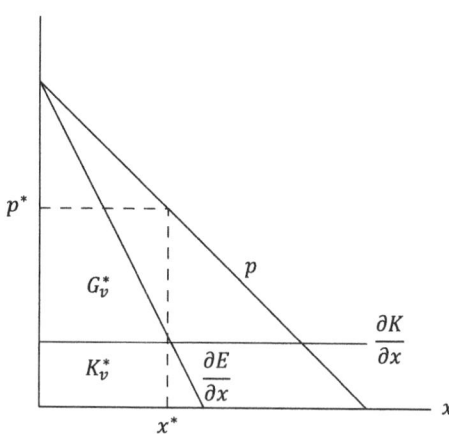

5.3 Natürliche Monopole

Abb. 5.7 Erlöse, Kosten und Gewinne im Gewinnmaximum

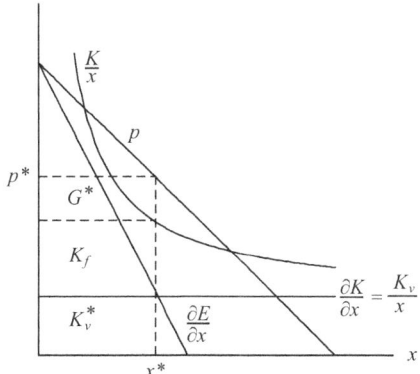

Höhe der mengenunabhängigen Grenzkosten gefallen sind. Der zugehörige Preis resultiert durch Einsetzen dieser Menge in die Preis-Absatz-Funktion. Die maximal möglichen Gewinne vor Fixkostenabzug entsprechen dem Dreieck zwischen Grenzerlösen und Grenzkosten, die zugehörigen variablen Kosten dem Viereck unter der Grenzkostengerade (in beiden Fällen zwischen Null und gewinnmaximaler Menge).

In der Abb. 5.7 haben wir zusätzlich die Stückkostenfunktion eingezeichnet, so dass wir hier den maximal möglichen Gewinn (nach Fixkostenabzug) als graphisches Produkt (Viereck) von Stückgewinn bei der gewinnmaximalen Menge und eben dieser Menge ermitteln können. Der in den Abb. 5.6 und 5.7 dargestellte Fall mit Marktzutrittsschranke ist nicht unrealistisch. Denn der Marktzutritt ist oft mit erheblichen irreversiblen Kosten verbunden. Dies hat auf die potenziellen Konkurrenten eines etablierten Natürlichen Monopolisten eine erhebliche Abschreckungswirkung. Gelingt es nach dem Marktzutritt nicht, den „alten" Etablierten zu verdrängen, sondern muss man selber wieder den Markt verlassen, so sind die Marktzutrittskosten zu einem guten Teil verloren.

Die Abb. 5.8 zeigt den entgegengesetzten Fall eines Natürlichen Monopols bei völlig freiem Marktzutritt. Hier ist unterstellt, dass sobald der etablierte Monopolist seinen Preis etwas höher als die totalen Stückkosten setzen würde, sofort ein potenzieller Konkurrent zuträte und ihn im Preis unterbieten und damit vom Markt verdrängen würde. Unter diesen Umständen eines perfekt angreifbaren Marktes wäre der etablierte Monopolist gezwungen, den Preis auf die Höhe der totalen Stückkosten zu setzen. Ein solcher perfekt angreifbarer Markt erfordert allerdings u. a. vollständig flexible und reversible Produktionskapazitäten.

An diesem Marktergebnis bei Kostensubadditivität ist bemerkenswert, dass der Marktpreis trotz des freien Marktzutritts nicht den Grenzkosten entspricht und dass trotz freien Zutritts niemand zutritt. Dies wäre bei steigenden Grenzkosten der Fall. Dort treten solange Anbieter hinzu, bis das Stückkostenminimum realisiert ist – und dieses liegt immer auf der Grenzkostenfunktion. Im Natürlichen Monopol verhindert die Kostensubadditivität Preise, die den Grenzkosten entsprechen, weil es kein Stückkostenminimum gibt, und der Natürliche Monopolist bleibt alleine.

Abb. 5.8 Das Natürliche Monopol bei völlig freiem Marktzutritt

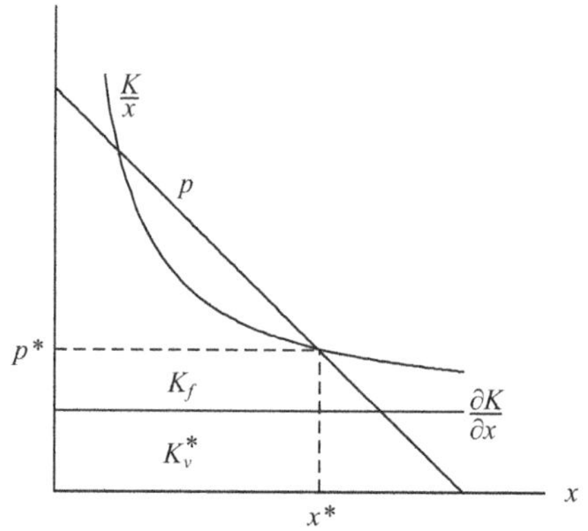

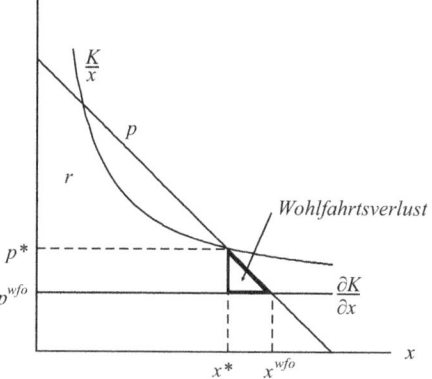

Abb. 5.9 Wohlfahrtsverlust im Natürlichen Monopol bei völlig freiem Marktzutritt

5.3.2 Wohlfahrtsanalyse

Mit dem zuletzt Gesagten ist das spezielle Wohlfahrtsproblem des Natürlichen Monopols schon angesprochen: Selbst völlig freier Marktzutritt kann nicht zu Preisen in Höhe der Grenzkosten führen, sodass selbst unter diesen idealen Umständen nicht die maximal mögliche Wohlfahrt realisiert wird. Dies zeigt die Abb. 5.9. Eingezeichnet ist das Marktergebnis bei freiem Marktzutritt. Von diesem aus gesehen könnte man die Wohlfahrt noch erhöhen, wenn man die Menge bis zum Schnittpunkt der Grenzkostenfunktion mit der Preis-Absatz-Funktion erhöhen würde. Denn die Preis-Absatz-Funktion entspricht der Funktion der maximalen Grenzzahlungsbereitschaft, und solange diese noch über den Grenzkosten liegt, kann über eine Mengenerhöhung eine positive Grenzwohlfahrt realisiert werden. Der aus der Kostensubadditivität resultierende Wohlfahrtsverlust ist als dick umrahmtes Dreieck eingezeichnet. Er ist von jenem Wohlfahrtsverlust zu unterscheiden, der zusätzlich eintritt, wenn Marktzutrittsschranken bestehen und der Monopolist nach der monopolistischen Outputregel handelt. Würde man in der Situation der Abb. 5.9 den Etablierten zwingen, den Preis auf die Grenzkosten zu senken, so würde er Verluste in Höhe der Fixkosten machen. Man müsste ihn also subventionieren, um im Marktprozess die maximale Wohlfahrt zu erhalten. Diese Subventionen müssten zudem so finanziert werden, dass sie nicht an anderer Stelle zu Wohlfahrtsverlusten führen. Eine solche Preis-gleich-Grenzkosten-Lösung mit Fixkostensubventionierung bezeichnet man als First-best-Lösung. Verzichtet man dagegen trotz konstanter Grenzkosten auf eine Fixkostensubventionierung, so kommt es bei freiem Zutritt zu einer hier wohlfahrtssuboptimalen Preis-gleich-Stückkosten-Lösung, die man als „zweitbeste" Lösung bezeichnet.

5.3.3 Ein Beispiel

Wir schauen auf ein Natürliches Monopol für das neben der linearen Kostenfunktion

$$K = kx + K_f$$

die lineare Marktnachfragefunktion

$$x^N = a - bp$$

und damit die lineare Preis-Absatz-Funktion

$$p = \frac{a}{b} - \frac{1}{b}x$$

gilt. Im Falle völlig freien Marktzutritts ergibt sich die Marktgleichgewichtsmenge aus dem Gleichsetzen von Preis (gemäß Preis-Absatz-Funktion) und totalen Durchschnittskosten. Der Marktpreis resultiert anschließend durch Einsetzen dieser Menge in die Preis-Absatz-Funktion (siehe Abb. 5.9).

Bei strikter Marktzutrittsschranke dagegen resultiert die Marktgleichgewichtsmenge aus der Outputregel des Monopolisten

$$\frac{a}{b} - \frac{2}{b}x = k$$

als

$$x^* = \frac{a - bk}{2}.$$

Einsetzen in die Preis-Absatz-Funktion ergibt den zugehörigen Preis

$$p^* = \frac{a + bk}{2b}.$$

Über den Stückgewinn (vor Stückfixkostenabzug)

$$p^* - k = \frac{a - bk}{2b}$$

führt das zu einem Monopolgewinn in Höhe von

$$G^* = \frac{1}{b}\left(\frac{a - bk}{2}\right)^2 - K_f = \frac{x^{*2}}{b} - K_f.$$

5.4 Monopolistische Gütermarktkonkurrenz

Oft ist ein Gütermarktanbieter durch Patentrecht oder durch Markenrecht vor der potenziellen Konkurrenz von Anbietern des identischen Produkts geschützt. Wie wir im Abschn. 5.2 schon gesehen haben, ist seine Marktmacht aber auch dann durch Konkurrenz begrenzt, nämlich durch die Konkurrenz von Produkten, die in den Augen der Nachfrager gute Substitute sind. Im Abschn. 5.2 wurde diese Konkurrenz durch Anbieter guter Substitute pauschal über die Preiselastizität der Nachfrage nach dem betrachteten Monopolgut berücksichtigt. Je mehr und je engere Substitute existieren, desto höher ist diese Preiselastizität der Nachfrage betragsmäßig, desto härter ist also der Wettbewerb und desto niedriger fällt daher der Monopolpreis aus. Dieser Zusammenhang wird im Folgenden noch einmal aufgegriffen, wobei nun die Anbieter guter Substitute explizit abgebildet werden. Dadurch können wir den Zusammenhang zwischen der Marktmacht eines Monopolisten – gemessen am Preisaufschlag auf die Produktionsgrenzkosten – und dem Grad der Substituierbarkeit seines Gutes in den Augen der Nachfrager deutlicher machen. Idealtypisch ist hier der Fall eines Marktes, auf dem verschiedene Marken desselben Gutes gehandelt werden. Beispiele sind die Märkte für Zigaretten, für Bier oder Wein oder Sekt, für Limonaden, für Joghurts, für Margarine usw. Dabei behandeln wir in diesem Kapitel jenen Fall, in dem zwar jeder ein Monopolist seiner speziellen Variante, jedoch im Gesamtmarkt nur einer von sehr vielen kleinen Markenanbietern ist. Dies ist der Fall der Monopolistischen Konkurrenz. Mit der Monopolistischen Konkurrenz betrachten wir zum ersten Mal einen heterogenen Markt. Eine hier neu auftauchende Fragestellung ist, wie viele Varianten sich am Markt etablieren. Oder anders gefragt: Welche Produktvielfalt realisiert der Markt. Somit sind mit Blick auf die Marktform der Monopolistischen Konkurrenz zwei interessante Fragen zu klären: die nach den Bestimmungsgründen der Höhe der Marktmacht und die nach den Bestimmungsgründen der Produktvielfalt auf einem heterogenen Markt.

Um diese beiden Aspekte möglichst deutlich herauszuarbeiten, ist das Modell unter allen anderen Aspekten sehr einfach gehalten. Insbesondere unterstellen wir auf beiden Marktseiten ein repräsentatives Wirtschaftssubjekt: Auf der Angebotsseite gibt es einen repräsentativen Anbieter mit einer in dem Sinne repräsentativen Variante, dass die Substitutionselastizität der Nachfrage zwischen allen Variantenpaaren gleich hoch ist. Auf der Nachfrageseite gibt es einen repräsentativen Nachfrager, der eine Präferenz für Vielfalt hat, sodass er alle Varianten konsumiert. Das hier behandelte Modell bildet damit Märkte ab, in denen ein Nachfrager typischerweise verschiedene Varianten kauft. So kaufen die meisten Weintrinker nicht immer die gleiche Weinvariante und essen Eiskäufer nicht immer und ausschließlich die gleiche Eisvariante. Den anders gelagerten Fall einer festen Stammmarke – wie etwa im Zigarettenmarkt – werden wir im siebten Kapitel anhand des so genannten Hotelling-Modells behandeln.

5.4.1 Nutzenmaximierung und Nachfrage

Wir schauen auf einen Nachfrager, der einen festen, also nur durch seine Präferenzen determinierten Anteil seines gesamten Konsumbudgets für die differenzierten Varianten des betrachteten Gutes ausgibt. Es gebe also zwischen einer Variante des betrachteten Gutes und einem anderen Gut keine Kreuzpreiseffekte. Dementsprechend führt eine Preiserhöhung bei einer Variante des betrachteten Gutes nur zu Nachfrageverschiebungen zwischen den Varianten dieses Gutes, nicht aber zwischen dem betrachteten Gut insgesamt und anderen Gütern. Ein derartiges Nachfrageverhalten ist oft zu beobachten und ist nutzenmaximal, wenn zwischen dem betrachteten Gut und allen anderen Gütern Cobb-Douglas-Präferenzen bestehen. Dann besteht zwischen einer Variante des betrachteten Gutes und einem anderen Gut eine Substitutionselastizität in Höhe von minus eins, sodass die Konsumbudgetanteile durch Preisänderungen nicht verändert werden. Das hatten wir im ersten Beispiel des Abschn. 2.2.4 gezeigt. Die festen Konsumausgaben des j-ten Nachfragers für die Varianten des betrachteten Gutes bezeichnen wir mit C_j. Dies ist also ausnahmsweise nicht seine gesamte Konsumsumme, sondern nur jener Teil, dessen Verwendung uns im Weiteren interessiert. Mit Blick auf die Varianten des betrachteten Gutes gelte eine CES-Nutzenindexfunktion mit einer mengenunabhängigen Substitutionselastizität von kleiner als minus eins (also betragsmäßig größer als eins). Diese Substitutionselastizität nehme zudem für alle beliebigen Variantenpaare denselben Wert an. Dann kann man diesen Teil der Präferenzstruktur des repräsentativen Nachfragers formulieren als

$$X_j = \left(x_{1j}^{\frac{\sigma+1}{\sigma}} + \ldots + x_{ij}^{\frac{\sigma+1}{\sigma}} + \ldots + x_{Nj}^{\frac{\sigma+1}{\sigma}} \right)^{\frac{\sigma}{\sigma+1}} = \left(\sum_{i=1}^{N} x_{ij}^{\frac{\sigma+1}{\sigma}} \right)^{\frac{\sigma}{\sigma+1}}. \tag{5.8}$$

Dabei ist X_j zugleich ein Mengenindex und die Nutzenindexfunktion. Die Variantenanzahl N entspricht der Anbieteranzahl, da jeder Anbieter ein Monopolist seiner Variante ist. Im zweiten Beispiel des Abschn. 2.2.4 hatten wir diese Art von Präferenzen schon für den Fall zweier Güter besprochen. Eine Substitutionselastizität von kleiner als minus eins bedeutet, dass eine Erhöhung beispielsweise des Preisverhältnisses der beiden ersten Varianten p_1/p_2 um ein Prozent zu einem Fallen des Nachfrageverhältnisses dieser beiden Varianten x_{1j}/x_{2j} von mehr als einem Prozent führt. Die Varianten des betrachteten Gutes sind untereinander also bessere Substitute als eine dieser Varianten es für ein anderes Gut ist. Dies muss so sein, denn andernfalls wäre der Markt falsch abgegrenzt. Die Annahme, dass die Substitutionselastizität zwischen allen Variantenpaaren dieselbe ist, bedeutet, dass die Wettbewerbsintensität zwischen allen Varianten identisch ist, und führt zur vollständigen Symmetrie dieses Ansatzes mit einer repräsentativen Produktvariante. Schon von vornherein ist uns klar: Je größer die Substitutionselastizität betragsmäßig ist, desto größer wird die Preiselastizität der Nachfrage betragsmäßig sein, desto geringer wird also die Marktmacht der Anbieter und damit ihr Preisaufschlag auf die Grenzkosten sein. Dem Leser, dem der obige CES-Ansatz zu komplex erscheint, versuche es in einem ersten Anlauf einmal mit dem numerischen Beispiel einer Substitutionselastizität in Höhe von minus zwei. Zu dem CES-Mengenindex gemäß Gl. (5.8) gehört der Preisindex über alle Variantenpreise

$$P = \left(p_1^{1+\sigma} + \cdots + p_i^{1+\sigma} + \cdots + p_N^{1+\sigma}\right)^{\frac{1}{1+\sigma}} = \left(\sum_{i=1}^{N} p_i^{1+\sigma}\right)^{\frac{1}{1+\sigma}}. \qquad (5.9)$$

Dieser Preisindex ist so gestaltet, dass er die sich bei Nutzenmaximierung ergebende Mengenstruktur berücksichtigt. Das Ergebnis der Nutzenmaximierung gemäß der Konsumregel kennen wir im Prinzip schon aus dem Abschn. 2.2.4. Wir müssen das dortige Ergebnis jetzt nur auf N Varianten verallgemeinern. Dann ergibt sich für die Nachfrage des j-ten Nachfragers nach der i-ten Variante

$$x_{ij} = \frac{C_j}{p_i^{-\sigma} \sum_{i=1}^{N} p_i^{1+\sigma}}. \qquad (5.10)$$

Gl. (5.10) ist eine im Preis der betrachteten Variante hyperbelartig fallende einzelwirtschaftliche Nachfragefunktion. Die Kreuzpreiseffekte sind eindeutig positiv. Eine Preiserhöhung bei einer konkurrierenden Variante verschiebt also die Nachfragefunktion der betrachteten Variante insgesamt nach oben. Dies haben wir in der Abb. 5.10 dargestellt. Dahinter steht eine Dominanz des Substitutionseffekts über den Einkommenseffekt; es handelt sich eben um gute Substitute.

Mithilfe des Preisindex (5.9) können wir diese Nachfragefunktion eines einzelnen Nachfragers für die repräsentative Variante auch formulieren als

$$x_{ij} = \frac{C_j}{p_i^{-\sigma} P^{1+\sigma}}.$$

Abb. 5.10 Variantennachfragefunktion und Konkurrenzvariantenpreis

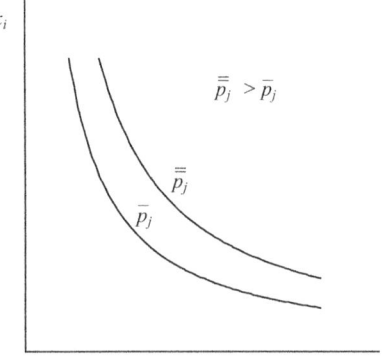

5.4 Monopolistische Gütermarktkonkurrenz

Die Gesamtnachfragefunktion der i-ten Variante für alle M Nachfrager lautet damit

$$x_i^N = \frac{C}{p_i^{-\sigma} P^{1+\sigma}}, \qquad (5.11)$$

wobei C für die über alle Nachfrager kumulierten Ausgaben für das betrachtete Gut MC_j steht. Aus dieser Marktnachfragefunktion für die repräsentative Variante kann man über logarithmisches Differenzieren die Preiselastizität der Nachfrage ermitteln:

$$\varepsilon_{x_i^N, p_i} = \frac{\partial \ln(x_i^N)}{\partial \ln(p_i)}.$$

Dabei gilt gemäß Gl. (5.11)

$$\ln(x_i^N) = \ln(C) + \sigma \ln(p_i) - (1 + \sigma) \ln(P).$$

Dies eingesetzt in die Berechnungsgleichung für die Preiselastizität der Nachfrage ergibt zunächst

$$\varepsilon_{x_i^N, p_i} = \sigma - (1 + \sigma) \frac{\partial \ln(P)}{\partial \ln(p_i)}.$$

Hier steht der hintere Bruch für die Einzelpreiselastizität des Preisindex. Wir können also auch formulieren

$$\varepsilon_{x_i^N, p_i} = \sigma - (1 + \sigma) \varepsilon_{P, p_i}. \qquad (5.12)$$

Da die Einzelpreiselastizität des Marktpreisindex nur kleiner als eins sein kann, steigt die Preiselastizität der Nachfrage betragsmäßig mit betragsmäßig steigender Substitutionselastizität. Dies ist unmittelbar einsichtig: Je bessere Substitute die Varianten untereinander sind, desto mehr Prozent seiner Nachfrage verliert ein Variantenanbieter, wenn er seinen Preis um einen Prozent erhöht.

5.4.2 Gewinnmaximierung und Marktgleichgewicht

Der repräsentative Anbieter sei durch Markenrecht vor weiteren Anbietern der exakt gleichen Variante geschützt und produziere speziell unter konstanten Grenzkosten:

$$K_i = kx_i + K_f. \qquad (5.13)$$

Er ist damit ein vor dem Zutritt weiterer Anbieter der gleichen Variante geschützter Natürlicher Monopolist, wie wir ihn im Vorabschnitt betrachtet haben. Sind nun – wie bei Monopolistischer Konkurrenz per Annahme – sehr viele Anbieter (mit je einer eigenen Variante) am Markt, so ist der Einfluss einer Änderung des einzelnen Preises auf den Preisindex des Marktes sehr gering. Man macht hier keinen großen Fehler, wenn man in Gl. (5.12) den letzten Term fallen lässt. Dann ergibt sich für einen Markt der Monopolistischen Konkurrenz als Näherung

$$\varepsilon_{x_i^N, p_i} = \sigma. \tag{5.14}$$

Die Preiselastizität der Nachfrage entspricht also näherungsweise der Substitutionselastizität zwischen den Varianten. Im Folgenden ist unterstellt, dass die Anbieter auf der Basis von Gl. (5.14) entscheiden. Sind dagegen nur wenige Anbieter am Markt, so werden diese in ihrem Kalkül Gl. (5.13) zugrunde legen. Wir befinden uns dann in einem Oligopol, das wir im sechsten Kapitel behandeln werden.

Die Gewinnmaximierung des repräsentativen Variantenmonopolisten über die Wahl der Menge verläuft im Prinzip wie gehabt. Die hyperbelartige Nachfragefunktion für seine Variante (5.11) führt durch Auflösen nach dem Variantenpreis zu einer hyperbelartigen Preis-Absatz-Funktion. Diese multipliziert mit der Menge ergibt die Erlösfunktion und deren Ableitung nach der Menge die ebenfalls hyperbelartige Grenzerlösfunktion. Die Abb. 5.11 zeigt die zur Abb. 5.10 gehörige Preis-Absatz-Funktion und die resultierende Grenzerlösfunktion des repräsentativen Anbieters bzw. der repräsentativen Variante. Die gewinnmaximale Menge ist jene, bei der die Grenzerlöse auf die Höhe der mengenunabhängigen Grenzkosten gefallen sind. Der gewinnmaximale Preis folgt durch Einsetzen dieser Menge in die Preis-Absatz-Funktion.

Rechentechnisch gesehen kommt man im vorliegenden Fall konstanter Grenzkosten und einer konstanten Preiselastizität der Nachfrage am einfachsten zum gewinnmaximalen Ergebnis, wenn man die Outputregel mithilfe der Amoroso-Robinson-Formulierung des Grenzerlöses

$$\frac{\partial E_i}{\partial x_i} = p_i\left(1 + \frac{1}{\varepsilon_{x_i^N, p_i}}\right) = p_i\left(1 + \frac{1}{\sigma}\right)$$

ansetzt.

Damit lautet die Outputregel eines Monopolistischen Konkurrenten

$$\frac{\sigma + 1}{\sigma} p_i = k. \tag{5.15}$$

Abb. 5.11 Outputregel eines Monopolistischen Konkurrenten

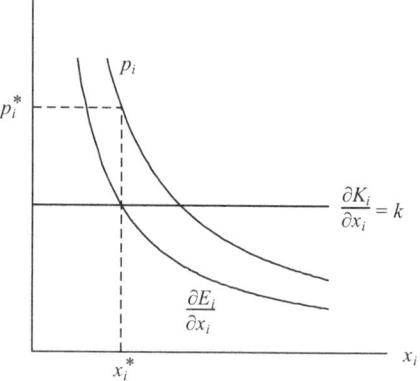

5.4 Monopolistische Gütermarktkonkurrenz

Daraus folgt unmittelbar der gewinnmaximale Preis als

$$p_i^* = \frac{\sigma}{\sigma + 1} k. \qquad (5.16)$$

Bei einer Substitutionselastizität von kleiner als minus eins ist der Bruch vor den Grenzkosten größer als eins. Es kommt also infolge der Produktdifferenzierung zu einem monopolistischen Preisaufschlag auf die Grenzkosten. Zudem gilt

$$\frac{\partial p_i^*}{\partial |\sigma|} < 0.$$

Mit betragsmäßig steigender Substitutionselastizität steigt (ebenfalls betragsmäßig) die Preiselastizität der Nachfrage und dies führt wegen härteren Wettbewerbs zu niedrigeren Marktpreisen.

Da das Marktgleichgewicht infolge des Ansatzes mit einem repräsentativen Nachfrager und einer repräsentativen Variante symmetrisch sein muss, entfällt dort auf jede Variante ein N-tel der insgesamt für das betrachtete Gut verwendeten Konsumsumme:

$$p_i^* x_i^* = \frac{C}{N}.$$

Aus dieser Überlegung ergibt sich bei Einsetzen des gewinnmaximalen Preises die zugehörige Absatzmenge einer Variante als

$$x_i^* = \frac{\sigma + 1}{\sigma} \frac{C}{Nk}. \qquad (5.17)$$

Dies impliziert einen maximal möglichen Gewinn von

$$G_i^* = \left(\frac{\sigma}{\sigma + 1} k - k \right) \frac{\sigma + 1}{\sigma} \frac{C}{Nk} - K_f = \frac{C}{-\sigma N} - K_f. \qquad (5.18)$$

Hinsichtlich der Substitutionselastizität gilt also bei gegebener Anbieter- und Variantenzahl: Je höher die Substitutionselastizität betragsmäßig ist, desto geringer ist der Preis, desto höher ist die Menge pro Variante und desto geringer ist der Gewinn. Nähert sich die Substitutionselastizität dem Wert minus unendlich, so werden die Varianten zu perfekten Substituten und wir nähern uns dem Fall Vollkommener Konkurrenz mit Preisen in Höhe der Grenzkosten und Verlusten in Höhe der Variantenfixkosten. Zum Beispiel ergeben sich für Substitutions- und damit Preiselastizitäten der Nachfrage von -5 bzw. -6 Preise von $p_i^* = 1{,}25\,k$ bzw. $p_i^* = 1{,}16\,k$. Dies entspricht Preisaufschlägen auf die Grenzkosten von 25 bzw. 16,6 %. Damit sehen wir: Die Variantenmonopolisten haben infolge ihrer Produktdifferenzierung Marktmacht. Aber diese Marktmacht ist nach Maßgabe der Substituierbarkeit durch andere Varianten beschränkt.

Mit Blick auf den Einfluss der Anbieterzahl auf dieses Gleichgewicht gilt: Je höher N ist, desto kleiner ist die Angebotsmenge des repräsentativen Anbieters bei unverändertem Preis, desto geringer ist also sein Gewinn. Somit führt der Zutritt weiterer Anbieter mit

Abb. 5.12 Monopolistischer Konkurrent bei freiem Marktzutritt

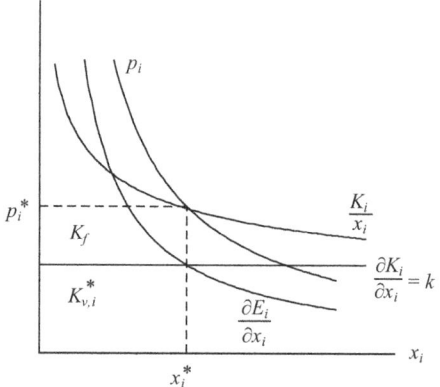

jeweils einer weiteren Variante zur Gewinnerosion. Bei völlig freiem Marktzutritt werden keine Gewinne mehr gemacht. Die Abb. 5.12 zeigt eine solche Situation.

Aus der Gl. (5.18) folgt bei freiem Marktzutritt

$$\frac{C}{-\sigma N} - K_f = 0$$

und damit die endogene Variantenzahl

$$N^* = \frac{C}{-\sigma K_f}. \tag{5.19}$$

Die Variantenanzahl gemäß Gl. (5.19) ist die sich am Markt ergebende Produktvielfalt. Sie nimmt mit zunehmenden Ausgaben für das betrachtete Gut (also der Marktgröße) zu und mit zunehmenden Fixkosten pro Variante ab. Einkommenswachstum und/oder die Integration zuvor getrennter (z. B. nationaler) Märkte und/oder die Fixkosten senkende Prozessinnovationen führen also zu einer höheren Produktvielfalt. Außerdem steigt die Produktvielfalt mit betragsmäßig abnehmender Substitutionselastizität: Je schlechtere Substitute die Varianten sind, desto mehr Varianten gibt es. Dies liegt daran, dass die Preise und Gewinne mit betragsmäßig fallender Substitutionselastizität steigen, sodass der Gewinn bei einer betragsmäßig höheren Substitutionselastizität erst für eine vergleichsweise hohe Anbieterzahl auf null gefallen ist.

5.5 Monopole auf dem Arbeitsmarkt

Monopolähnliche Zustände herrschen auf vielen Arbeitsmärkten. Oft gibt es nur ein Unternehmen als Nachfrager nach einer speziellen Arbeitsqualifikation. Diesen Fall eines Arbeitsnachfragemonopols werden wir im Abschn. 5.5.1 betrachten. Oft gibt es aber auch eine Monopolgewerkschaft, die gegenüber den Unternehmen als einziger

5.5 Monopole auf dem Arbeitsmarkt

Arbeitsanbieter agiert. Dabei kann die Gewerkschaft durch ein Tarifvertragsrecht abgesichert sein, das es einzelnen Arbeitsanbietern unmöglich macht, Arbeit unterhalb des vereinbarten Tariflohnsatzes anzubieten. Dieser Fall eines Arbeitsangebotsmonopols wird im Abschn. 5.5.2 analysiert.

5.5.1 Das Arbeitsnachfragemonopol

In diesem Unterabschnitt schauen wir auf einen Arbeitsmarkt, auf dem es nur einen Arbeitsnachfrager gibt. Um die Marktmacht dieses Arbeitsnachfragemonopolisten auf dem Arbeitsmarkt isoliert betrachten zu können, nehmen wir an, dass er auf seinem Gütermarkt ein Polypolist ist. Die Arbeitsanbieter sind nicht organisiert. Sie bieten ihre Arbeit als Mengenanpasser gemäß der Arbeitsregel „Wert des Grenzleids der Arbeit gleich Lohnsatz" an.

5.5.1.1 Gewinnmaximierung und Marktgleichgewicht

Der Grenzerlös aus dem Arbeitseinsatz entspricht dem mit dem Verkaufspreis des produzierten Gutes bewerteten Grenzprodukt der Arbeit (siehe Abschn. 1.4.1):

$$\frac{\partial E}{\partial A} = p\frac{\partial x}{\partial A}(A).$$

Da das Grenzprodukt der Arbeit mit zunehmendem Arbeitseinsatzniveau fällt, fallen dann auch diese Grenzerlöse des Arbeitsnachfragemonopolisten. Seine Marktmacht kommt auf der Seite der Grenzkosten des Arbeitseinsatzes zum Tragen. Sie äußert sich darin, dass er den Lohnsatz nicht wie ein Polypolist bei Vollkommener Konkurrenz als eine von seiner Nachfrage unabhängige Größe betrachtet. Stattdessen wird er in seinem Kalkül berücksichtigen, dass er den Lohnsatz erhöhen muss, wenn er mehr Arbeit einsetzen will. Denn nur dann werden die Anbieter bereit sein, mehr zu arbeiten. Damit entsprechen seine Grenzkosten des Arbeitseinsatzes nicht einem nachfragemengenunabhängigen Lohnsatz, sondern steigen mit zunehmender Nachfrage. Welcher Lohnsatz welche Arbeitseinsatzmenge ermöglicht, ersieht er an der nach dem Lohnsatz aufgelösten Arbeitsangebotsfunktion der Haushalte, also an der Kurve des aggregierten Werts des Grenzleids der Arbeit. Diese stellt für den Nachfragemonopolisten seine so genannte Lohnsatz-Arbeitseinsatz-Funktion dar:

$$w = w(A) \quad \text{mit } \frac{\partial w}{\partial A} > 0. \tag{5.20}$$

Die Abb. 5.13 zeigt eine solche steigende Lohnsatz-Arbeitseinsatz-Funktion in stilisierter Form.

Das Entscheidungsproblem des Nachfragemonopolisten besteht darin, auf dieser Lohnsatz-Arbeitseinsatz-Funktion seine gewinnmaximale Lohnsatz-Arbeitseinsatz-Kombination zu finden. Dabei lauten seine Arbeitskosten

Abb. 5.13 Grenzkostenfunktion eines Arbeitsnachfragemonopolisten

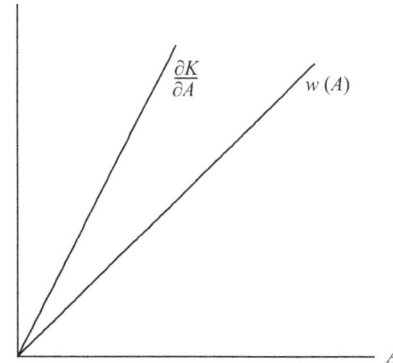

$$K = w(A)A. \tag{5.21}$$

Damit gilt für die Grenzkosten des Arbeitseinsatzes

$$\frac{\partial K}{\partial A} = w(A) + \frac{\partial w}{\partial A}A = w\left(1 + \frac{1}{\varepsilon_{A^A,w}}\right). \tag{5.22}$$

Die Grenzkosten des Arbeitseinsatzes bestehen für den Arbeitsnachfragemonopolisten aus zwei gleichgerichteten Teileffekten. Der erste Teileffekt der Arbeitsgrenzkosten gibt an, wie die Arbeitskosten bei Einsatz einer weiteren Arbeitseinheit steigen würden, wenn der Lohnsatz konstant bliebe. Der zweite und ebenfalls positive Teileffekt gibt an, um wie viel sie zusätzlich dadurch steigen, dass der Lohnsatz durch die Mehrnachfrage ansteigt. Dieser zweite Teileffekt ist im Vergleich zum Kalkül eines polypolistischen Arbeitsnachfragers neu. Damit liegen die Grenzkosten des Arbeitseinsatzes nun über dem Lohnsatz. Dies macht die Formulierung mithilfe der positiven Lohnsatzelastizität des Arbeitsangebots besonders deutlich. Außerdem steigen beide Teileffekte mit steigender Arbeitsmenge. Die Arbeitsgrenzkostenfunktion des Nachfragemonopolisten verläuft daher steigend und stets oberhalb der Lohnsatz-Arbeitseinsatz-Funktion (also oberhalb der Kurve des bewerteten Grenzleids der Arbeit). Dies zeigt die Abb. 5.13.

Angesichts mit zunehmendem Arbeitseinsatz fallender Grenzerlöse und steigender Grenzkosten des Arbeitseinsatzes wird der Nachfragemonopolist seine Nachfrage solange erhöhen, bis die Grenzkosten auf die Höhe der ihnen sozusagen entgegen fallenden Grenzerlöse gestiegen sind. Erst dann kann er keine positiven Grenzgewinne aus dem Arbeitseinsatz mehr realisieren; erst dann gilt also

$$\frac{\partial G}{\partial A} = p\frac{\partial x}{\partial A}(A) - w(A) - \frac{\partial w}{\partial A} = 0.$$

Die Grenzproduktivitätsregel des Arbeitsnachfragemonopolisten lautet damit

$$p\frac{\partial x}{\partial A}(A) = w(A) + \frac{\partial w}{\partial A} = w\left(1 + \frac{1}{\varepsilon_{A^A,w}}\right). \tag{5.23}$$

Abb. 5.14 Grenzproduktivitätsregel eines Arbeitsnachfragemonopolisten

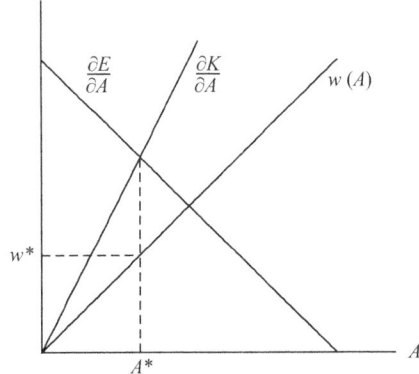

Die Abb. 5.14 illustriert diese Entscheidungsregel. Die gewinnmaximale Arbeitsnachfragemenge liegt im Schnittpunkt von Grenzkosten und Grenzerlösen. Einsetzen dieser Arbeitsmenge in die Lohnsatz-Arbeitseinsatz-Funktion ergibt den zugehörigen Lohnsatz. Da die Grenzkosten des Arbeitseinsatzes unter dem Wert des Grenzleids der Arbeit liegen, liegt der Lohnsatz nun stets auch unter dem Wert des Grenzprodukts der Arbeit (welches dem Grenzerlös entspricht).

Letzteres sieht man auch direkt an der nach dem Lohnsatz aufgelösten Grenzproduktivitätsregel:

$$w = \frac{1}{\left(1 + \frac{1}{\varepsilon_{A^A,w}}\right)} p \frac{\partial x}{\partial A}(A). \tag{5.24}$$

Vergleicht man das Nachfragemonopolgleichgewicht mit jenem bei Vollkommener Konkurrenz im Schnittpunkt von Grenzerlösfunktion (also invertierter Nachfragefunktion bei Vollkommener Konkurrenz) und invertierter Arbeitsangebotsfunktion (Lohnsatz-Arbeitseinsatz-Funktion), wird deutlich, dass die Existenz von Nachfragermacht zu einem geringeren Lohnsatz und zu einer niedrigeren Beschäftigung führt. In diesem Sinne kann man formulieren: Marktmacht auf dem Arbeitsmarkt schafft Unterbeschäftigung.

5.5.1.2 Wohlfahrtsanalyse

Die Abb. 5.15 verdeutlicht die durch die Marktmacht des Nachfragemonopolisten (in der Abbildung mit Index NM) entstehenden Auswirkungen auf die Wohlfahrt. Bei Vollkommener Konkurrenz bzw. im Wohlfahrtsoptimum (Index VK) entspricht die Wohlfahrt (vor Abzug der Produktionsfixkosten) der dreieckigen Fläche zwischen der Grenzerlösfunktion (Wert des Grenzprodukts der Arbeit) und der invertierten polypolistischen Arbeitsangebotsfunktion (Wert des Grenzleids der Arbeit; für den Nachfragemonopolisten seine Lohnsatz-Arbeitseinsatz-Funktion $w(A)$) von $A = 0$ bis hin zum Schnittpunkt dieser beiden Kurven. Oberhalb des Gleichgewichtslohnsatzes bei Vollkommener Konkurrenz handelt es sich um Gewinn, unterhalb um Arbeitsrente.

Abb. 5.15 Wohlfahrtsverlust im Arbeitsnachfragemonopol

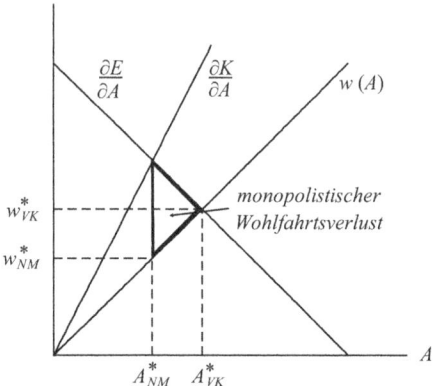

Durch die Nachfragemacht kommt es nun zu einer Wohlfahrtsumverteilung zugunsten der Gewinne. Die Arbeitsrente entspricht im Nachfragemonopol nur noch der Fläche unterhalb des jetzt niedrigeren Gleichgewichtslohnsatzes bis zur Lohnsatz-Arbeitseinsatz-Funktion. Vor allem aber kommt es zu einem monopolistischen Wohlfahrtsverlust in Höhe des zwischen der Beschäftigung im Nachfragemonopol und der Beschäftigung bei Vollkommener Konkurrenz liegenden dick umrahmten Dreiecks.

5.5.2 Das Arbeitsangebotsmonopol

In diesem Unterabschnitt schauen wir auf einen Arbeitsmarkt, auf dem eine Monopolgewerkschaft als einziger Arbeitsanbieter agiert. Die Arbeitsnachfrager sind nicht organisiert. Sie fragen Arbeit als Mengenanpasser gemäß der Grenzproduktivitätsregel „Wert des Grenzprodukts der Arbeit gleich Lohnsatz" nach.

5.5.2.1 Nutzenmaximierung und Marktgleichgewicht

Ziel der Monopolgewerkschaft ist die Maximierung des Nutzens und damit der Arbeitsrente $AR(A) = wA - y(A)$ ihrer Mitglieder. Dazu gleicht sie das Grenzeinkommen aus Arbeit, also das Mehreinkommen aus der Beschäftigung einer weiteren Arbeitseinheit, mit dem Wert des dabei entstehenden Grenzleids der Arbeit ab. Wie im Abschn. 2.3 diskutiert, können wir (und die Monopolgewerkschaft) dabei von einem mit zunehmendem Arbeitseinsatz steigenden Wert des Grenzleids der Arbeit ausgehen:

$$\frac{\partial y}{\partial A} = \frac{\partial y}{\partial A}(A) \quad \text{mit} \quad \frac{\partial^2 y}{\partial A^2} > 0.$$

Die Marktmacht der Monopolgewerkschaft äußert sich darin, dass sie bei der Ermittlung des Grenzeinkommens aus Arbeit den Lohnsatz nicht wie ein polypolistischer Anbieter bei Vollkommener Konkurrenz als eine von ihrer Angebotsmenge unabhängige Größe

5.5 Monopole auf dem Arbeitsmarkt

betrachten kann, sondern dem Gesamtmarkt und damit einer fallenden Lohnsatz-Arbeitsabsatz-Funktion gegenübersteht:

$$w = w(A) \quad \text{mit} \quad \frac{\partial w}{\partial A} < 0. \tag{5.25}$$

Die Monopolgewerkschaft muss Lohnsatzzugeständnisse an die Arbeitsnachfrager machen, wenn sie mehr Arbeit „verkaufen" will. Diese Lohnsatz-Arbeitsabsatz-Funktion entspricht der invertierten Nachfragefunktion (Grenzerlösfunktion, Verlauf des Werts der Grenzproduktivität der Arbeit) der polypolistischen Unternehmen. Die Abb. 5.16 zeigt eine solche fallende Lohnsatz-Arbeitsabsatz-Funktion in stilisierter Form. Sie ist das Analogkonstrukt zur Preis-Absatz-Funktion des Güterangebotsmonopolisten.

Das Nutzen- bzw. Arbeitsrentenmaximierungskalkül der Monopolgewerkschaft läuft nun darauf hinaus, auf der Lohnsatz-Arbeitsabsatz-Funktion den für sie optimalen Punkt zu finden. Dabei gilt für sie mit Blick auf das Arbeitseinkommen

$$L = w(A)A \quad \text{mit} \quad \frac{\partial w}{\partial A} < 0 \tag{5.26}$$

und damit mit Blick auf das Grenzeinkommen aus Arbeit

$$\frac{\partial L}{\partial A} = w(A) + \frac{\partial w}{\partial A}A = w\left(1 + \frac{1}{\varepsilon_{A^N,w}}\right). \tag{5.27}$$

Das Grenzeinkommen aus Arbeit besteht aus zwei gegenläufigen Teileffekten: Der erste und stets positive Teileffekt in der Gl. (5.27) gibt an, wie das Arbeitseinkommen bei Erhöhung der Arbeitsmenge um eine Einheit steigen würde, wenn der Lohnsatz dazu (d. h.: zur Generierung der Mehrnachfrage nach Arbeit um eine Einheit) nicht verringert werden müsste. Der zweite und stets negative Teileffekt gibt an, um wie viel das Arbeitseinkommen infolge der zur Erhöhung der Arbeitsnachfrage um eine Einheit notwendigen Lohnsatzsenkung sinken würde, wenn es keine bewirkte Mehrbeschäftigung gäbe. Analog zum Fall des Güterangebotsmonopolisten kann man sich hier leicht überlegen, dass

Abb. 5.16 Grenzeinkommen einer Monopolgewerkschaft

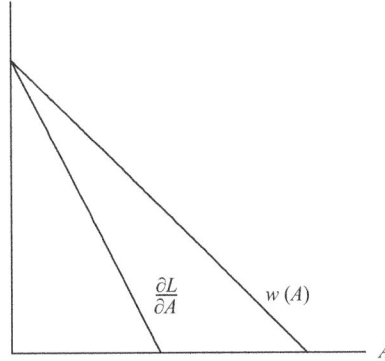

das Grenzeinkommen aus Arbeit mit zunehmendem Arbeitsabsatz fällt. Bei einem niedrigen Beschäftigungsniveau in der Ausgangssituation ist der negative Teileffekt betragsmäßig klein. Außerdem ist dann der Lohnsatz wegen der noch hohen Grenzproduktivität der Arbeit hoch. Damit ist der erste und positive Teileffekt hoch. Insgesamt ist das Grenzeinkommen aus Arbeit damit bei niedrigem Beschäftigungsniveau hoch. Bei einem hohen Beschäftigungsniveau in der Ausgangssituation ist der zweite und negative Teileffekt betragsmäßig groß. Außerdem ist dann der Lohnsatz wegen der jetzt geringen Grenzproduktivität der Arbeit gering. Damit ist der erste und positive Teileffekt klein. Insgesamt ist damit das Grenzeinkommen aus Arbeit bei hohem Beschäftigungsniveau niedrig. Die Grenzeinkommensfunktion der Monopolgewerkschaft verläuft also im Arbeitseinsatz- bzw. Arbeitsabsatzniveau fallend. Die Abb. 5.16 zeigt eine solche fallende Grenzeinkommensfunktion. Sowohl Gl. (5.27) als auch die Abbildung machen deutlich, dass das Grenzeinkommen aus Arbeit nun stets unter dem Lohnsatz (der gemäß der Lohnsatz-Arbeitsabsatz-Funktion dem Wert des Grenzprodukts der Arbeit entspricht) liegt.

Die Monopolgewerkschaft wird den Arbeitsabsatz solange erhöhen, bis das Grenzeinkommen aus Arbeit auf die Höhe des ihm sozusagen entgegen wachsenden Werts des Grenzleids der Arbeit gefallen ist. Denn erst dann kann sie keine positiven Grenzarbeitsrenten mehr realisieren:

$$\frac{\partial AR}{\partial A} = w(A) + \frac{\partial w}{\partial A}A - \frac{\partial y}{\partial A}(A) = 0.$$

Die Arbeitsregel einer Monopolgewerkschaft lautet also

$$w(A) + \frac{\partial w}{\partial A}A = w\left(1 + \frac{1}{\varepsilon_{A^N,w}}\right) = \frac{\partial y}{\partial A}(A). \tag{5.28}$$

Die Abb. 5.17 illustriert diese monopolistische Arbeitsregel. Die nutzenmaximale Arbeitsmenge resultiert im Schnittpunkt der Grenzeinkommensfunktion mit der Kurve

Abb. 5.17 Arbeitsregel einer Monopolgewerkschaft

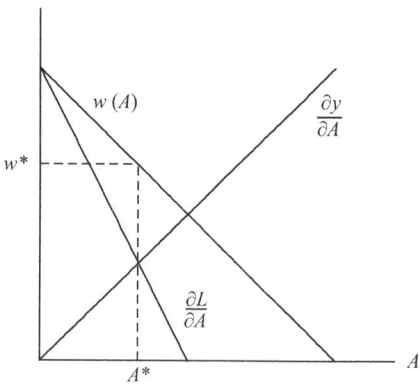

5.5 Monopole auf dem Arbeitsmarkt

des bewerteten Grenzleids der Arbeit. Diese Menge eingesetzt in die Lohnsatz-Arbeitsabsatz-Funktion ergibt den zugehörigen Lohnsatz.

Da das Grenzeinkommen stets kleiner als der Lohnsatz ist, ist die Beschäftigung stets geringer als bei Vollkommener Konkurrenz. In diesem Sinne kann man also auch hier wieder festhalten: Marktmacht auf dem Arbeitsmarkt schafft Unterbeschäftigung. Jetzt liegt der Lohnsatz allerdings stets höher als bei Vollkommener Konkurrenz. Damit liegt der von der Monopolgewerkschaft geforderte Lohnsatz oberhalb des Werts des Grenzleids der Arbeit. Dies sieht man auch, wenn man die Arbeitsregel nach dem nutzenmaximalen Lohnsatz auflöst:

$$w = \frac{1}{\left(1 + \frac{1}{\varepsilon_{A^N,w}}\right)} \frac{\partial y}{\partial A}(A). \qquad (5.29)$$

5.5.2.2 Wohlfahrtsanalyse

Die Abb. 5.18 zeigt die Wirkungen der Existenz eines Angebotsmonopolisten (Index AM) auf die Wohlfahrt und deren Verteilung. Haben die Arbeitsnachfrager keine Marktmacht, so führt die Existenz einer Monopolgewerkschaft zu einer Wohlfahrtsminderung in Höhe des dick umrahmten Dreiecks. Das Wohlfahrtsmaximum liegt wie das Marktgleichgewicht bei Vollkommener Konkurrenz im Schnittpunkt von Lohnsatz-Arbeitsabsatz-Funktion und dem Wert des Grenzleids der Arbeit. Das Kalkül der Monopolgewerkschaft führt zu einer zu geringen Beschäftigung. Wie ein Güterangebotsmonopolist verknappt sie ihr Angebot, was zu einem höheren Lohnsatz führt. Dadurch kommt es zu einer Umverteilung zugunsten der Arbeiter. Die Arbeitsrente als Differenz von Lohneinkommen w^*A^* und dem Wert des Arbeitsleids steigt, die Gewinne der Unternehmen sinken.

In der Realität besteht auf vielen Arbeitsmärkten auf beiden Marktseiten Marktmacht. Aus unserer obigen Analyse darf man folgern, dass auch dann in jedem Fall nicht das wohlfahrtsoptimale Beschäftigungsniveau (bzw. jenes bei Vollkommener Konkurrenz)

Abb. 5.18 Wohlfahrtsverlust im Arbeitsangebotsmonopol

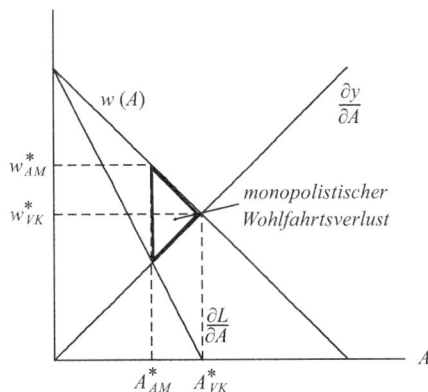

erreicht wird. Auf einigen Arbeitsmärkten bestehen auf beiden Marktseiten monopolähnliche Stellungen. An die Stelle der oben geschilderten Marktlösungen tritt hier eine Verhandlungslösung. Die Grenzen, innerhalb derer sich Lohnsatz und Beschäftigung dann bewegen, stehen mit den beiden „einseitigen" Ergebnissen der letzten beiden Unterabschnitte fest. Ob der ausgehandelte Lohnsatz über oder unter dem Lohnsatz bei Vollkommener Konkurrenz liegt, ist eine Frage der relativen Verhandlungsmacht. Diese hängt beispielsweise von den finanziellen Ressourcen der Verhandelnden ab sowie von der Frage, wie stark sie den Verhandlungsgegner – z. B. durch Aussperrung bzw. Streik – schädigen können. Festzuhalten bleibt auch hier: Die Beschäftigung liegt in jedem Fall unter ihrem Niveau bei Vollkommener Konkurrenz. Es kommt in diesem Sinne zu einer die Gesamtwohlfahrt mindernden Unterbeschäftigung.

5.6 Zusammenfassung

1. Monopole entstehen meist auf der Basis von künstlichen Marktzutrittsschranken. Diese können auf wettbewerbswidrigem Verhalten des Monopolisten beruhen oder auf staatliche Regelungen zurückgehen.
2. Anders als ein Polypolist hat ein Monopolist den Gesamtmarkt im Blick. Die Marktnachfragefunktion entspricht (nach dem Preis aufgelöst) seiner Preis-Absatz-Funktion. Damit gilt für ihn ein negativer Zusammenhang zwischen dem Preis und der gesetzten Menge.
3. Bei Ermittlung seiner Grenzerlöse berücksichtigt der Monopolist, dass bei einer Mengenerhöhung der Preis fällt. Damit liegen seine Grenzerlöse stets unterhalb des (zur gleichen Menge gehörigen) Preises.
4. Entsprechend der Outputregel „Grenzerlös gleich Grenzkosten" führt dies zu geringeren Mengen und höheren Preisen als bei Vollkommener Konkurrenz.
5. Da die Preis-Absatz-Funktion der aggregierten Grenzzahlungsbereitschaftsfunktion der Nachfrager entspricht, führt die Preisbildung gemäß der Outputregel in Verbindung mit dem Grenzerlösverlauf unterhalb der Preis-Absatz-Funktion dazu, dass im Marktgleichgewicht die Grenzzahlungsbereitschaft über den Grenzkosten liegt. Gemessen am Wohlfahrtsoptimum ist die Menge also zu gering (weil der Preis zu hoch ist) – es kommt zu einem monopolistischen Wohlfahrtsverlust.
6. Das Ausmaß der Marktmacht des Güterangebotsmonopolisten kann man mittels des relativen Preisaufschlags auf die Grenzkosten – des so genannten Lerner-Index – messen. Der Lerner-Index ist umso höher, je kleiner die Preiselastizität der Nachfrage betragsmäßig ist, also je schlechtere Substitute die anderen Güter für das Gut des Monopolisten sind.
7. Konstante Grenzkosten in der Produktion führen bei Existenz von Fixkosten zu einer so genannten Kostensubadditivität: Legt man Produktionsstätten zusammen, so sinken stets die totalen Stückkosten und damit die Gesamtkosten; kostenminimal ist (bei allen Produktionsniveaus) die Produktion in nur einem Betrieb.

5.6 Zusammenfassung

8. Bei Kostensubadditivität wird langfristig nur ein Anbieter am Markt überleben: Solange es noch mehrere sind, kann stets ein Anbieter z. B. durch Übernahme anderer die Produktionsstückkosten senken und dann über niedrigere Preise alle Konkurrenten mit niedrigerer Produktionsmenge (also höheren Stückkosten) vom Markt drängen. Wegen dieser „natürlichen" (technologisch bedingten) Tendenz zu einem Monopol (auch ohne jede Marktzutrittsschranke) spricht man von einem Natürlichen Monopol.
9. Je nach Marktzutrittsschranken ergibt sich im Natürlichen Monopol ein Marktpreis zwischen dem bei Anwendung der Outputregel resultierenden Monopolpreis (bei vollständig beschränktem Marktzutritt) und einem Preis in Höhe der totalen Stückkosten (bei völlig freiem Marktzutritt). Selbst ein völlig freier Marktzutritt führt damit zu einem Marktpreis oberhalb der Grenzkosten.
10. Im Wohlfahrtsoptimum mit einem Preis in Höhe der Grenzkosten sind die Fixkosten des Natürlichen Monopolisten nicht gedeckt. Er müsste also bei wohlfahrtsoptimaler Preisregulierung staatlich bezuschusst werden.
11. Werden auf einem Markt mit polypolistischer Nachfragestruktur und vollständiger Transparenz viele differenzierte Varianten (Sorten, Marken) eines bestimmten Gutes von jeweils einem Unternehmen (pro Variante, also z. B. einem Markenmonopolisten) angeboten, so spricht man von Monopolistischer Konkurrenz.
12. Bei Monopolistischer Konkurrenz sind die Preise und Gewinne der Varianten-Monopolisten bei gegebener Anbieterzahl (also bei beschränktem Marktzutritt) um so höher, je kleiner die Substitutionselastizität zwischen den Varianten betragsmäßig ist, je schlechtere Substitute die Varianten also untereinander sind. Dies zeigt, dass die Marktmacht eines Monopolisten auch davon abhängt, in wie weit er sein Produkt von den Konkurrenzprodukten differenzieren kann.
13. Bei Monopolistischer Konkurrenz und freiem Marktzutritt steigt die Variantenvielfalt mit steigender Gesamtnachfrage nach dem differenzierten Gut, mit sinkenden Produktionsfixkosten pro Variante und mit betragsmäßig abnehmender Substitutionselastizität der Nachfrage zwischen den Varianten.
14. In einem Arbeitsnachfragemonopol liegen die Grenzkosten der Arbeit des Monopolisten über dem Lohnsatz. Entsprechend der Grenzproduktivitätsregel „Wert des Grenzprodukts der Arbeit gleich Grenzkosten der Arbeit" führt dies zu geringerer Beschäftigung und einem geringeren Lohnsatz als bei Vollkommener Konkurrenz und als im Wohlfahrtsoptimum.
15. In einem Arbeitsangebotsmonopol liegt das Grenzeinkommen der Arbeit für die Monopolgewerkschaft unter dem Lohnsatz. Entsprechend der Arbeitsregel „Grenzeinkommen der Arbeit gleich Wert des Grenzleids der Arbeit" führt dies zu geringerer Beschäftigung und einem höheren Lohnsatz als bei Vollkommener Konkurrenz und als im Wohlfahrtsoptimum.

Preisbildung und Wohlfahrt im Gütermarktmonopol werden in einer ganzen Reihe von Lehrbüchern ausführlich behandelt. Hingewiesen sei hier einmal mehr beispielhaft auf die drei Standardwerke: Siehe bei Schumann et al. (2011) das Unterkapitel IV.B.2, bei Pindyck und Rubinfeld (2015) das 10. Kapitel und bei Varian (2016) das Kap. 25. Bei allen dreien kommt auch das Natürliche Monopol kurz zur Sprache. Umfassend behandelt wird letzteres im 16. Kapitel von Feess (2000). Die von uns im Abschn. 5.4 diskutierte Monopolistische Konkurrenz wird in den Lehrbüchern ganz überwiegend in einem Modellkontext behandelt, in dem die Substitutionselastizität zwischen den Gutsvarianten nicht explizit thematisiert wird (was Einschränkungen bei der Interpretierbarkeit der Modellergebnisse zur Folge hat). Die bei uns zu findende Darstellung wurde auf der Basis des Unterkapitels 3.3 von Beath und Katsoulacos (1991) entwickelt. Schließlich sei mit Blick auf unsere Erläuterungen zu Monopolen auf dem Arbeitsmarkt auf die Unterkapitel 14.3 und 14.4 zu Faktormarktmonopolen bei Pindyck und Rubinfeld (2015) verwiesen.

Literatur

Beath J, Katsoulacos Y (1991) The Economic Theory of Product Differentiation. Cambridge University Press, Cambridge/UK
Feess E (2000) Mikroökonomie, 2. Aufl. Metropolis, Marburg
Pindyck R, Rubinfeld D (2015) Mikroökonomie, 8. Aufl. Pearson, München u. a. O.
Schumann J, Meyer U, Ströbele W (2011) Grundzüge der mikroökonomischen Theorie, 9. Aufl. Springer, Berlin u. a. O.
Varian HR (2016) Grundzüge der Mikroökonomik, 9. Aufl. Oldenbourg, Berlin u. a. O.

Oligopolistischer Mengenwettbewerb 6

Inhaltsverzeichnis

6.1 Einführung 155
6.2 Simultaner Mengenwettbewerb bei einem homogenen Gut 157
    6.2.1 Gewinnmaximierung über Reaktionsfunktionen 157
        6.2.1.1 Die Erlösfunktion des Oligopolisten 157
        6.2.1.2 Die Outputregel des Oligopolisten 159
    6.2.2 Das Marktgleichgewicht als Nashgleichgewicht 161
    6.2.3 Zwei Beispiele 163
6.3 Sequentieller Mengenwettbewerb bei einem homogenen Gut 166
    6.3.1 Gewinnmaximierung und Nashgleichgewicht 167
    6.3.2 Ein Beispiel 169
6.4 Simultaner Mengenwettbewerb bei einem differenzierten Gut 170
    6.4.1 Gewinnmaximierung und Nashgleichgewicht 170
    6.4.2 Ein Beispiel 172
6.5 Mengenwettbewerb und Produktvielfalt 173
    6.5.1 Nutzenmaximierung und Nachfrage 174
    6.5.2 Gewinnmaximierung und Nashgleichgewicht 176
    6.5.3 Wohlfahrtsanalyse 177
6.6 Zusammenfassung 179
Literatur 181

6.1 Einführung

Besteht auf einem Gütermarkt ein Angebotsoligopol, so ist der Gewinn eines Anbieters merklich von den Handlungen der anderen Oligopolisten abhängig und es ergibt sich eine direkte Interdependenz zwischen den Konkurrenten. Jeder Anbieter versucht, das Verhalten seiner Konkurrenten zu antizipieren, und berücksichtigt dabei, dass diese ihrerseits versuchen, sein Verhalten zu antizipieren. Die Notwendigkeit der Prognose des Konkurrentenverhaltens macht die oligopolistische Gewinnmaximierung zu einer strategischen Entscheidung im Sinne der Spieltheorie. Derartige Entscheidungsprobleme kann man mithilfe des Gleichgewichtskonzepts von Nash lösen. Die Ermittlung solcher Nashgleichgewichte für verschiedene oligopolistische Marktstrukturen ist das gemeinsame Thema des vorliegenden und des folgenden Kapitels. Dabei werden wir sehen, dass es für das Marktergebnis im Oligopol von großer Bedeutung ist, ob die Oligopolisten miteinander in einem reinen Preiswettbewerb stehen oder aber die Intensität des Wettbewerbs infolge der Einschränkung des Entscheidungsspielraums durch bindende Kapazitätsschranken begrenzt wird. Im Falle des Preiswettbewerbs bremsen keine Kapazitätsschranken den Wettbewerb, sodass es insbesondere bei einem homogenen Gut zu einer sehr hohen Wettbewerbsintensität kommt. Hier kann jeder Oligopolist durch eine Preisunterbietung der Konkurrenz mehr Nachfrage auf sich ziehen und diese auch befriedigen. Ein solcher Preiswettbewerb bei (vollständig) flexiblen Produktionskapazitäten findet sich im Bereich digitaler Güter, insbesondere wenn diese online vertrieben werden, sowie bei manchen einfachen Industriegütern. Meist erfordert die Kapazitätsanpassung jedoch erhebliche Zeit. Dann spricht man von einem Mengenwettbewerb. Denn bei kurzfristig bindenden Produktionskapazitäten ist die beim Kapazitätsaufbau getroffene Entscheidung über die Höhe der Produktionsmenge der entscheidende Aktionsparameter. Der Preis folgt dann später als jener, zu dem man diese Menge verkaufen kann. Der Preis ist im Mengenwettbewerb also entscheidungslogisch gesehen mit der Festlegung der Menge determiniert. Im Mengenwettbewerb macht es bei ausgelasteten Kapazitäten keinen Sinn die Konkurrenten zu unterbieten, weil man die dadurch entstehende Nachfrage gar nicht befriedigen kann. Die durch die Inflexibilität der Produktionskapazitäten bestehenden Kapazitätsschranken setzen gewisse Preisschranken nach unten. Dadurch ist die Wettbewerbsintensität im Mengenwettbewerb kleiner als im Preiswettbewerb. Es ergeben sich daher höhere Preise und höhere Gewinne. In der Realität ist jenseits digitaler Güter der Mengenwettbewerb die dominierende oligopolistische Marktform. Daher wollen wir uns im vorliegenden Kapitel zunächst den Mengenwettbewerb anschauen. Den Preiswettbewerb (insbesondere mit Blick auf digitale Güter) analysieren wir anschließend in Kap. 7.

Beginnen wollen wir im Abschn. 6.2 mit einer Betrachtung des simultanen homogenen Mengenwettbewerbs. Hier ist das betrachtete Gut nicht differenziert und die Anbieter entscheiden simultan über die Höhe der Produktionsmenge bzw. der Produktionskapazität. An diesem vergleichsweise einfachen Fall werden wir zeigen, dass die Mengen als Aktionsparameter so genannte strategische Substitute sind. Das bedeutet, höhere Konkurrentenmengen führen zu einer niedrigeren eigenen gewinnmaximalen Menge und umgekehrt. Ist der Aufbau von Produktionskapazitäten mit dem Eingehen von irreversiblen Kosten verbunden, so können letztere als Mittel zu einer vorteilhaften strategischen Selbstbindung benutzt werden. Bedingung hierfür ist, dass man seinen Konkurrenten beim Kapazitätsaufbau zeitlich voraus ist. Man spricht dann von einem sequenziellen (statt simultanen) Mengenwettbewerb. Diesen empirisch bedeutsamen Fall mit einem Mengenführer, der einen Firstmovervorteil hat, werden wir im Rahmen des Abschn. 6.3 analysieren. In den beiden folgenden Abschn. 6.4 und 6.5 schauen wir wieder auf den simultanen Mengenwettbewerb, dann jedoch bei einem sachlich differenzierten Gut. Der Abschn. 6.4 wird zunächst verdeutlichen, wie eine Produktdifferenzierung die Wettbewerbsintensität senkt und dadurch höhere Preise und Gewinne ermöglicht. Im Abschn. 6.5 greifen wir das Modell Monopolistischer Konkurrenz aus dem Vorkapitel wieder auf und betrachten nun dessen Oligopolvariante. Ziel ist es hier, einen neuen Aspekt der Wohlfahrtsanalyse bei differenzierten Gütern näher zu untersuchen: die Frage nach der Wohlfahrtsoptimalität der sich am Markt ergebenden Variantenzahl, also nach der Wohlfahrtsoptimalität der Produktvielfalt am Markt.

6.2 Simultaner Mengenwettbewerb bei einem homogenen Gut

In diesem Abschnitt betrachten wir einen Markt für ein homogenes Gut mit N aktiven Anbietern, wobei N nicht zu groß sein darf. Die Produktionskapazitäten für das betrachtete Gut seien kurzfristig nicht flexibel, sodass der Wettbewerb den Charakter eines Mengenwettbewerbs habe. Die Oligopolisten entscheiden zeitlich simultan über ihre Kapazitätshöhe und damit über die Höhe der produzierten Menge. Alle Anbieter produzieren unter mit zunehmender Menge steigenden oder konstanten Grenzkosten.

6.2.1 Gewinnmaximierung über Reaktionsfunktionen

Wie bei allen Gütermarktanbietern führt auch bei den Oligopolisten der Abgleich der Grenzkosten der Produktion mit ihren Grenzerlösen beim Verkauf zur gewinnmaximalen Produktionsmenge. Anders als bei Vollkommener Konkurrenz und anders als beim Monopol hängt jedoch im Oligopol die Höhe der eigenen Grenzerlöse merklich von der Mengensetzung jedes einzelnen Konkurrenten ab. Über diese Interdependenz der Grenzerlöse bekommt der Wettbewerb einen strategischen Charakter. Daher schauen wir zunächst einmal auf die Erlös- und die Grenzerlösfunktion eines Oligopolisten im Mengenwettbewerb.

6.2.1.1 Die Erlösfunktion des Oligopolisten
Bei einem homogenen Gut können alle Oligopolisten nur zum gleichen Preis verkaufen. Denn wer einen höheren Preis als die Konkurrenz hat, der wird keine Nachfrager finden. Daher stehen die Oligopolisten einer gemeinsamen Preis-Absatz-Funktion

$$p = p(x_1, \ldots x_i, \ldots x_N) \quad \text{mit} \quad \frac{\partial p}{\partial x_i} < 0 \text{ und } \frac{\partial p}{\partial x_i} = \frac{\partial p}{\partial x_j} = \frac{\partial p}{\partial x} \quad (6.1)$$

gegenüber, die der invertierten Marktnachfragefunktion des betrachteten Gutes und damit der Funktion der maximalen Grenzzahlungsbereitschaft der Nachfrager entspricht. Entsprechend dieser gemeinsamen Preis-Absatz-Funktion hängt der erzielbare Preis eines Oligopolisten nicht nur von der eigenen Menge ab, sondern auch von den Mengensetzungen aller Konkurrenten. Erhöht ein Oligopolist seine Absatzmenge, so sinkt der Preis nicht nur für ihn, sondern für alle Anbieter in gleichem Maße – denn alle verkaufen zum gleichen Preis. Sieht ein Anbieter, dass seine Konkurrenten hohe Kapazitäten aufbauen werden, so ist das eine schlechte Neuigkeit für ihn. Denn das Angebot einer hohen Gesamtmenge wird zu einem niedrigen Marktpreis führen. Damit begründet die gemeinsame Preis-Absatz-Funktion eine sehr direkte strategische Interdependenz.

Für die Erlöse des i-ten Oligopolisten folgt

$$E_i = p(x_1, \ldots x_i, \ldots x_N) x_i, \tag{6.2}$$

seine Grenzerlöse lauten daher

$$\frac{\partial E_i}{\partial x_i} = p(x_1, \ldots x_i, \ldots x_N) + \frac{\partial p}{\partial x_i} x_i. \tag{6.3}$$

Ähnlich wie ein Monopolist kann auch ein Oligopolist im Mengenwettbewerb nur mehr absetzen, wenn er den Preis senkt. Die Grenzerlöse liegen also auch für ihn stets unter dem Preis. Wie anhand der monopolistischen Grenzerlöse im Abschn. 5.2.1 näher ausgeführt, fallen die Grenzerlöse mit steigender Menge, da mit steigender Menge der positive erste Teileffekt kleiner und der negative zweite Teileffekt (betragsmäßig) größer wird.

Der entscheidende Unterschied zu den Grenzerlösen eines Monopolisten besteht in der Abhängigkeit der Höhe der oligopolistischen Grenzerlöse nicht nur von der eigenen Menge, sondern auch von den Mengen der Konkurrenten. Erhöht der j-te Oligopolist seine Menge, so sinkt der (antizipierte) Marktpreis und damit sinkt entsprechend der Gl. (6.3) der Grenzerlös aller Oligopolisten. Dies illustriert die Abb. 6.1.

Leitet man die obigen Grenzerlöse nach einer Konkurrentenmenge x_j ab, so erhält man

$$\frac{\partial \left(\frac{\partial E_i}{\partial x_i} \right)}{\partial x_j} = \frac{\partial^2 E_i}{\partial x_i \partial x_j} = \frac{\partial p}{\partial x_j} + \frac{\partial^2 p}{\partial x_i \partial x_j} x_i. \tag{6.4}$$

Abb. 6.1 Oligopolistische Grenzerlöse und Konkurrentenmenge

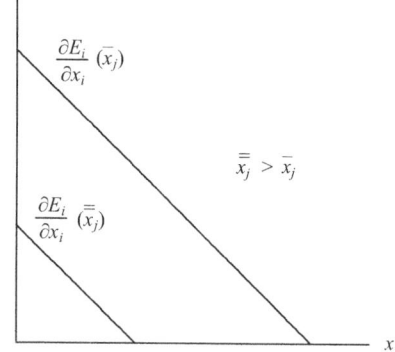

6.2 Simultaner Mengenwettbewerb bei einem homogenen Gut

Diese Kreuzableitung der Grenzerlöse ist bei einem homogenen Gut in beiden Teileffekten identisch mit der direkten zweiten Ableitung der Erlöse nach der eigenen Menge x_i. Wie man an der Ableitung (6.4) sieht, kann eine Mengenerhöhung eines Konkurrenten – genauso wie eine eigene Mengenänderung – neben der Absenkung des Preises selbst (erster und negativer Teileffekt) auch eine Veränderung des realisierten Steigungswerts der Preis-Absatz-Funktion bewirken (zweiter Teileffekt). Im Falle einer konvexen Preis-Absatz-Funktion kann dieser zweite Teileffekt positiv sein. Aber dieser Effekt zweiter Ordnung wird nie den Effekt des Absenkens des Preises selbst bzw. der gesamten Preis-Absatz-Funktion überkompensieren können. Der Effekt einer Mengenerhöhung – sei es die eines Konkurrenten oder eine eigene – auf den Grenzerlös jedes Oligopolisten wird stets negativ sein.

6.2.1.2 Die Outputregel des Oligopolisten

Gegeben seine Prognose hinsichtlich der Konkurrentenmengen und damit den (prognostizierten) Verlauf seiner Grenzerlösfunktion wird ein Oligopolist im homogenen simultanen Mengenwettbewerb seine Menge soweit erhöhen, bis die Grenzerlöse auf die ihnen (im Regelfall) entgegen steigenden Grenzkosten gefallen sind, sodass keine positiven Grenzgewinne unausgeschöpft bleiben. Damit lautet die Outputregel eines Oligopolisten im Mengenwettbewerb bei einem homogenen Gut

$$p(x_1,\ldots x_i,\ldots x_N) + \frac{\partial p}{\partial x_i} x_i = \frac{\partial K_i}{\partial x_i}(x_i). \quad (6.5)$$

Die Abb. 6.2 zeigt diese oligopolistische Variante der Outputregel. Da die Grenzerlöse stets unter dem Preis liegen, liegen die Preise im Mengenwettbewerb stets über den Grenzkosten. Wie bei einem Monopolisten kommt es also auch hier zu einem Aufschlag auf die Grenzkosten und damit zu Gewinnen vor Abzug der Fixkosten sowie zu einem oligopolistischen Wohlfahrtsverlust im Vergleich zur Vollkommenen Konkurrenz. Das Entstehen von Gewinnen trotz oligopolistischer Konkurrenz und trotz der Homogenität des Gutes resultiert letztlich aus der Inflexibilität der Produktionskapazitäten, welche Preisunterbietungen sinnlos macht sobald die Kapazitäten ausgelastet sind. Dies wird im Folgekapitel beim Vergleich mit dem Preiswettbewerb deutlicher werden.

Abb. 6.2 Die oligopolistische Outputregel

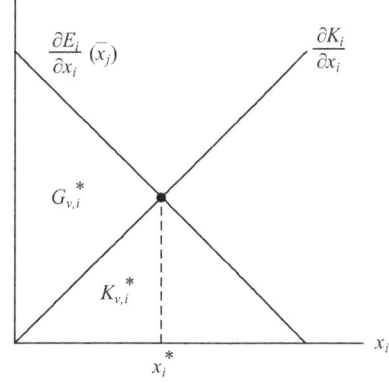

Abb. 6.3 Oligopolistisches Gewinnmaximum und Konkurrentenmenge

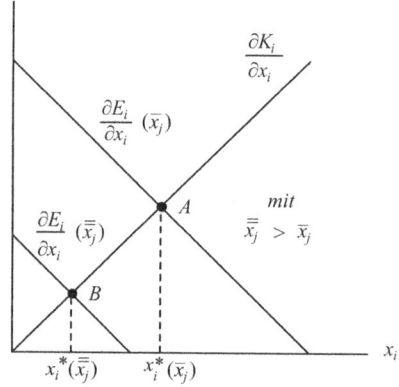

Neu im Vergleich mit der Outputregel eines Monopolisten ist die aus der Abhängigkeit der Grenzerlöse von den Konkurrentenmengen resultierende Interdependenz der einzelwirtschaftlichen Gewinnmaximierungskalküle. Diese Interdependenz illustriert die Abb. 6.3. Hier wird abgebildet, wie eine höhere vorgegebene oder prognostizierte Menge des j-ten Konkurrenten den erwarteten Marktpreis senkt und damit die Grenzerlösfunktion des i-ten Oligopolisten nach unten verschiebt, sodass dessen gewinnmaximale Menge sinkt.

Diesen Zusammenhang zwischen den Mengen zweier Oligopolisten kann man in ein x_i-x_j-Diagramm, den so genannten Strategieraum, übertragen. Dies zeigt die Abb. 6.4. Hier sind zunächst einmal beispielhaft die x_i-x_j-Kombinationen der beiden Punkte A und B aus der Abb. 6.3 eingetragen worden. Macht man dies für alle denkbaren Kombinationen von vorgegebenen bzw. prognostizierten Konkurrentenmengen x_j und den sich als Schnittpunkte der jeweils zugehörigen Grenzerlösfunktionen des i-ten Oligopolisten mit seiner Grenzkostenfunktion ergebenden gewinnmaximalen Mengen x_i, so resultiert die so genannte (Mengen-)Reaktionsfunktion R_i des i-ten Oligopolisten. Diese Reaktionsfunktion zeigt die gewinnmaximale Reaktion des i-ten Anbieters auf eine jeweils vorgegebene oder prognostizierte Mengensetzung des j-ten Anbieters. Ganz allgemein sind

Abb. 6.4 Mengenreaktionsfunktion

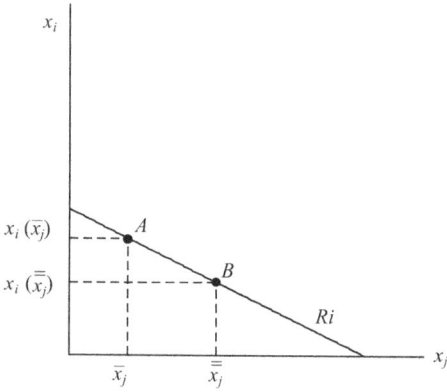

Reaktionsfunktionen im strategischen Wettbewerb die logischen Orte einseitig bester Antworten auf das Konkurrentenverhalten. Im Mengenwettbewerb sind diese besten Antworten die gewinnmaximalen Mengen. Die Reaktionsfunktionen entsprechen den nach dem Aktionsparameter aufgelösten Gewinnmaximierungsbedingungen erster Ordnung. Im Mengenwettbewerb entsprechen sie also der nach der Menge des betrachteten Oligopolisten aufgelösten Outputregel. Die Reaktionsfunktionen des Mengenwettbewerbs verlaufen in der Strategieebene fallend, da gemäß der Outputregel die gewinnmaximale Antwort auf eine Mengenerhöhung der Konkurrenz eine Mengensenkung ist. Man spricht daher von den Mengen als strategischen Substituten. Dies darf keinesfalls mit der Unterscheidung zwischen Substituten und Komplementen bei der Güterklassifikation verwechselt werden (und hat damit auch nichts zu tun).

6.2.2 Das Marktgleichgewicht als Nashgleichgewicht

Mit der Kenntnis nur seiner Reaktionsfunktion weiß der Oligopolist nicht, welche Menge für ihn gewinnmaximal ist. Dazu muss er noch den künftigen Marktpreis prognostizieren, und um den künftigen Marktpreis prognostizieren zu können, muss er sich in die Lage seiner Konkurrenten versetzen und sich überlegen, wie diese ihre gewinnmaximalen Mengen bestimmen. Dazu kann er in einem ersten Schritt deren Reaktionsfunktionen ermitteln, um dann im zweiten Schritt auf der Basis des mittels aller Reaktionsfunktionen abgebildeten Konkurrentenverhaltens eine Prognose für die Konkurrentenmenge insgesamt abzuleiten. Dabei ist die gemeinsame Schnittmenge aller Reaktionsfunktionen die einzig konsistente Prognose der zukünftigen Mengen. Diese Schnittmenge steht für jene Mengenkombination, bei der alle Anbieter im Gewinnmaximum sind. Diese Mengenkombination ist das so genannte Nashgleichgewicht. Nur im Nashgleichgewicht sind alle Mengen wechselseitig beste Antworten. Daher ist es auch die einzig konsistente Prognose der zukünftigen Mengen und damit des Marktpreises. Die Abb. 6.5 illustriert das Konzept des Nashgleichgewichts. Prognostiziert hier der i-te Oligopolist für seinen j-ten

Abb. 6.5 Das Nashgleichgewicht des Mengenwettbewerbs

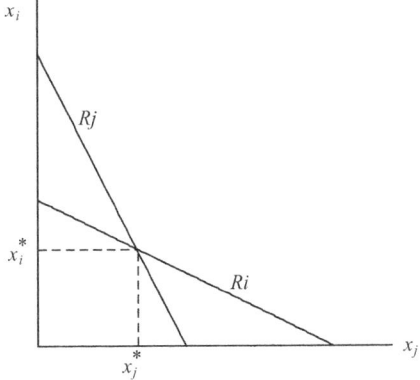

Konkurrenten die Menge x_j^*, so ist für ihn gemäß seiner Reaktionsfunktion R_i die Menge x_i^* gewinnmaximal. Und wenn er diese Menge setzt, so wird der Konkurrent gemäß seiner Reaktionsfunktion R_j auch tatsächlich die prognostizierte Menge x_j^* setzen. Die Prognose ist also konsistent. Jede andere prognostizierte Konkurrentenmenge x_j würde über die R_i zu einer gewinnmaximalen Menge x_i^* führen, bei welcher sich der j-te Anbieter entsprechend seiner Reaktionsfunktion R_j gar nicht gemäß der Prognose verhalten würde. Jede andere Prognose ist also logisch inkonsistent.

Das Nashgleichgewicht ist zugleich umfassendes Dispositionsgleichgewicht und Marktgleichgewicht. Wäre auch nur einer der Oligopolisten nicht auf seiner Reaktionsfunktion, so könnte er sich durch eine Änderung seiner Menge verbessern – und würde durch diese Mengenänderung alle anderen Anbieter von ihren Reaktionsfunktionen, also aus ihren Gewinnmaxima reißen. Dieser Umstand ist es, der den einzelnen Oligopolisten zwingt, das komplette Marktgleichgewicht und seine Rolle darin zu antizipieren. Strategischer Wettbewerb bedeutet also entscheidungstheoretisch gesehen das Denken im Marktgleichgewicht. Es gibt hier keine entscheidungstheoretische Trennung von Marktgleichgewicht und einzelwirtschaftlichem Dispositionsgleichgewicht. Im Falle des Oligopols ist Entscheidungstheorie immer Markttheorie.

Weder die faktische Bedeutung noch die Rolle des Nashgleichgewichts als Marktgleichgewicht des strategischen Wettbewerbs hängen davon ab, dass alle Oligopolisten ihre Prognosen mittels der Reaktionsfunktionen der Konkurrenten als deren Schnittpunkt mit der jeweils eigenen Reaktionsfunktion bilden. Selbst wenn alle Oligopolisten überhaupt keine Prognosen bilden würden, sondern sich rein adaptiv mit ihrer Menge an das jeweils beobachtbare Verhalten der Konkurrenz anpassen würden, wäre das Nashgleichgewicht das Marktgleichgewicht. Denn das Nashgleichgewicht ist bei adaptiven sequenziellen Entscheidungen dynamisch stabil. Dies zeigt die Abb. 6.6 an einem Beispiel mit vollständig adaptivem Verhalten aller Oligopolisten. Hier wurde als Ausgangssituation der Punkt A gewählt. Der Leser kann sich aber auch irgendeinen anderen Startpunkt im Strategieraum aussuchen. (Die Punkte A und B der Abb. 6.6 haben im Übrigen nichts mit den gleichnamigen Punkten in den Abb. 6.3 und 6.4 zu tun.) In dieser Ausgangssituation mit einer sehr niedrigen Menge des j-ten Anbieters und einer sehr hohen Menge des i-ten Anbieters

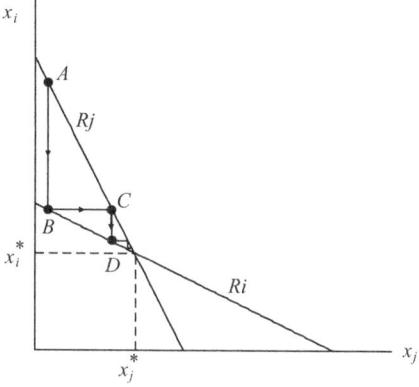

Abb. 6.6 Die Stabilität des Nashgleichgewichts

wäre der j-te Anbieter auf seiner Reaktionsfunktion und hätte bei rein adaptivem Verhalten keinen Grund, seine Mengensetzung zu ändern. Dagegen ist diese Ausgangssituation für den i-ten Anbieter bei adaptivem Verhalten Anlass zu einer drastischen Mengensenkung. Denn gegeben die Menge seines Konkurrenten ist er nur bei einer viel geringeren Menge auf seiner Reaktionsfunktion und damit im Gewinnmaximum. Die bei adaptivem Verhalten – also unter der impliziten Annahme, sein Konkurrent würde auf seine Mengensenkung nicht reagieren – resultierende Menge liegt im Punkt B. Jetzt aber ist der j-te Anbieter nicht mehr im Gewinnmaximum. Gegeben die neue Menge seines Konkurrenten ist seine Menge jetzt viel zu niedrig. Also erhöht er sie solange, bis er im Punkt C seine Reaktionsfunktion erreicht hat. Nun reagiert wieder der i-te Anbieter usw. usf. Dieses adaptive Verhalten ist offensichtlich denkbar dümmlich. Irgendwann dürfte jeder Oligopolist realisieren, dass hier eine Reaktionsverbundenheit besteht. Und dann wird er eine Antizipation der Konkurrentenreaktionen versuchen. Doch selbst wenn diese Erkenntnis nie und bei keinem der Anbieter reifen sollte, kommt der Markt über den Punkt D und einige weitere Schritte dem Nashgleichgewicht sehr schnell sehr nahe. Man kann das auch so formulieren: Das Nashgleichgewicht ist gegenüber beliebig ausgeprägter Prognoseunfähigkeit oder Prognoseunwilligkeit der Anbieter stabil. Daher hängt die faktische Bedeutung des Nashgleichgewichts als Marktgleichgewicht auch nicht an der Annahme rationaler und in die Zukunft denkender Oligopolisten. Die Anbieter müssen allerdings Gewinnmaximierer im Sinne des Abgleichs von Grenzerlösen und Grenzkosten sein.

6.2.3 Zwei Beispiele

Als einfaches Beispiel sei zunächst der Fall zweier Duopolisten betrachtet, welche die gleiche und (anders als in unseren Abbildungen) lineare Kostenfunktion haben und sich einer linearen Gesamtnachfragefunktion gegenübersehen. Es gelte also speziell

$$K_i = kx_i + K_f \quad \text{mit } i = 1, 2$$

sowie

$$x^N = a - bp.$$

Damit lautet die gemeinsame Preis-Absatz-Funktion

$$p = \frac{a}{b} - \frac{1}{b}(x_1 + x_2).$$

Mit dem Marktpreis gemäß dieser Preis-Absatz-Funktion lassen sich die beiden Gewinnfunktionen im Aktionsparameter Menge formulieren:

$$G_1 = \left(\frac{a}{b} - \frac{1}{b}x_1 - \frac{1}{b}x_2\right)x_1 - kx_1 - K_f,$$

$$G_2 = \left(\frac{a}{b} - \frac{1}{b}x_2 - \frac{1}{b}x_1\right)x_2 - kx_2 - K_f.$$

An diesen Gewinnfunktionen kann man nun explizit ablesen, wie die Menge des Konkurrenten sozusagen über den gemeinsamen Preis in die Erlösfunktion und damit in die eigene Zielfunktion gelangt. Angesichts der damit bestehenden strategischen Interdependenz sieht das Entscheidungskalkül z. B. des ersten Anbieters wie folgt aus: Zunächst ermittelt er, welche Menge x_1 für die verschiedenen denkbaren Mengensetzungen der Konkurrenz x_2 jeweils für ihn gewinnmaximal ist. Das heißt, über die Outputregel

$$\frac{a}{b} - \frac{2}{b}x_1 - \frac{1}{b}x_2 = k$$

errechnet er seine Reaktionsfunktion R_1

$$x_1 = 0{,}5(a - bk - x_2).$$

Deutlich sieht man nun die Abhängigkeit der eigenen Grenzerlöse und damit der eigenen gewinnmaximalen Menge von der Konkurrentenmenge. Der Steigungswert der Mengenreaktionsfunktion beträgt in diesem symmetrischen Duopolbeispiel 0,5. Das bedeutet, wenn der betrachtete Duopolist seine Prognose über die Konkurrentenmenge um eine Einheit nach oben korrigiert, ist es für ihn gewinnmaximal, seine eigene Menge um eine halbe Einheit zu senken.

Nun muss er die Mengensetzung x_2 des Konkurrenten prognostizieren. Dazu ermittelt er in einem ersten Schritt, welche Menge x_2 der Konkurrent jeweils als Antwort auf seine Menge x_1 setzen würde. Das heißt, aus der Outputregel des Konkurrenten ermittelt er dessen Reaktionsfunktion R_2. Er weiß, dass der Konkurrent ihn nur dann im Gewinnmaximum (auf seiner Reaktionsfunktion) lässt, wenn auch er (der Konkurrent) im Gewinnmaximum (auf seiner Reaktionsfunktion) ist. Die Mengen müssen bei einer konsistenten Prognose eben wechselseitig beste Antworten sein. Dementsprechend ermittelt er im zweiten Schritt jene x_1-x_2-Kombination, die auf beiden Reaktionsfunktionen liegt – also deren Schnittpunkt. Dies ist das Nashgleichgewicht. Aus der Outputregel des Konkurrenten folgt dessen Reaktionsfunktion R_2 als

$$x_2 = 0{,}5(a - bk - x_1).$$

In die x_1-x_2-Strategieebene des ersten Duopolisten eingezeichnet lautet diese Reaktionsfunktion des zweiten Duopolisten R_2

$$x_1 = a - bk - 2x_2.$$

Die einzig konsistente Prognose der Konkurrentenmenge resultiert im Schnittpunkt der beiden Reaktionsfunktionen aus

$$\frac{a - bk - x_2}{2} = a - bk - 2x_2$$

als

$$x_2^* = \frac{a - bk}{3}.$$

6.2 Simultaner Mengenwettbewerb bei einem homogenen Gut

Gegeben diese Prognose folgt die eigene beste Mengensetzung gemäß der eigenen Reaktionsfunktion R_1 als

$$x_1^* = \frac{a - bk}{3}.$$

Das ist angesichts der vollständigen Symmetrie des Beispiels wenig überraschend. Mit Blick auf die Gesamtmenge gilt somit

$$x^* = \frac{2(a - bk)}{3}.$$

Dies in die Preis-Absatz-Funktion eingesetzt führt zu

$$p^* = \frac{a + 2bk}{3b}.$$

Damit lautet der Stückgewinn eines Anbieters

$$p^* - k = \frac{a - bk}{3b},$$

und für die beiden Gewinne folgt

$$G_i^* = \frac{1}{b}\left(\frac{a - bk}{3}\right)^2 - K_f.$$

Da von der Nachfrageseite her $a - bk$ größer als null sein muss (andernfalls ergäbe sich selbst bei einem Preis in Höhe der Grenzkosten keine positive Nachfrage), resultieren im Nashgleichgewicht positive Stückgewinne und positive Gewinne vor Fixkostenabzug. Dies ist der Fall, obwohl das Gut homogen ist. Ursächlich dafür ist die Inflexibilität der Produktionskapazitäten, welche eine Preisunterbietung der Konkurrenz bei ausgelasteten Kapazitäten sinnlos macht. Vergleicht man das Marktergebnis mit jenem im Monopol bei konstanten Grenzkosten (Abschn. 5.3.3), so sieht man, dass im Duopol die Gesamtmenge höher und damit der Marktpreis niedriger ist.

Als zweites Beispiel betrachten wir den Fall zweier Duopolisten, welche die gleiche und (wie in unseren Abbildungen angenommen) quadratische Kostenfunktion haben (und sich wieder einer linearen Gesamtnachfragefunktion gegenübersehen). Es gelte jetzt:

$$K_i = 2kx_i^2 + K_f.$$

Die variablen Gesamtkosten für den Markt lauten damit

$$K_v = kx^2.$$

Über die Outputregel

$$\frac{a}{b} - \frac{2}{b}x_i - \frac{1}{b}x_j = 4kx_i$$

ergeben sich nun die Reaktionsfunktionen

$$x_i = \frac{a - x_j}{2(1 + 2bk)}.$$

Nutzt man hier das Wissen, dass im Nashgleichgewicht die Mengen gleich hoch sind, so erhält man direkt durch Auflösen die Gleichgewichtsmengen

$$x_i^* = \frac{a}{2(1{,}5 + 2bk)}.$$

Damit lautet die Gesamtmenge am Markt

$$x^* = \frac{a}{1{,}5 + 2bk}.$$

Zum Vergleich: Im Monopol mit quadratischer Kostenfunktion ergibt sich die geringere Menge

$$\frac{a}{2 + 2bk},$$

siehe Abschn. 5.2.3. Bei Vollkommener Konkurrenz ergibt sich die höhere Menge

$$\frac{a}{1 + 2bk},$$

siehe Abschn. 3.2.3. Damit ist der Gleichgewichtspreis im Duopol höher als bei Vollkommener Konkurrenz, aber niedriger als im Monopol.

6.3 Sequentieller Mengenwettbewerb bei einem homogenen Gut

Der Mengenwettbewerb hat sequenziellen Charakter, wenn einer der Oligopolisten seine Menge früher als die anderen festlegt und er sich dabei glaubhaft auf das Angebot dieser Menge verpflichten kann. Man spricht dann von einer Mengenführerschaft. Zu einer solchen Mengenführerschaft reicht die reine Zeitführerschaft – also der bloße Umstand, als erster über seine Menge zu entscheiden – nicht hin. Vielmehr muss diese Entscheidung dazu zudem eine glaubhafte Selbstbindung darstellen. Nur dann entsteht eine sequenzielle Logik. Ohne den selbstbindenden Charakter der Entscheidung bleibt es bei einer reinen Entscheidungssequenz in der Zeit. Es kommt dann mangels Irreversibilität der Entscheidung des Zeitführers aber zu keiner tatsächlichen Sequenz in der Mengenbestimmung. Die Selbstbindung eines Mengenführers ist denkbar glaubhaft, wenn er die gesamte Menge produziert hat, bevor die Mengenfolger am Markt erscheinen. Sie ist aber beispielsweise auch dann glaubhaft, wenn er „nur" schon die Produktionskapazitäten aufgebaut hat und diese Produktionskapazitäten marktspezifisch sind und ihr Aufbau somit irreversible Kosten verursacht hat.

6.3.1 Gewinnmaximierung und Nashgleichgewicht

Das gewinnmaximierende Verhalten der Mengenfolger ist klar. Sie werden sich gemäß ihren Reaktionsfunktionen gewinnmaximal an die Menge des Mengenführers anpassen. Obwohl sie Oligopolisten sind, verhalten sie sich als Mengenanpasser. Der Mengenführer wird dieses Mengenanpassungsverhalten der Folger prognostizieren und damit antizipieren. In seiner Erlösfunktion betrachtet er deren Mengen nicht als vorgegeben, wie er es bei Berechnung seiner Reaktionsfunktion im simultanen Wettbewerb machen würde. Vielmehr berücksichtigt er, dass die Mengen der Folger gemäß deren Reaktionsfunktionen mit der Setzung der eigenen Menge ebenfalls festliegen. Damit kann man seine Erlöse notieren als

$$E_{\text{mfü}} = p\big(x_{\text{mfü}}, \ldots x_j(x_{\text{mfü}}), \ldots x_N(x_{\text{mfü}})\big)\, x_{\text{mfü}} \tag{6.6}$$

mit mfü als Index für den Mengenführer. Für die Grenzerlöse des Mengenführers ergibt sich

$$\frac{\partial E_{\text{mfü}}}{\partial x_{\text{mfü}}} = p(\ldots) + \frac{\partial p}{\partial x_{\text{mfü}}} x_{\text{mfü}} + \ldots + \frac{\partial p}{\partial x_j}\frac{\partial x_j}{\partial x_{\text{mfü}}} x_{\text{mfü}} + \ldots + \frac{\partial p}{\partial x_N}\frac{\partial x_N}{\partial x_{\text{mfü}}} x_{\text{mfü}}. \tag{6.7}$$

Da die Mengen strategische Substitute sind, sind die hinteren und im Vergleich zum simultanen Mengenwettbewerb neuen Terme immer positiv. Der Mengenführer berücksichtigt hier, dass die Folger ihre Mengen reduzieren, wenn er seine Menge um eine Einheit erhöht. Dadurch bedeutet eine Mengenerhöhung um eine Einheit für den Mengenführer eine Erhöhung der Gesamtmenge um weniger als eine Einheit. Dementsprechend fällt der Preis und damit sein Erlös bei Erhöhung der eigenen Menge um eine Einheit um weniger als bei simultanen Wettbewerbern. Der Grenzerlös des Mengenführers liegt somit höher als der Grenzerlös im simultanen Wettbewerb. Damit aber ist auch seine gewinnmaximale Menge höher. Dies illustriert die Abb. 6.7. Dabei ist der i-te Anbieter, der hier zum Vergleich herangezogen wird, zunächst einmal als ein Anbieter

Abb. 6.7 Gewinnmaximum bei Mengenführerschaft

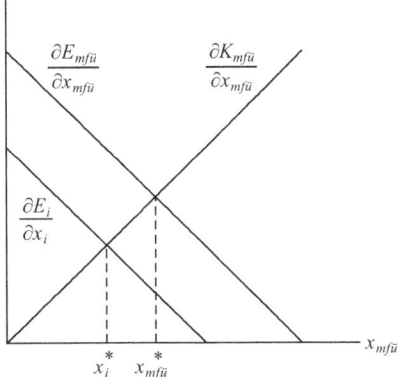

Abb. 6.8 Nashgleichgewicht bei Mengenführerschaft

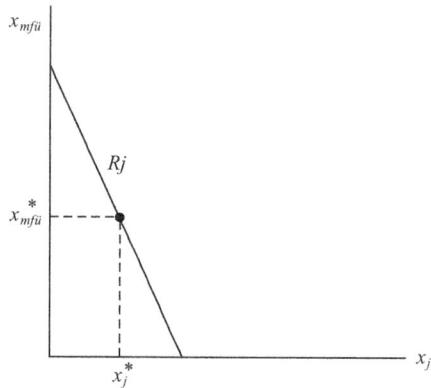

bei simultanem Wettbewerb gedacht. Er kann aber auch als ein Mengenfolger interpretiert werden. Denn auch die Grenzerlöse der Mengenfolger liegen stets unter jenen des Mengenführers. Bei dieser Interpretation ist allerdings zu beachten, dass die Grenzerlöse der Mengenfolger auch noch unter jenen im simultanen Wettbewerb liegen, da die Mengenführermenge höher ist als die Konkurrentenmenge im simultanen Wettbewerb.

Anders als die Folger hat der Mengenführer keine Reaktionsfunktion. Vielmehr sucht er sich auf den Reaktionsfunktionen der Folger seinen gewinnmaximalen Punkt. Dieses Dispositionsgleichgewicht ist zugleich das Nash- und das Marktgleichgewicht des sequenziellen Wettbewerbs. Dies illustriert die Abb. 6.8 unter Verwendung der Reaktionsfunktion eines j-ten Folgers. Deutlich sieht man, dass die Menge des Mengenführers höher ist als jene des Mengenfolgers. Wenn der Leser den Vergleich mit dem Nashgleichgewicht bei simultanem Wettbewerb sehen will, kann er in der Abb. 6.8 eine Reaktionsfunktion R_i hinzuzeichnen, die sich als Spiegelung der R_j an der Winkelhalbierenden ergibt (das wäre dann der Symmetriefall der Abb. 6.5 und 6.6).

Bei gleicher Kostenfunktion impliziert die höhere Menge des Mengenführers angesichts des gemeinsamen Preises einen im Vergleich zu den Folgern höheren Gewinn. Wichtiger ist für den Mengenführer allerdings, dass sein Gewinn höher ist als er es bei simultanem Wettbewerb wäre – also als er wäre, wenn er auf die später kommenden Konkurrenten warten würde und erst mit ihnen simultan seine Menge setzen würde. Es lohnt für einen Zeitführer, sich glaubhaft an eine bestimmte Menge zu binden, bevor die Konkurrenten auftreten, und damit zum Mengenführer zu werden. Die damit implizierte Selbstbeschränkung der eigenen zukünftigen Handlungsmöglichkeiten erweist sich als strategischer Vorteil. Es wäre hier ein Fehler, sich nicht zu binden, sondern flexibel zu bleiben – etwa nach der Regel, erst einmal abzuwarten, was die anderen Anbieter machen. Dies macht das folgende Beispiel deutlich, wenn man es mit dem Beispiel für den simultanen Wettbewerb im vorangegangenen Abschnitt vergleicht.

6.3.2 Ein Beispiel

Als Beispiel sei anknüpfend an den Vorabschnitt wieder der Fall nur zweier Anbieter mit gleicher und linearer Kostenfunktion sowie linearer Preis-Absatz-Funktion betrachtet. Der erste Anbieter sei jetzt ein Mengenführer. Der Mengenfolger passt sich an die Führermenge x_1 gemäß seiner Reaktionsfunktion R_2 an. Diese lautet wie im Vorabschnitt

$$x_2 = 0{,}5(a - bk - x_1).$$

Diese Mengenanpassung antizipiert der Mengenführer. Formal bedeutet das, dass wir in seiner Gewinnfunktion die Folgermenge x_2 gemäß der Reaktionsfunktion R_2 substituieren:

$$G_1 = \left(\frac{a}{b} - \frac{1}{b}x_1 - \frac{1}{b}\frac{a - bk - x_1}{2}\right)x_1 - kx_1 - K_f.$$

Damit lautet die Outputregel des Mengenführers

$$\frac{a}{b} - \frac{2}{b}x_1 - \frac{1}{b}\frac{a - bk - x_1}{2} + \frac{1}{2b}x_1 = k.$$

Neu im Vergleich zum simultanen Fall des Vorabschnitts ist hier der letzte Term auf der Seite der Grenzerlöse. Dieser ist das Produkt aus der Steigung der Preis-Absatz-Funktion, der Steigung der Reaktionsfunktion und der Führermenge; siehe Gl. (6.7). Hier sieht man nun explizit, dass die Grenzerlöse höher sind als im simultanen Wettbewerb, weil die Mengen strategische Substitute sind. Alle weiteren Unterschiede beruhen auf diesem Effekt. Aus der obigen Outputregel folgt die gewinnmaximale Führermenge als

$$x_1^* = \frac{a - bk}{2}.$$

Diese ist höher als beim simultanen Wettbewerb des Vorabschnitts. Die Führermenge in die R_2 eingesetzt ergibt die Folgermenge

$$x_2^* = \frac{a - bk}{4}.$$

Diese ist geringer als beim simultanen Wettbewerb. Mit Blick auf die Gesamtmenge ergibt sich

$$x^* = \frac{3(a - bk)}{4}.$$

Die Gesamtmenge nimmt also durch die Mengenführerschaft zu. Dies ist so, weil der Folger seine Menge um weniger reduziert als der Führer seine Menge ausdehnt bzw. weil die Steigung der Reaktionsfunktion betragsmäßig kleiner als eins ist. Somit muss der Preis nun niedriger sein:

$$p^* = \frac{a + 3bk}{4b}.$$

Aus dem Stückgewinn beider Oligopolisten

$$p^* - k = \frac{a - bk}{4b}$$

folgt für den Mengenführergewinn

$$G_1^* = \frac{1}{2b}\left(\frac{a - bk}{2}\right)^2 - K_f,$$

während der Mengenfolger nur Gewinne in Höhe von

$$G_2^* = \frac{1}{4b}\left(\frac{a - bk}{2}\right)^2 - K_f$$

macht. Der Mengenführer hat also die doppelte Absatzmenge und damit einen doppelt so hohen Gewinn wie der Mengenfolger. Vor allem aber ist sein Gewinn trotz des geringeren Preises höher als der Gewinn eines Anbieters im simultanen Wettbewerb. Es lohnt also für den Zeitführer, sich durch Selbstbindung an eine bestimmte Menge zum Mengenführer zu machen.

6.4 Simultaner Mengenwettbewerb bei einem differenzierten Gut

Hat jeder der Oligopolisten eine etwas andere Variante des betrachteten Gutes, so führt diese sachliche Produktdifferenzierung zu einer Verringerung der Wettbewerbsintensität. Voraussetzung ist allerdings, dass diese Produktdifferenzierung entweder durch eine entsprechende Präferenzdifferenzierung oder durch eine Präferenz für Vielfalt bei jedem einzelnen Nachfrager gedeckt ist. Dann steht jeder Ein-Varianten-Oligopolist einer fallenden Preis-Absatz-Funktion für seine Variante gegenüber. Diese hängt zwar wie die gemeinsame Preis-Absatz-Funktion beim homogenen Gut auch von den Mengensetzungen der Konkurrenz ab. Die Reaktionskoeffizienten sind jetzt jedoch betragsmäßig kleiner.

6.4.1 Gewinnmaximierung und Nashgleichgewicht

Anders als im homogenen Fall gibt es bei Produktdifferenzierung eine variantenspezifische Nachfragefunktion und damit eine Preis-Absatz-Funktion für jeden der Ein-Varianten-Oligopolisten:

$$p_i = p_i(x_1, \ldots x_i, \ldots x_N) \quad \text{mit } \frac{\partial p_i}{\partial x_i} < 0, \; \frac{\partial p_i}{\partial x_j} < 0 \text{ und } \left|\frac{\partial p_i}{\partial x_i}\right| < \left|\frac{\partial p_i}{\partial x_j}\right|. \tag{6.8}$$

6.4 Simultaner Mengenwettbewerb bei einem differenzierten Gut

Da die Varianten eines Gutes untereinander gute Substitute sind, führt eine Mengenerhöhung bei einer Variante über die damit verursachte Preissenkung bei dieser Variante bei allen anderen Varianten zu einer Absenkung der gesamten Preis-Absatz-Funktion. Diese Auswirkung einer Änderung einer Konkurrentenmenge auf den eigenen Preis ist allerdings wegen der Produktdifferenzierung betragsmäßig geringer als die Auswirkung einer gleichgroßen Änderung der eigenen Menge. Dies ist der (einzige) Unterschied zum Fall des Mengenwettbewerbs bei einem homogenen Gut. Bei letzterem spielt es für das Ausmaß des Preisverfalls keine Rolle, ob man selbst oder ein Konkurrent seine Menge um eine Einheit erhöht hat; siehe Gl. (6.1). Somit vermindert die Produktdifferenzierung die Intensität des Wettbewerbs. Mit Blick auf die Erlöse gilt jetzt

$$E_i = p_i(x_1, \ldots x_i, \ldots x_N) x_i,$$

sodass die Grenzerlöse resultieren als

$$\frac{\partial E_i}{\partial x_i} = p_i(x_1, \ldots x_i, \ldots x_N) + \frac{\partial p_i}{\partial x_i} x_i.$$

Entscheidend ist hier nun, dass die Reaktion des eigenen Grenzerlöses auf eine Mengenänderung der Konkurrenz

$$\frac{\partial \left(\frac{\partial E_i}{\partial x_i} \right)}{\partial x_j} = \frac{\partial^2 E_i}{\partial x_i \partial x_j} = \frac{\partial p_i}{\partial x_j} + \frac{\partial^2 p_i}{\partial x_i \partial x_j} x_i$$

entsprechend der Gl. (6.8) geringer ausfällt als bei einem nicht differenzierten Gut. Bei gleicher Kostenfunktion führt das gemäß der Outputregel zu einer geringeren Reaktionsverbundenheit. Die (jeweils eigene) Mengenreaktionsfunktion wird im Falle differenzierter Varianten also (im eigenen Strategieraum) flacher verlaufen als bei einem homogenen Gut. Dies illustriert die Abb. 6.9. An dieser Abbildung sieht man auch, wie die abnehmende Reaktionsverbundenheit zu höheren gewinnmaximalen Mengen der

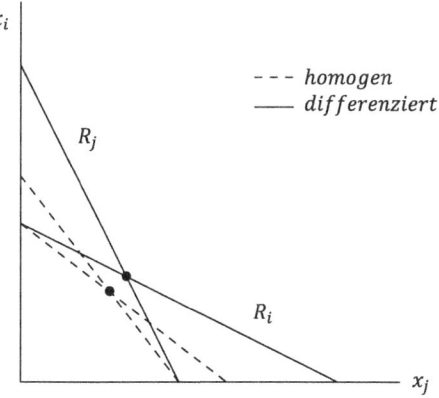

Abb. 6.9 Nashgleichgewicht und Produktdifferenzierung

einzelnen Varianten führt. Dennoch werden auch die zugehörigen Preise der Varianten höher sein als bei Homogenität. Denn eine gleiche kumulierte Konkurrenzmenge würde bei Produktdifferenzierung zu einer höheren eigenen Menge führen als bei Homogenität. Insgesamt gesehen bewirkt die Produktdifferenzierung damit höhere Gewinne. Dies wird das folgende Beispiel deutlicher machen.

6.4.2 Ein Beispiel

Wir schauen auf ein Beispiel mit einem repräsentativen Duopolisten bzw. einer repräsentativen Variante sowie mit linearen Kosten- und linearen Nachfragefunktionen. Bezugspunkt ist das Duopolbeispiel für den simultanen Mengenwettbewerb bei einem homogenen Gut aus dem Abschn. 6.2.3. In dieses führen wir nun eine Produktdifferenzierung ein, sodass jetzt jeder Duopolist eine eigene Preis-Absatz-Funktion

$$p_i = \frac{a}{b} - \frac{1}{b}x_i - gx_j \quad \text{mit } \frac{\partial p_i}{\partial x_i} = -\frac{1}{b} \text{ und } \frac{\partial p_i}{\partial x_j} = -g$$

hat. Neu ist hier der Parameter g anstelle von $1/b$ vor der Konkurrentenmenge. Dieser Parameter g steht für die Kreuzableitung der Preis-Absatz-Funktion. Bei vollkommenen Substituten ist $g = 1/b$ bzw. $gb = 1$. Damit ist der homogene Mengenwettbewerb als Sonderfall mitberücksichtigt. Bei Produktdifferenzierung gilt dagegen

$$0 < g < \frac{1}{b} \quad \text{bzw.} \quad 0 < gb < 1.$$

Je kleiner g ist, desto schlechtere Substitute sind die Varianten. Die Gewinne sind

$$G_i = \left(\frac{a}{b} - \frac{1}{b}x_i - gx_j\right)x_i - kx_i - K_f.$$

Also lautet die Outputregel

$$\frac{a}{b} - \frac{2}{b}x_i - gx_j = k.$$

Daraus könnten wir die Mengenreaktionsfunktion des repräsentativen Duopolisten R_i ableiten:

$$x_i = 0{,}5(a - bk - gbx_j).$$

Im Vergleich mit dem Beispiel des Abschn. 6.2.3 und unter Berücksichtigung von $gb<1$ wird jetzt explizit deutlich, dass die Reaktionsfunktionen nun flacher verlaufen. Analoges ergibt sich für seinen Konkurrenten. Dessen Reaktionsfunktion R_j nach der Menge x_i aufgelöst lautet

$$x_i = \frac{a - bk}{gb} - \frac{2}{gb}x_j.$$

6.5 Mengenwettbewerb und Produktvielfalt

Das Nashgleichgewicht des heterogenen Mengenwettbewerbs als Schnittpunkt dieser beiden Reaktionsfunktionen erhält man durch Gleichsetzen der beiden letzten Gleichungen zunächst als

$$x_i^* = \frac{(2-gb)(a-bk)}{4-g^2b^2}.$$

Faktorisierung des Nenners zu $(2-gb)(2+gb)$ führt schließlich zu den gewinnmaximierenden Nashgleichgewichtsmengen

$$x_i^* = \frac{a-bk}{2+gb}.$$

Mit $gb=1$ resultiert hier wieder das Ergebnis des homogenen Mengenwettbewerbs aus Abschn. 6.2.3. Bei differenzierten Produkten mit $gb<1$ sind die gewinnmaximalen Mengen höher. Einsetzen dieser Gleichgewichtsmengen in die Preis-Absatz-Funktion führt zu Variantenpreisen von

$$p_i^* = \frac{a+(1+gb)bk}{b(2+gb)}.$$

Damit lauten die Stückgewinne

$$p_i^* - k = \frac{a-bk}{b(2+gb)}$$

und der Gewinn pro Variante bzw. für den repräsentativen Duopolisten

$$G_i^* = \frac{1}{b}\left(\frac{a-bk}{2+gb}\right)^2 - K_f$$

mit $gb<1$ bei Differenzierung und $gb=1$ bei Homogenität. Setzt man letzteres ein, hat man wieder die Ergebnisse des Abschn. 6.2.3. Der Gewinn ist bei Produktdifferenzierung höher und umso höher, je kleiner g ist, also je schlechtere Substitute die Varianten sind.

6.5 Mengenwettbewerb und Produktvielfalt

In diesem letzten Abschnitt wollen wir das Modell Monopolistischer Konkurrenz zwischen vielen kleinen Ein-Varianten-Anbietern aus dem Abschn. 5.4 wieder aufgreifen, jetzt aber als Modell Oligopolistischer Konkurrenz zwischen einigen wenigen Ein-Varianten-Oligopolisten. Im Vorkapitel hatten wir angenommen, die Zahl der Anbieter sei so groß, dass man den Einfluss des Einzelnen auf den Gesamtmarkt vernachlässigen kann. Dann ergibt sich die Näherungslösung der Monopolistischen Konkurrenz, bei welcher die strategische Interdependenz unberücksichtigt bleibt. Im Folgenden soll nun die Oligopollösung hergeleitet werden. Außerdem werden wir nun eine Wohlfahrtsanalyse durchführen, die der Frage nachgeht, ob bzw. inwieweit der Markt die wohlfahrtsoptimale Produktvielfalt bereitstellt. Da im vorliegenden Modell bei den Nachfragern eine Präferenz für Vielfalt angenommen wird, ist dies keine triviale Fragestellung. Denn bei Präferenz für Vielfalt steigt einerseits die Konsumentenrente mit der Anzahl der Varianten; andererseits erfordert die Produktion jeder weiteren Variante die Inkaufnahme eines weiteren Produktionsfixkostenblocks. Präferenz für Produktvielfalt ist sicherlich für viele Märkte eine treffende Annahme. Nicht jeder will immer dieselbe Schokolade essen, denselben Wein trinken und dasselbe Fernsehprogramm anschauen.

6.5.1 Nutzenmaximierung und Nachfrage

Die wesentlichen Annahmen und die unverändert gültigen Ergebnisse des Abschn. 5.4 hinsichtlich der Nachfrageseite seien noch einmal kurz zusammengefasst: Alle Ein-Varianten-Anbieter haben die gleiche lineare Kostenfunktion. Für die Nachfrager gilt eine Cobb-Douglas-Nutzenindexfunktion über die Varianten des betrachteten Gutes einerseits und alle anderen Güter andererseits, über die Varianten des betrachteten Gutes aber eine CES-Nutzenindexfunktion

$$X_j = \left(\sum_{i=1}^{N} x_{ij}^{\frac{\sigma+1}{\sigma}} \right)^{\frac{\sigma}{\sigma+1}}.$$

Die für alle Variantenpaare gleiche Substitutionselastizität ist kleiner als minus eins. Der zum obigen CES-Mengenindex bei Nutzenmaximierung gehörige Preisindex über alle Variantenpreise lautet

$$P = \left(\sum_{i=1}^{N} p_i^{1+\sigma} \right)^{\frac{1}{1+\sigma}}.$$

Nutzenmaximierung führt zu den über alle Haushalte aggregierten Nachfragefunktionen für eine Variante

$$x_i^N = \frac{C}{p_i^{-\sigma} P^{1+\sigma}}$$

mit C als den Gesamtausgaben für das betrachtete Gut. Für diese Nachfragefunktion ergibt sich die Preiselastizität der Nachfrage

$$\varepsilon_{x_i^N, p_i} = \sigma - (1+\sigma)\varepsilon_{P,p_i}.$$

Vernachlässigt man hier den Einfluss des Preises eines einzelnen Anbieters auf den Preisindex, so entspricht die Preiselastizität der Nachfrage der Substitutionselastizität. Unter dieser Annahme kamen wir im Abschn. 5.4 zur Lösung der Monopolistischen Kon-

6.5 Mengenwettbewerb und Produktvielfalt

kurrenz. Diese kann für eine große Anbieterzahl als gute Näherungslösung betrachtet werden. Ist die Anbieterzahl jedoch gering, so kommt es über den Preisindex zu einer merklichen und für das Marktergebnis bedeutsamen Interdependenz. Diesen Fall der oligopolistischen Konkurrenz wollen wir im Folgenden analysieren.

Aus dem obigen Preisindex ergibt sich für seine Einzelpreiselastizität

$$\varepsilon_{P,p_i} = \frac{\frac{\partial P}{P}}{\frac{\partial p_i}{p_i}} = \frac{\frac{\partial P}{\partial p_i}}{\frac{P}{p_i}} = \frac{\frac{1}{1+\sigma}\left(\sum_{i=1}^{N} p_i^{1+\sigma}\right)^{\frac{1}{1+\sigma}-1}(1+\sigma)p_i^{\sigma}}{\frac{\left(\sum_{i=1}^{N} p_i^{1+\sigma}\right)^{\frac{1}{1+\sigma}}}{p_i}},$$

also

$$\varepsilon_{P,p_i} = \frac{p_i^{1+\sigma}}{P^{1+\sigma}} = \left(\frac{p_i}{P}\right)^{1+\sigma}.$$

Damit lässt sich die Preiselastizität der Nachfrage zunächst einmal schreiben als

$$\varepsilon_{x_i^N,p_i} = \sigma - (1+\sigma)\left(\frac{p_i}{P}\right)^{1+\sigma}.$$

Das Nashgleichgewicht könnten wir nun durch Einsetzen dieser Gleichung für die Preiselastizität der Nachfrage in die Outputregel mit der Formulierung des Grenzerlöses über die Amoroso-Robinson-Relation ermitteln. Es ergäben sich N Reaktionsfunktionen, deren Schnittpunkt das Nashgleichgewicht wäre. Da wir aber wissen, dass das Marktgleichgewicht symmetrisch sein wird, wissen wir auch, dass gelten wird

$$P^{1+\sigma} = Np_i^{1+\sigma}$$

und damit

$$\varepsilon_{x_i^N,p_i} = \sigma - \frac{1+\sigma}{N}. \tag{6.9}$$

Dies wollen wir uns bei der Ermittlung der exakten Oligopollösung zunutze machen. Die Formulierung (6.9) zeigt im Übrigen denkbar deutlich, wo der Näherungsfehler bei der Lösung der Monopolistischen Konkurrenz über die Näherung „Preiselastizität der Nachfrage gleich Substitutionselastizität" liegt: In Wirklichkeit ist die Zahl der Anbieter für die Höhe der Preiselastizität und damit für die Intensität des Wettbewerbs von Bedeutung. Nur für eine große Zahl von Anbietern ist Monopolistische Konkurrenz eine gute Näherung. Dagegen wird beispielsweise im Duopol und bei einer Substitutionselastizität von minus zwei die Preiselastizität der Nachfrage bei der Näherungslösung um ein Drittel überschätzt. Beim Zutritt weiterer Anbieter mit neuen Varianten bleibt die Preiselastizität der Nachfrage nicht konstant (wie bei Monopolistischer Konkurrenz), sondern steigt betragsmäßig.

6.5.2 Gewinnmaximierung und Nashgleichgewicht

Einsetzen der Preiselastizität der Nachfrage (6.9) in die Outputregel führt zu

$$p_i\left(1 + \frac{1}{\sigma - \frac{1+\sigma}{N}}\right) = k \qquad (6.10)$$

und damit zu den Variantenpreisen im Nashgleichgewicht

$$p_i^* = \frac{1}{1 + \frac{1}{\sigma - \frac{1+\sigma}{N}}} k. \qquad (6.11)$$

Diese fallen (wie üblich) mit steigender Anbieterzahl. Im Niveau sind sie höher als ihre Näherung im Modell Monopolistischer Konkurrenz. Einsetzen der Gleichgewichtspreise in die bei Symmetrie geltende Ausgabengleichung

$$p_i^* x_i^* = \frac{C}{N}$$

führt zu den zugehörigen Mengen

$$x_i^* = \frac{C}{Nk}\left(1 + \frac{1}{\sigma - \frac{1+\sigma}{N}}\right). \qquad (6.12)$$

Diese sind niedriger als unter Monopolistischer Konkurrenz abgeschätzt. Für den Gewinn eines Oligopolisten im Nashgleichgewicht gilt

$$G_i^* = \frac{C}{N} \frac{1}{\frac{1+\sigma}{N} - \sigma} - K_f. \qquad (6.13)$$

Dies ist mehr als sich unter der Annahme Monopolistischer Konkurrenz ergibt.

Hinsichtlich des qualitativen Einflusses der Substitutionselastizität auf dieses Marktgleichgewicht ergibt sich im Vergleich zur Lösung der Monopolistischen Konkurrenz nichts Neues: Je bessere Substitute die Varianten sind, desto niedriger sind die Preise und Gewinne und desto höher ist die Menge pro Variante. Betrachtet man den Betrag der Substitutionselastizität als ein Maß der Produktdifferenzierung, so kann man auch formulieren: Je ausgeprägter die Produktdifferenzierung ist, desto höher sind Preise und Gewinne. Mit Blick auf die Anbieterzahl sehen wir nun: Wenn die Anbieterzahl steigt, steigt die Preiselastizität der Nachfrage betragsmäßig. Daher fallen dann die Preise und Gewinne. Es fallen mit steigender Anbieterzahl auch die Mengen pro Variante.

In der Modellvariante mit einer repräsentativen Produktvariante führt der Zutritt eines weiteren Anbieters dazu, dass der Gewinn aller um den gleichen Betrag sinkt, da alle in einem identischen Konkurrenzverhältnis zueinander stehen. Bei freiem Marktzutritt treten solange weitere Anbieter zu, bis der Gewinn des repräsentativen Anbieters

6.5 Mengenwettbewerb und Produktvielfalt

so weit gesunken ist, dass bei einem weiteren Zutritt alle Verluste machen würden. Die zugehörige Anbieter- und Variantenzahl ergibt sich aus Gl. (6.13) und der Nullgewinnbedingung des Marktgleichgewichts bei freiem Marktzutritt als

$$N^* = \frac{C}{-\sigma K_f} + \frac{1+\sigma}{\sigma}. \tag{6.14}$$

Dies ist die vom Markt realisierte Produktvielfalt. Die Näherungslösung der Monopolistischen Konkurrenz unterscheidet sich von (6.14) lediglich dadurch, dass der zweite Term fehlt. Dieser kann den Wert eins nicht überschreiten. Wie schon im Abschn. 5.4 gezeigt, kann man feststellen: Die Variantenzahl steigt mit dem Verhältnis zwischen der Marktgröße C zu den Produktionsfixkosten einer Variante. Außerdem steigt die Produktvielfalt mit betragsmäßig fallender Substitutionselastizität: Je schlechtere Substitute die Varianten sind, desto mehr Varianten sind am Markt. Der gewinnmaximale Variantenpreis bei freiem Zutritt folgt als

$$p_i^{**} = \frac{1}{1 - \frac{K_f}{C}} \frac{\sigma}{\sigma + 1} k.$$

Dieser Gleichgewichtspreis ist also umso höher, je schlechtere Substitute die Varianten sind. Zudem hängt er vom Verhältnis von Marktgröße zu Fixkosten ab. Für die Gleichgewichtsmenge bei freiem Zutritt folgt

$$x_i^{**} = \frac{-(\sigma + 1)K_f}{k} \frac{1}{1 - \frac{\sigma}{\frac{C}{K_f} - 1}}.$$

Die Mengen pro Variante liegen also bei freiem Marktzutritt umso niedriger, je schlechtere Substitute die Varianten sind.

6.5.3 Wohlfahrtsanalyse

In diesem Abschnitt geht es zunächst um die Frage, welcher Grad an Produktvielfalt bzw. welche Variantenzahl wohlfahrtsmaximal ist. Dabei soll die Nebenbedingung gelten, dass die Unternehmen nicht subventioniert werden. Angesichts ihrer linearen Kostenfunktionen sind die Unternehmen alle Natürliche Monopolisten ihrer Variante und die Preise können auch bei freiem Zutritt neuer Varianten nicht auf die Grenzkosten, sondern nur auf die Stückkosten fallen (siehe Abschn. 5.3.2). Wir suchen daher nach einer zweitbesten Lösung als Wohlfahrtsmaßstab für das Marktergebnis des Vorabschnitts. Dabei geht es um die optimale Lösung des Zielkonflikts zwischen mit zunehmender Variantenzahl steigender höherer Konsumentenrente einerseits und den mit zunehmender Variantenzahl steigenden kumulierten Produktionsfixkosten andererseits. Von den drei Größen p_i, x_i und N können nur zwei unabhängig voneinander gesetzt werden, die dritte

Größe folgt dann zwingend. Diese kollineare Abhängigkeit resultiert aus der Nullgewinnbedingung des freien Marktzutritts.

Da der repräsentative Anbieter bei freiem Marktzutritt genau seine Fixkosten deckt, entspricht das gesamtwirtschaftlich zweitbeste Wohlfahrtsmaximum dem Nutzenmaximum des repräsentativen Haushalts. Wir müssen also nur den CES-Mengenindex über alle Varianten unter der Nebenbedingung der Kostendeckung in der Produktion maximieren. Dabei nutzen wir die Symmetrie des Ansatzes:

$$X_j = \left(\sum_{i=1}^{N} x_{ij}^{\frac{\sigma+1}{\sigma}}\right)^{\frac{\sigma}{\sigma+1}} = N^{\frac{\sigma}{\sigma+1}} x_{ij}.$$

Außerdem fällt die Lösung leichter, wenn wir das Problem in Variantenzahl und Preis formulieren. Dazu nutzen wir $x_i = C/(p_i N)$ und erhalten damit den Lagrange-Ansatz

$$\mathcal{L} = \underbrace{\frac{CN^{-\frac{1}{\sigma+1}}}{p_i}}_{X_j} + \lambda\left((p_i - k)\frac{C}{p_i N} - K_f\right).$$

Hier ist der erste Term der Nutzen des repräsentativen Nachfragers als die zu maximierende Zielfunktion. In der Klammer nach dem Lagrange-Multiplikator λ folgt die dabei einzuhaltende Nebenbedingung der Kostendeckung in der Produktion. Es gibt drei Nutzenmaximierungsbedingungen erster Ordnung BEO I bis BEO III: Die Nebenbedingung der Kostendeckung

$$\frac{\partial \mathcal{L}}{\partial \lambda} = (p_i - k)\frac{C}{p_i N} - K_f = 0 \qquad \text{(BEO I)}$$

bzw.

$$K_f = (p_i - k)\frac{C}{p_i N}$$

und mit Blick auf die Wirkung der Anbieterzahl

$$\frac{\partial \mathcal{L}}{\partial N} = -\frac{CN^{-\frac{\sigma-2}{\sigma+1}}}{(\sigma+1)p_i} - \lambda \underbrace{(p_i - k)\frac{C}{p_i N^2}}_{K_f/N \text{ gemäß (BEO I)}} = 0 \qquad \text{(BEO II)}$$

bzw.

$$\lambda = -\frac{CN^{\frac{\sigma}{\sigma+1}}}{(\sigma+1)p_i K_f}$$

sowie mit Blick auf die Wirkung des Variantenpreises

6.6 Zusammenfassung

$$\frac{\partial \mathcal{L}}{\partial p_i} = -\frac{CN^{-\frac{1}{\sigma+1}}}{p_i^2} + \lambda \left(\frac{C}{p_i N} - \underbrace{(p_i - k)\frac{C}{p_i^2 N}}_{K_f/p_i \text{ gemäß (BEO I)}} \right) = 0 \qquad \text{(BEO III)}$$

bzw.

$$\lambda = -\frac{CN^{\frac{\sigma}{\sigma+1}}}{p_i\left(K_f - \frac{C}{N}\right)}.$$

Aus den beiden letzten Bedingungen mit jeweils genutzter Nebenbedingung folgt die wohlfahrtsmaximale Variantenzahl als

$$N^{\text{wo}} = \frac{C}{-\sigma K_f}. \qquad (6.15)$$

Vergleicht man diese wohlfahrtsoptimale Lösung mit dem Nashgleichgewicht, so ist festzustellen, dass gilt

$$N^* = N^{\text{wo}} + \frac{\sigma + 1}{\sigma}.$$

Das heißt: Am Markt ergibt sich das wohlfahrtsoptimale Maß an Produktvielfalt, maximal (etwas weniger als) eine Variante zu viel. Der Zielkonflikt zwischen kumulierten Produktionsfixkosten NK_f einerseits und der Befriedigung der Präferenz für Produktvielfalt andererseits wird vom Markt in wohlfahrtsoptimaler Weise gelöst.

6.6 Zusammenfassung

1. In Oligopolen besteht zwischen den Konkurrenten eine direkte Entscheidungsinterdependenz, d. h. die Aktionsparametersetzung eines Oligopolisten hat merklichen Einfluss auf die gewinnmaximalen Aktionsparametersetzungen aller anderen Oligopolisten. Dadurch bekommen die Entscheidungen eines Oligopolisten einen im Sinne der Spieltheorie strategischen Charakter. Derartige strategische Entscheidungen lassen sich mithilfe des Konzepts des Nashgleichgewichts treffen.
2. Haben die Kapazitätsentscheidungen der Oligopolisten kurzfristig bindenden Charakter (empirischer Regelfall), so stehen die Konkurrenten in einem so genannten Mengenwettbewerb (Kapazitätswettbewerb). Hier folgt der Preis entscheidungslogisch der Mengensetzung. Ist die Produktionskapazität dagegen auch kurzfristig flexibel, wie beispielsweise bei digitalen Gütern, so liegt ein so genannter Preiswettbewerb vor. Hier folgt die Menge entscheidungslogisch der Preissetzung.

3. Im Mengenwettbewerb führt die aus der Inflexibilität der Produktionskapazitäten resultierende Dämpfung der Wettbewerbsintensität selbst bei einem homogenen Gut zu Preisen über den Grenzkosten.
4. Im Mengenwettbewerb fallen die eigenen Grenzerlöse bei steigenden Konkurrentenmengen (weil dann der gemeinsame Preis fällt). Gemäß der Outputregel bedeutet das: Je höher die Mengen der Konkurrenz, umso niedriger die eigene gewinnmaximale Menge. Mengen sind also als Aktionsparameter strategische Substitute.
5. Da Mengen strategische Substitute sind, verlaufen die Mengenreaktionsfunktionen als geometrische Orte einseitig bester Antworten auf die Mengensetzungen der Konkurrenten fallend.
6. Bei strategischem Wettbewerb sind die einzelwirtschaftlichen Dispositionsgleichgewichte und das Marktgleichgewicht als Nashgleichgewicht nicht voneinander zu trennen. Das einzelwirtschaftliche Gewinnmaximum ist nur als konsistenter Teil eines alle Konkurrenten umfassenden Nashgleichgewichts ableitbar.
7. Im simultanen Mengenwettbewerb ergibt sich das Nashgleichgewicht als Schnittpunkt der Mengenreaktionsfunktionen aller Konkurrenten. Nur in diesem Schnittpunkt sind alle gesetzten Mengen wechselseitig beste (gewinnmaximale) Antworten. Nur im Nashgleichgewicht sind die Prognosen hinsichtlich des Konkurrentenverhaltens konsistent.
8. Haben die Investitionen in den Kapazitätsaufbau zumindest teilweise den Charakter irreversibler Kosten und ist ein Anbieter hinsichtlich der Mengensetzung (also des Kapazitätsaufbaus) ein Firstmover, so liegt ein sequenzieller Mengenwettbewerb vor.
9. Hier kann der Mengenführer die Mengenanpassung des Mengenfolgers gemäß dessen Mengenreaktionsfunktion an seine Mengenvorgabe antizipieren. Dies führt für den Mengenführer zu höheren Grenzerlösen (als bei simultaner Mengenfestlegung): Bei der eigenen Mengenfestlegung weiß er, dass wenn er eine Einheit mehr anbietet, die später folgende Konkurrenz eine etwas kleinere Menge wählt. Dadurch fällt der Anstieg der Gesamtmenge am Markt geringer aus als eine Einheit und der Marktpreis (und mit ihm die Grenzerlöse) fallen dementsprechend weniger stark.
10. Die höher liegende Grenzerlösfunktion führt zu einer höheren gewinnmaximalen Menge und zu einem höheren Gewinn als bei simultanem Wettbewerb (und als beim Mengenfolger). Dies ist ein Beispiel dafür, wie man seinen Gewinn durch eine strategische Selbstbindung erhöhen kann.
11. Durch eine Produktdifferenzierung vermindert sich die Reaktionsverbundenheit zwischen den oligopolistischen Konkurrenten: Die Grenzerlöse reagieren schwächer auf eine Mengenänderung der Konkurrenz.
12. Wegen der verminderten Intensität der Reaktionsverbundenheit verlaufen die Mengenreaktionsfunktionen flacher als bei einem nicht differenzierten Gut. Dies führt zu höheren gewinnmaximalen Mengen und Preisen und damit zu höheren Gewinnen als ohne Produktdifferenzierung.
13. In einer oligopolistischen Konkurrenz zwischen symmetrisch differenzierten Varianten eines Gutes und einer Präferenz für Vielfalt beim repräsentativen Nachfrager kommt es bei freiem Marktzutritt für die Ein-Varianten-Anbieter zur wohlfahrtsoptimalen Variantenzahl bzw. zum wohlfahrtsoptimalen Grad an Produktvielfalt.

Der oligopolistische Mengenwettbewerb bei einem homogenen Gut (simultan und sequenziell) ist beispielsweise Gegenstand der Unterkapitel F.1 bis F.3 in Pfähler und Wiese (2008) sowie – recht ausführlich – der Unterkapitel 17.3 und 17.5 in Feess (2000). Bei letzterem findet sich im Unterkapitel 17.4 zudem eine Behandlung des Mengenwettbewerbs bei einem differenzierten Gut. Das von uns abgehandelte Beispiel zum oligopolistischen Mengenwettbewerb bei Produktdifferenzierung basiert auf dem Unterkapitel 3.7 von Martin (2002). Unsere Erläuterungen zur sich bei oligopolistischem Mengenwettbewerb einstellenden Produktvielfalt basieren auf dem Unterkapitel 3.2 in Beath und Katsoulacos (1991).

Literatur

[1] Beath J, Katsoulacos Y (1991) The Economic Theory of Product Differentiation. Cambridge University Press, Cambridge/UK
[2] Feess E (2000) Mikroökonomie, 2. Aufl. Metropolis, Marburg
[3] Martin S (2002) Advanced Industrial Economics, 2. Aufl. Blackwell, Oxford
[4] Pfähler W, Wiese H (2008) Unternehmensstrategien im Wettbewerb, 3. Aufl. Springer, Berlin u. a. O.

Oligopolistischer Preiswettbewerb

Inhaltsverzeichnis

7.1 Einführung 183
7.2 Simultaner Preiswettbewerb bei einem homogenen Gut 185
      7.2.1 Gewinnmaximierung und Nashgleichgewicht 185
      7.2.2 Wohlfahrtsanalyse 188
7.3 Simultaner Preiswettbewerb bei einem differenzierten Gut 189
      7.3.1 Erlöse und Kosten im Preiswettbewerb 189
      7.3.2 Die Preissetzungsregel 192
      7.3.3 Das Marktgleichgewicht als Nashgleichgewicht 194
      7.3.4 Ein Beispiel 195
7.4 Preiswettbewerb bei horizontaler Produktdifferenzierung 197
      7.4.1 Nutzenmaximierung und Nachfrage 198
      7.4.2 Gewinnmaximierung und Nashgleichgewicht 200
7.5 Preiswettbewerb bei vertikaler Produktdifferenzierung 202
      7.5.1 Nutzenmaximierung und Nachfrage 203
      7.5.2 Gewinnmaximierung und Nashgleichgewicht 205
7.6 Zusammenfassung 206
Literatur 208

7.1 Einführung

Der oligopolistische Preiswettbewerb ist stets wesentlich härter als der entsprechende Mengenwettbewerb, weil in ihm die Mengen bzw. Kapazitäten mit hoher Geschwindigkeit angepasst werden können. Dies wird bei fehlender Produktdifferenzierung besonders deutlich. Deshalb werden wir im Abschn. 7.2 mit der Betrachtung des Falls eines homogenen Gutes beginnen. Anders als im homogenen Mengenwettbewerb wird im homogenen Preiswettbewerb die Neigung der Oligopolisten, sich durch gegenseitige Preisunterbietung die Nachfrager abzuwerben, durch keine Kapazitätsschranken gebremst. Dementsprechend sind hier bei gleichen Kostenfunktionen aller Anbieter kaum Gewinne zu machen. Aus dieser unbefriedigenden Situation gibt es für die Oligopolisten drei Auswege: Wettbewerbsbeschränkende Preisabsprachen, Erlangung eines Kostenvorteils durch eine Prozessinnovation sowie eine Produktdifferenzierung. Der erste Weg führt im Extremfall zu einer Preisabsprache unter allen Anbietern mit dem Ergebnis einer einvernehmlichen Setzung des Monopolpreises. Dieser Ausweg aus der hohen Wettbewerbsintensität des homogenen Preiswettbewerbs ist durch Kartellrecht verboten und wird im Weiteren nicht betrachtet. Der zweite Ausweg ist der einer innovationsbedingten Kostenführerschaft. Diesen werden wir uns im Abschn. 7.2 anschauen. Der Rest dieses Kapitels beschäftigt sich mit dem dritten Ausweg: der Produktdifferenzierung. Dabei wird im zentralen Abschn. 7.3 zunächst ganz allgemein gezeigt, wie ein Oligopolist im heterogenen Preiswettbewerb seinen gewinnmaximalen Preis findet. Dazu muss er Erlöse und Kosten in Abhängigkeit vom Preis diskutieren. Analog zum Mengenwettbewerb wird er sich überlegen, wie sich seine Erlöse entwickeln, wenn er sukzessive den Preis erhöht, und um wie viel sich dabei jeweils infolge der sinkenden Absatzmenge die Kosten verringern. Diese Überlegung mündet in der so genannten Preissetzungsregel zur Bestimmung des gewinnmaximalen Preises. Wir werden sehen, dass der eigene gewinnmaximale Preis umso höher ist, je höher die Konkurrentenpreise sind. Anders als Mengenreaktionsfunktionen verlaufen die Preisreaktionsfunktionen also steigend. Man spricht daher von den Preisen als strategischen Komplementen. Ein wichtiges Ergebnis der Überlegungen des Abschn. 7.3 wird sein, dass die Preise als Folge der Entschärfung des Preiswettbewerbs durch die Produktdifferenzierung im Nashgleichgewicht über den Grenzkosten liegen. Dies werden wir in den Abschn. 7.4 und 7.5 für zwei Spielarten der Produktdifferenzierung näher beleuchten: zunächst für eine rein geschmackliche Produktdifferenzierung, anschließend für eine qualitätsmäßige Produktdifferenzierung. Erstere bezeichnet man auch als horizontale Differenzierung, letztere als vertikale Differenzierung. Bei der Diskussion dieser beiden Arten der Produktdifferenzierung wird explizit deutlich werden, dass das Angebot differenzierter Varianten für die Oligopolisten nur Sinn macht, wenn auch eine entsprechende Differenzierung der Präferenzen vorliegt. Im Falle der rein geschmacklichen Präferenzdifferenzierung bevorzugen bestimmte Nachfrager bestimmte Varianten aufgrund deren Geschmacks, deren Farbe, deren Aussehen usw. Das Vorliegen einer solchen Präferenzdifferenzierung zeigt sich daran, dass die Nachfrager bei gleichen Preisen aller Varianten unterschiedliche Varianten wählen würden. Bei einer qualitätsmäßigen Differenzierung der Varianten würden dagegen bei gleichen Preisen alle Nachfrager die gleiche Variante wählen – nämlich die Variante mit der höchsten Qualität. Wie wir im Abschn. 7.5 sehen werden, bedeutet dies aber nicht, dass nur diese eine Variante am Markt bestehen kann. Vielmehr kann es auch zu einer Koexistenz von Varianten mit hoher und mit niedriger Qualität kommen. Letztere müssen dazu allerdings preiswerter sein.

7.2 Simultaner Preiswettbewerb bei einem homogenen Gut

In einem Preiswettbewerb bei einem homogenen Gut herrscht die höchstmögliche Wettbewerbsintensität. Denn hier wird die Konkurrenz der Oligopolisten um die Nachfrager weder durch eine Produktdifferenzierung noch durch inflexible Kapazitäten gebremst. Gute Beispiele für diese Spielart des strategischen Wettbewerbs finden sich im Bereich digitaler Güter, insbesondere wenn diese im Internet online vertrieben werden.

7.2.1 Gewinnmaximierung und Nashgleichgewicht

Bei einem homogenen Gut und hoher Flexibilität der Produktionskapazitäten hat jeder Anbieter den Anreiz, seinen Preis etwas unter den Preis der Konkurrenten zu senken. Denn dadurch zieht er die gesamte Nachfrage auf sich. Das verringert zwar seinen Stückgewinn geringfügig, vermehrfacht dafür aber seine Absatzmenge. Da jeder Oligopolist diesen Anreiz hat, setzt bei Preisen über den Grenzkosten sofort eine Preisunterbietungsspirale ein. Diese gegenseitige Preisunterbietung findet bei identischen Kostenfunktionen der Anbieter und irreversibel eingegangenen Fixkosten erst ein Ende, wenn der Preis auf die Grenzkosten runterkonkurriert ist. Vorausschauende Oligopolisten werden diese gegenseitige Preisunterbietung antizipieren, sodass diese mehr oder weniger adaptiven Preisunterbietungsspiralen gar nicht erst zustande kommen.

Wie im homogenen Preiswettbewerb die Nashgleichgewichte aussehen, hängt bei mit der Produktionsmenge steigenden Grenzkosten von den Details des Marktes ab. Neben dem konkreten Verlauf der Kostenfunktionen sind dann auch das Aussehen der Nachfragefunktion, die Zahl der Anbieter und die Gesamthöhe ihrer kumulierten Produktionskapazitäten von Bedeutung. Insbesondere gibt es bei steigenden Grenzkosten nicht unbedingt ein Nashgleichgewicht im Sinne einer bestimmten stationären Preis-Mengen-Kombination. Vielmehr kann es bei steigenden Grenzkosten auch zu sich periodisch wiederholenden Preisschwankungen kommen. Derartige Preiszyklen können sich ergeben, wenn die Gesamtnachfrage bei Preisen in Höhe der Grenzkosten wegen bestehender Marktzutrittsschranken nicht befriedigt wird. Die Existenz rationierter Nachfrager kann dann von einigen Anbietern zu vorübergehenden Preiserhöhungen genutzt werden. Im Falle konstanter Grenzkosten k existieren dagegen eindeutige Nashgleichgewichte.

Bei für alle Anbieter gleichen konstanten Grenzkosten und irreversibel „versenkten" Produktionsfixkosten lautet das Nashgleichgewicht

$$p_i^* = p^* = \frac{\partial K_i}{\partial x_i} = k \qquad (7.1)$$

und die Anbieter machen keine Gewinne. Die Abb. 7.1 illustriert dieses Nashgleichgewicht als Schnittpunkt von Grenzkostengerade und Preis-Absatz-Funktion (invertierter Gesamtnachfragefunktion). Wenn die Preise den gemeinsamen Grenzkosten entsprechen,

Abb. 7.1 Das Nashgleichgewicht des homogenen Preiswettbewerbs

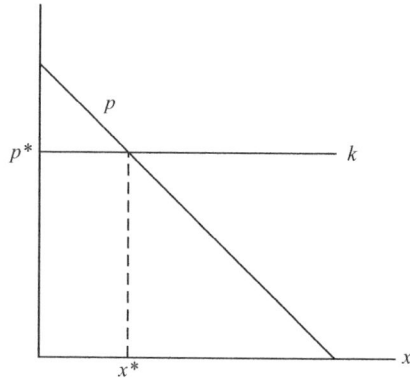

kann sich – gegeben die Preise der Konkurrenten – kein Oligopolist mehr durch eine Veränderung seines Preises verbessern. Eine Preissenkung würde zu hohen Verlusten führen. Man hätte dann den gesamten Marktumsatz, aber dies bei einem negativen Stückgewinn. Bei einer Preiserhöhung fällt man aus dem Markt. Dieses Nashgleichgewicht ist eindeutig. Insbesondere ist eine Situation mit identischen Preisen über den Grenzkosten kein Nashgleichgewicht. Es würde sofort der oben beschriebene Anreiz zur Preissenkung bestehen. Das Nashgleichgewicht (7.1) bzw. der Abb. 7.1 ist hinsichtlich der Höhe des Preises und der Gesamtmenge völlig unabhängig von der Anbieterzahl.

Liegen mengenunabhängige aber zwischen den Oligopolisten ungleiche Grenzkosten vor, so wird der effizienteste Anbieter – der so genannte (Grenz-)Kostenführer bzw. Technologieführer – den Markt mittels eines Preises unterhalb der Grenzkosten seiner Konkurrenten monopolisieren. Dabei kann man zwei Fälle unterscheiden. Im ersten Fall ist der (Grenz-)Kostenvorteil „drastisch" und der Kostenführer kann sich wie ein vor potenzieller Konkurrenz geschützter Monopolist verhalten. Denn sein gewinnmaximaler Monopolpreis liegt dann unter den Grenzkosten der Konkurrenten. Dieses Nashgleichgewicht bei drastischer Kostenführerschaft illustriert die Abb. 7.2 mit kfü als Index für

Abb. 7.2 Nashgleichgewicht bei drastischer (Grenz-) Kostenführerschaft

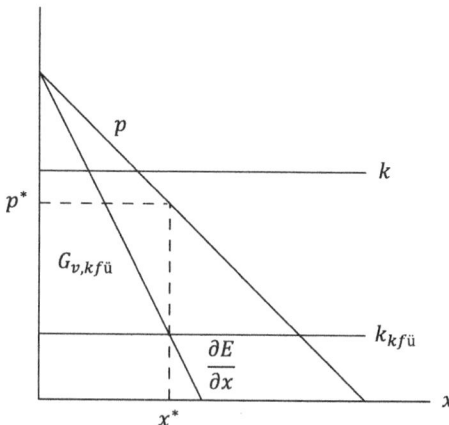

7.2 Simultaner Preiswettbewerb bei einem homogenen Gut

den Kostenführer. Die Grenzkosten aller seiner Konkurrenten betragen k. Die gewinnmaximale Menge des Kostenführers liegt im Schnittpunkt seiner Grenzkosten $k_{\text{kfü}}$ mit den Grenzerlösen. Der zugehörige Preis folgt auf der Preis-Absatz-Funktion. Man kann sich hier vorstellen, dass in der Ausgangssituation alle die Grenzkosten k hatten und damit das Nashgleichgewicht der Abb. 7.1 realisiert war. Dann hat einer der Anbieter eine die Grenzkosten drastisch senkende Prozessinnovation realisiert und ist dadurch zum Kostenführer geworden. Im neuen Nashgleichgewicht mit drastischem Grenzkostenvorteil und klassischer Monopolpreissetzung macht der Kostenführer einen Gewinn $G_{\text{kfü}}$ in Höhe der Fläche des Erlösvierecks p^*x^* abzüglich des Kostenvierecks unter seiner Grenzkostengeraden (vom Nullpunkt bis hin zur Gleichgewichtsmenge). Dabei muss man allerdings noch bedenken, dass die Prozessinnovation für den Kostenführer im Regelfall nicht umsonst gewesen sein wird. Von dem in der Abb. 7.2 eingezeichneten Gewinn muss man also noch die zur Erlangung der Kostenführerschaft notwendigen Forschungs- und Entwicklungskosten als Produktionsfixkosten abziehen. Mit Blick auf die Nachfrageseite ist es wichtig zu sehen, dass bei drastischer Prozessinnovation bzw. drastischer Kostenführerschaft der Marktpreis sinkt und die Menge steigt; siehe noch einmal die Abb. 7.2. In diesem drastischen Fall haben also auch die Nachfrager etwas von der Innovation bzw. der Grenzkostensenkung.

Ist der (Grenz-)Kostenvorsprung nicht drastisch, so würde der obige über die Outputregel bestimmte Monopolpreis der Abb. 7.2 über den Grenzkosten der Konkurrenten liegen. Dies kann sich der Leser leicht klarmachen, indem er die Grenzkostengerade des Kostenführers sukzessive nach oben verschiebt und dabei die Entwicklung des Schnittpunkts mit den Grenzerlösen sowie die Veränderung des resultierenden Monopolpreises verfolgt. Ab einer bestimmten Höhe der Grenzkosten des Kostenführers rutscht der über die Outputregel bestimmte Preis über die Grenzkosten der Konkurrenz. Sobald dies der Fall ist, wird der Kostenführer nicht diesen klassischen Monopolpreis wählen, sondern seinen Preis ganz knapp (einen Cent) unter die Grenzkosten der Konkurrenten setzen und so zum Monopolisten. Man spricht dann von einem limit pricing mit dem limit price als jenem Preis, der die Konkurrenten gerade so aus dem Markt hält bzw. vom Markt verdrängt. Die Abb. 7.3 illustriert ein solches Nashgleichgewicht bei nicht-drastischer Kostenführerschaft. Dieses Nashgleichgewicht bei limit pricing entspricht mit Blick auf Marktpreis und Gesamtmenge (fast) jenem bei für alle Oligopolisten gleichen Grenzkosten, also dem Gleichgewicht ohne Kostenführerschaft bzw. in der Ausgangssituation vor Prozessinnovation. Allerdings wird die Gesamtnachfrage nun nicht von mehreren Konkurrenten, sondern von einem Monopolisten abgedeckt. Außerdem macht der Anbieter mit Kostenvorteil nun Gewinne $G_{\text{kfü}}$, jedenfalls vor Abzug der Forschungs- und Entwicklungskosten. Anhand der in der Abb. 7.3 eingezeichneten Grenzerlösfunktion kann der Leser sich noch einmal klarmachen, dass der Kostenführer bei nicht-drastischem Grenzkostenvorteil nicht das aus der Outputregel resultierende Gewinnmaximum realisieren kann. Bei einer Menge im Schnittpunkt von Grenzerlösen und Grenzkosten des Kostenführers resultiert auf der Preis-Absatz-Funktion ein Preis über den Grenzkosten der Konkurrenz. Mit diesem Preis würde sich der Kostenführer selbst aus dem Markt werfen.

Abb. 7.3 Nashgleichgewicht bei nicht-drastischer (Grenz-) Kostenführerschaft

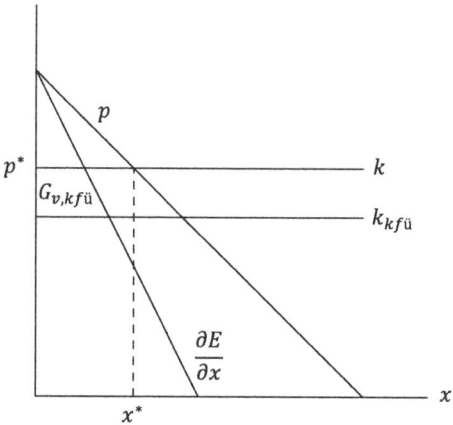

7.2.2 Wohlfahrtsanalyse

Im Falle mengenunabhängiger und für alle Anbieter gleicher Grenzkosten sowie der Nichtexistenz von Produktionsfixkosten entspricht der Marktpreis den gemeinsamen Grenzkosten. Das heißt, im Nashgleichgewicht ist die maximal denkbare Wohlfahrt realisiert. Da die Oligopolisten hier keine Gewinne machen, besteht diese Wohlfahrt ausschließlich aus der kumulierten Konsumentenrente der Nachfrager. Diese entspricht in der Abb. 7.1 dem Dreieck zwischen Preis-Absatz-Funktion (als Funktion der maximalen Grenzzahlungsbereitschaft) und der Grenzkostengerade (zwischen $x=0$ und $x=x^*$). In den beiden Fällen mit Kostenführerschaft wird das Wohlfahrtsoptimum dagegen aus statischer bzw. in kurzfristiger Sicht verfehlt. Das kann man sich leicht an den beiden zugehörigen Abb. 7.2 und 7.3 verdeutlichen. Die im Nashgleichgewicht realisierte Wohlfahrt entspricht hier dem jeweiligen Gewinnviereck zuzüglich des jeweils darüber liegenden Dreiecks der Konsumentenrente. Die wohlfahrtsmaximale Menge liegt dagegen in den Schnittpunkten von Preis-Absatz-Funktion und Grenzkostengerade des Kostenführers. Die zugehörige maximale Wohlfahrt entspricht jeweils dem kompletten über der Grenzkostengerade des Kostenführers bis hin zur Preis-Absatz-Funktion liegenden Dreieck, ist also größer als in den Nashgleichgewichten. In längerer bzw. aus dynamischer Sicht hat das allerdings wenig zu sagen. Denn diese kurzfristig gesehen maximale Wohlfahrt wäre nur dann realisierbar, wenn man den Konkurrenten des Kostenführers dessen Technologie zukommen ließe. Wenn man dies täte, würde es jedoch mangels Anreiz zu gar keinen Prozessinnovationen kommen und man würde im Ausgangsgleichgewicht der Abb. 7.1 bleiben. Dort ist die Wohlfahrt jedoch viel kleiner als die in den Nashgleichgewichten der Abb. 7.2 und 7.3 am Markt realisierte (und vermeintlich bzw. in kurzfristiger Sicht suboptimale) Wohlfahrt bei einer Kostenführerschaft.

7.3 Simultaner Preiswettbewerb bei einem differenzierten Gut

Wegen der andernfalls sehr hohen Wettbewerbsintensität bieten die Anbieter digitaler Güter in der Regel differenzierte Produktvarianten an. Dadurch kann der Wettbewerb entschärft werden. Wir schauen auf die Konkurrenz zwischen N Ein-Varianten-Anbietern eines differenzierten Gutes. Die Produktdifferenzierung kann geschmacklicher Art sein und/oder die Qualität der Varianten betreffen.

Im Preiswettbewerb zwischen differenzierten Varianten eines Gutes sehen die Oligopolisten den Gewinn und somit die Erlöse und Kosten als direkt vom eigenen Preis und von den Preisen der Konkurrenzvarianten abhängig. In einem ersten Schritt werden wir den Verlauf dieser Erlös- und Kostenfunktionen diskutieren. Im zweiten Schritt leiten wir dann daraus die den Gewinn maximierende Preissetzungsregel ab.

7.3.1 Erlöse und Kosten im Preiswettbewerb

Wir betrachten einen Markt mit N Anbietern, die je eine eigene Variante (Marke) des Gutes verkaufen. Infolge der Differenzierung gibt es nun – wie im heterogenen Mengenwettbewerb – eine Nachfragefunktion für jede Variante bzw. jeden Anbieter. Die Nachfragefunktion der i-ten Variante bzw. des i-ten Anbieters lautet

$$x_i^N = x_i^N(p_1, \ldots, p_i, \ldots, p_N) \quad \text{mit} \quad \frac{\partial x_i^N}{\partial p_i} < 0 \text{ und } \frac{\partial x_i^N}{\partial p_j} > 0. \tag{7.2}$$

Das positive Vorzeichen der Kreuzableitung der Nachfragefunktion nach einem Konkurrentenpreis ergibt sich hier zwingend, da die Varianten eines Gutes untereinander gute Substitute sind. Steigt also der Preis einer Variante, so fällt die Nachfrage nach dieser Variante und steigt die Nachfrage nach den anderen Varianten. Eine Preiserhöhung bei einer Variante verschiebt damit die Nachfragefunktionen der anderen Varianten nach oben.

Für die Erlösfunktion einer Variante gilt somit

$$E_i = p_i x_i(p_1, \ldots, p_i, \ldots, p_N), \tag{7.3}$$

und damit lauten ihre Grenzerlöse

$$\frac{\partial E_i}{\partial p_i} = x_i(p_1, \ldots, p_i, \ldots, p_N) + p_i \frac{\partial x_i}{\partial p_i}. \tag{7.4}$$

Dieser Grenzerlös bezüglich des Preises gibt jenen Mehrerlös an, den man erhält, wenn man den Preis um einen Cent anhebt. Der erste Teileffekt zeigt, welche Erlöserhöhung sich ergäbe, wenn die Preiserhöhung zu keinem Absatzrückgang führen würde. Dann würde für jede verkaufte Einheit ein Cent mehr bezahlt und der Erlös würde um so viel Cent steigen, wie die Absatzmenge hoch ist. Der zweite Teileffekt zeigt den durch den aus der Preiserhöhung resultierenden Absatzrückgang verursachten Erlösrückgang. Die preisbezogenen Grenzerlöse sind umso niedriger, je höher der Ausgangspreis schon ist. Denn mit zunehmender Höhe des Ausgangspreises wird der positive erste Teileffekt immer unbedeutender und der negative zweite Teileffekt immer bedeutender. Es liegen also mit steigendem Preis fallende preisbezogene Grenzerlöse vor.

Die Grenzerlöse jedes Oligopolisten hängen über die Menge auch von den Preisen aller anderen Oligopolisten ab. Dies konstituiert die strategische Verbundenheit der Oligopolisten im heterogenen Preiswettbewerb. Die Konkurrentenpreise beeinflussen über die Höhe der Nachfrage nach der eigenen Variante die eigenen Grenzerlöse und damit den eigenen gewinnmaximalen Preis. Dabei bedeutet ein höherer Preis eines Konkurrenten entsprechend der Gl. (7.2) eine höhere eigene Absatzmenge für jeden eigenen Preis und damit eine Nach-Oben-Verschiebung der eigenen Grenzerlösfunktion:

$$\frac{\partial \left(\frac{\partial E_i}{\partial p_i}\right)}{\partial p_j} = \frac{\partial^2 E_i}{\partial p_i \partial p_j} = \frac{\partial x_i}{\partial p_j} + p_i \frac{\partial^2 x_i}{\partial p_i \partial p_j}. \tag{7.5}$$

Hier könnte der zweite Term bei extrem konvexer Nachfragefunktion auch positiv werden. Aber dieser Effekt zweiter Ordnung einer Änderung des Steigungsverhaltens der Nachfragefunktion könnte auch dann den positiven Effekt erster Ordnung der Nach-Oben-Verschiebung der gesamten Nachfragefunktion (erster Term) nicht kompensieren oder gar überkompensieren. Die Abb. 7.6 zur gewinnmaximalen Preissetzung zeigt den fallenden Verlauf der Grenzerlöse mit zunehmendem eigenen Preis und die Verschiebung dieser gesamten Grenzerlösfunktion nach oben bei höherem Konkurrentenpreis.

Auch die Kostenfunktion ist nun im Aktionsparameter Preis zu formulieren:

$$K_i = K_i(x_i(p_1, \ldots, p_i, \ldots, p_N)). \tag{7.6}$$

Da die Variantennachfrage mit Steigen des eigenen Preises zurückgeht, sind die bezüglich des Preises formulierten Grenzkosten stets negativ:

$$\frac{\partial K_i}{\partial p_i} = \frac{\partial K_i}{\partial x_i} \frac{\partial x_i}{\partial p_i} < 0. \tag{7.7}$$

Diese preisbezogenen Grenzkosten geben an, um wie viel die Produktionskosten zurückgehen, wenn der Verkaufspreis der Variante um einen Cent steigt. Diese Grenzkosten bestehen aus zwei multiplikativ verknüpften Teileffekten: Dem Rückgang der Menge als Folge der Preiserhöhung um einen Cent, gemessen durch die Steigung der Nachfragefunktion, und den durch den Rückgang der Menge um eine Einheit bewirkten Produktionskostenrückgang, gemessen an der Steigung der mengenbezogenen Kostenfunktion. Verläuft sowohl die Kostenfunktion in der Menge als auch die Variantennachfrage im eigenen Preis linear, so sind diese beiden Teileffekte konstant, also preis- bzw.

7.3 Simultaner Preiswettbewerb bei einem differenzierten Gut

mengenunabhängig. Dann sind auch die preisbezogenen Grenzkosten konstant. Eine Erhöhung des Variantenpreises um einen Cent senkt dann die Produktionskosten immer (also: unabhängig von Ausgangspreis und Ausgangsmenge) um den gleichen Betrag. Steigen die Grenzkosten mit zunehmender Menge (Regelfall bei Industriegütern) und verläuft die Nachfragefunktion linear, so führt eine Preiserhöhung um einen Cent immer zum gleichen Nachfragerückgang, aber dieser immer gleiche Nachfragerückgang führt zu einem umso geringeren Rückgang der Produktionskosten, je höher der Ausgangspreis und je geringer damit die Ausgangsproduktionsmenge ist. Es liegen dann mit steigendem Preis betragsmäßig fallende preisbezogene Grenzkosten vor. Dies gilt erst recht, wenn die Nachfragefunktion konvex verläuft (Regelfall), sodass der Mengenrückgang einer Preiserhöhung um einen Cent umso kleiner ist, je höher der Ausgangspreis ist. Der Fall steigender mengenbezogener Grenzkosten und konvexer Nachfragefunktion führt also zu betragsmäßig fallenden preisbezogenen Grenzkosten. Letztere ergeben sich auch im wichtigen Fall digitaler Güter mit mengenunabhängigen Grenzkosten bei konvexer Nachfragefunktion. Die Kostenrückgänge nehmen mit zunehmendem Ausgangspreis ab. Nur bei einer konkaven Nachfragefunktion (sehr unwahrscheinlich) könnten sich theoretisch betragsmäßig steigende preisbezogene Grenzkosten ergeben. Die Abb. 7.4 zeigt zwei Grenzkostenverläufe für den Regelfall, also konvexe Nachfragefunktion und steigende mengenbezogene Grenzkosten. Diese Verläufe ergeben sich aber auch zwingend für lineare Nachfragefunktionen und steigende mengenbezogene Grenzkosten oder konstante mengenbezogene Grenzkosten und konvexe Nachfragefunktionen.

Wie die Abb. 7.4 außerdem zeigt, hängen die preisbezogenen Grenzkosten (7.7) auch von den Preisen der Konkurrenz ab. Die strategische Interdependenz zwischen den Anbietern besteht im Preiswettbewerb also auch über die Kostenseite. Dabei gilt: Je höher ein Konkurrenzpreis ist, desto höher ist die eigene Menge. Bei steigenden mengenbezogenen Grenzkosten führt das zu höheren Kosteneinsparungen bei einer eigenen Preiserhöhung. Die preisbezogenen Grenzkosten steigen also betragsmäßig mit höheren Konkurrentenpreisen. Die gesamte Grenzkostenfunktion verschiebt sich nach unten, siehe Abb. 7.4. Ganz allgemein gilt

Abb. 7.4 Grenzkosten und Konkurrentenverhalten

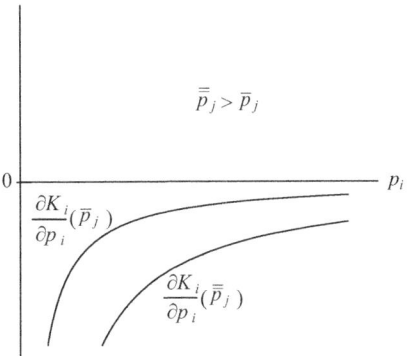

$$\frac{\partial \left(\frac{\partial K_i}{\partial p_i}\right)}{\partial p_j} = \frac{\partial^2 K_i}{\partial p_i \partial p_j} = \frac{\partial^2 K_i}{\partial x_i \partial p_j} \frac{\partial x_i}{\partial p_i} + \frac{\partial K_i}{\partial x_i} \frac{\partial^2 x_i}{\partial p_i \partial p_j}. \qquad (7.8)$$

Hier ist der zweite Term (das zweite Produkt) ein Effekt zweiter Ordnung, dessen Vorzeichen vom Verlauf der Nachfragefunktion abhängt. Entscheidend ist im Regelfall der erste Term. Dieser ist unabhängig vom Verlauf der Nachfragefunktion bei steigenden mengenbezogenen Grenzkosten stets negativ. Liegen speziell konstante mengenbezogene Grenzkosten und eine lineare Nachfragefunktion vor, so ist die gesamte Ableitung (7.8) gleich null. Die Grenzkostenfunktion der Abb. 7.4 würde sich dann bei Änderung von Konkurrentenpreisen nicht verlagern.

7.3.2 Die Preissetzungsregel

Wie immer liegt das Gewinnmaximum dort, wo die Grenzerlöse den Grenzkosten entsprechen. Ist der Aktionsparameter der Preis, so wollen wir dies als Preissetzungsregel bezeichnen. Mit den Grenzerlösen gemäß Gl. (7.4) und den Grenzkosten gemäß Gl. (7.7) lautet diese Preissetzungsregel im Wettbewerb differenzierter Varianten

$$x_i(p_1, \ldots, p_i, \ldots, p_N) + p_i \frac{\partial x_i}{\partial p_i} = \frac{\partial K_i}{\partial x_i} \frac{\partial x_i}{\partial p_i}. \qquad (7.9)$$

Die Abb. 7.5 illustriert die Preissetzungsregel für den Fall mit steigendem Ausgangspreis fallender Kostenersparnisse aus einer weiteren Preiserhöhung sowie einer linearen Grenzerlösfunktion. Dahinter stehen eine im eigenen Preis lineare Nachfragefunktion sowie eine in der Menge steigende mengenbezogene Grenzkostenfunktion. Wählt man den Preis niedriger als er im Schnittpunkt der Grenzerlösfunktion mit der Grenzkostenfunktion ist, so bleiben noch mögliche positive Grenzgewinne unausgeschöpft.

Abb. 7.5 Die Preissetzungsregel

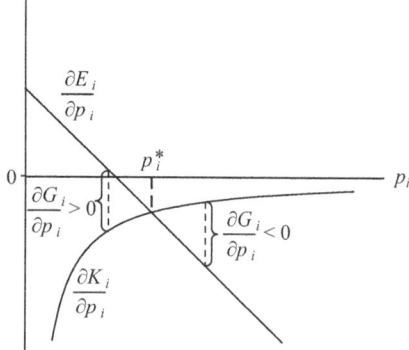

7.3 Simultaner Preiswettbewerb bei einem differenzierten Gut

Im umgekehrten Fall zu hoher Preise liegen die Kostenersparnisse einer weiteren Preiserhöhung betragsmäßig unter den Erlösrückgängen. Im Gewinnmaximum sind die Grenzerlöse zwingend negativ (da die Grenzkosten immer negativ sind). Der Preis wird also stets so weit erhöht, bis die Preiserhöhungen schon zu Erlösrückgängen führen. Denn solange der Preis noch etwas niedriger als im Gewinnmaximum ist, sind die Kostenersparnisse höher als es die Erlösrückgänge sind. Ist der Preis sehr gering und noch weit unterhalb seiner gewinnmaximalen Höhe, führen Preiserhöhungen zu Kostenersparnissen bei gleichzeitigem Erlöszuwachs.

Die Abb. 7.5 gilt für bestimmte gegebene Konkurrentenpreise. Erhöht nun der j-te Konkurrent den Preis seiner Variante, so verlagert sich die Nachfragefunktion der i-ten Variante nach oben. Dies bedeutet, dass sowohl die Grenzerlöse als auch die Kostenersparnisse einer eigenen Preiserhöhung stets höher sind. Die Grenzerlösfunktion liegt dann also höher, die Grenzkostenfunktion tiefer als zuvor. Dies zeigt die Abb. 7.6. Beides führt zu einem höheren gewinnmaximalen Preis. Ein höherer eigener gewinnmaximaler Preis als Folge einer Erhöhung von Konkurrentenpreisen resultiert auch für den Spezialfall konstanter mengenbezogener Grenzkosten und linearer Nachfragefunktion. Dann bleibt zwar die Grenzkostenfunktion unverändert, aber die Grenzerlösfunktion verlagert sich auch hier nach oben.

Den sich über die Preissetzungsregel ergebenden gleichgerichteten Zusammenhang zwischen eigenem gewinnmaximalen Preis und Konkurrentenpreis kann man in die p_i-p_j-Strategieebene übertragen. Dort ergibt sich dann eine steigende Preisreaktionsfunktion. Die Abb. 7.7 zeigt eine solche Preisreaktionsfunktion und stellt dabei den Bezug zur Abb. 7.6 her. Diese Reaktionsfunktion entspricht der nach dem eigenen Preis aufgelösten Preissetzungsregel und ist der logische und geometrische Ort einseitig bester Antworten im Sinne gewinnmaximaler eigener Preise auf vorgegebene Konkurrentenpreise. Da höhere Konkurrentenpreise zu einem höheren eigenen Preis führen, bezeichnet man die Preise als strategische Komplemente.

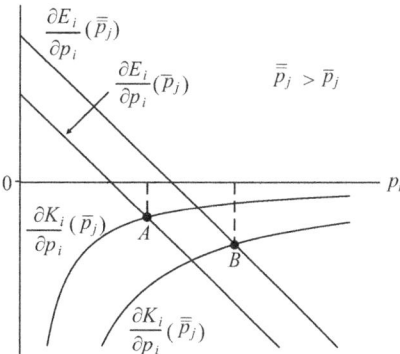

Abb. 7.6 Oligopolistisches Gewinnmaximum und Konkurrentenpreis

Abb. 7.7 Preisreaktionsfunktion

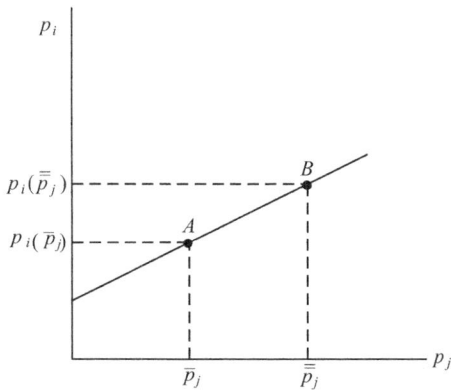

7.3.3 Das Marktgleichgewicht als Nashgleichgewicht

Die eigene Preisreaktionsfunktion zeigt einem Oligopolisten, welcher Preis für ihn gewinnmaximal ist, wenn er alle Konkurrentenpreise kennt. Für diese muss er bei simultanem Wettbewerb eine Prognose erstellen. Die einzig konsistente Prognose des Konkurrentenverhaltens liegt – ganz analog zum Fall des Mengenwettbewerbs – im Schnittpunkt der Preisreaktionsfunktionen aller Oligopolisten. Ein solches Nashgleichgewicht in Preisen zeigt die Abb. 7.8 für den Fall zweier Anbieter. Anhand irgendeines anderen Konkurrentenpreises p_j kann sich der Leser wieder schnell klarmachen, dass dieser keine konsistente Prognose wäre. Der gemäß R_i resultierende gewinnmaximale eigene Preis würde beim Konkurrenten gemäß der R_j nicht zum prognostizierten Preis führen. Außerdem kann sich der Leser ausgehend von irgendeinem Preispaar jenseits des Nashgleichgewichts in der Strategieebene überlegen, dass ein sich anschließender adaptiver Anpassungsprozess an den jeweils anderen Preis wieder (wie beim Mengenwettbewerb) in das Nashgleichgewicht führen würde. Auch die Nashgleichgewichte in

Abb. 7.8 Das Nashgleichgewicht des heterogenen Preiswettbewerbs

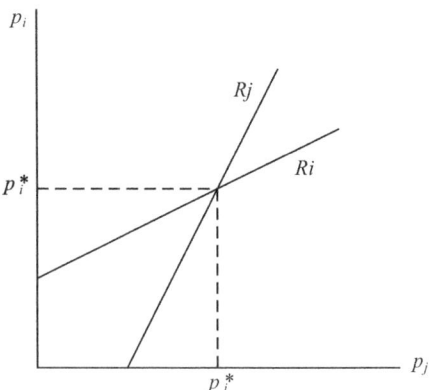

Preisen sind also in diesem Sinne stabil. Ein solches Nashgleichgewicht würde sich in der Realität also auch dann einstellen, wenn nicht ein einziger der Oligopolisten bei seiner Entscheidung die Interdependenz mit seinen Konkurrenten in rationaler Weise einkalkulieren würde.

Dank der Produktdifferenzierung realisieren die Anbieter im Nashgleichgewicht positive Gewinne vor Fixkostenabzug. Denn die Variantenpreise liegen – anders als die Preise im homogenen Preiswettbewerb – über den Grenzkosten. Dies kann man direkt an der Preissetzungsregel (7.9) sehen. Aus dieser folgt

$$p_i - \frac{\partial K_i}{\partial x_i} = \frac{x_i}{-\frac{\partial x_i}{\partial p_i}}. \tag{7.10}$$

Bei einem differenzierten Gut haben die einzelnen Varianten eine endliche Preiselastizität und dadurch kommt es zu Preisen über den Produktionsgrenzkosten. Die Quelle des Gewinns besteht darin, dass bei einer eigenen Preiserhöhung nicht alle Nachfrager sofort zu den Konkurrenten abwandern (wie dies bei einem homogenen Gut der Fall wäre). Vielmehr führt die Differenzierung des Gutes und der Präferenzen dazu, dass nur ein Teil abwandert, ein anderer Teil aber trotz des erhöhten Preises an seiner bevorzugten Variante festhält. Je ausgeprägter diese Präferenz- und Produktdifferenzierung ist, desto kleiner ist die Preiselastizität der Nachfrage einer Variante betragsmäßig, desto höher sind die Preisaufschläge auf die Grenzkosten.

7.3.4 Ein Beispiel

Wir knüpfen an unser Beispiel eines duopolistischen heterogenen Mengenwettbewerbs im Abschn. 6.4.2 an. Für die beiden Anbieter bzw. Varianten gelten wieder die beiden Preis-Absatz-Funktionen

$$p_1 = \frac{a}{b} - \frac{1}{b}x_1 - gx_2 \quad \text{und} \quad p_2 = \frac{a}{b} - \frac{1}{b}x_2 - gx_1$$

mit

$$0 < g < \frac{1}{b} \quad \text{bzw.} \quad 0 < gb < 1$$

für den Fall differenzierter Varianten. Im homogenen Fall ist $g = 1/b$ bzw. $gb = 1$. Die zugehörigen beiden Nachfragefunktionen bekommt man beispielsweise durch Auflösen der ersten Preis-Absatz-Funktion nach x_1 und anschließendes Einsetzen in die Preis-Absatz-Funktion für Variante 2. Dies ergibt zunächst $x_2 = x_2(p_1, p_2)$. Dies wiederum eingesetzt in die erste Preis-Absatz-Funktion führt zur Nachfragefunktion für die erste Variante $x_1 = x_1(p_1, p_2)$. So bekommen wir für den Preiswettbewerb die beiden Variantennachfragefunktionen

$$x_i^N = \frac{a - bp_i - gb(a - bp_j)}{(1 - gb)(1 + gb)}$$

mit

$$\frac{\partial x_i^N}{\partial p_i} = -\frac{b}{(1 - gb)(1 + gb)} \quad \text{und} \quad \frac{\partial x_i^N}{\partial p_j} = \frac{gb^2}{(1 - gb)(1 + gb)}.$$

Mit diesen Nachfragefunktionen ergibt sich für die Kostenfunktionen

$$K_i = k \frac{a - bp_i - gb(a - bp_j)}{(1 - gb)(1 + gb)} + K_f.$$

Es liegen speziell konstante Grenzkosten vor:

$$\frac{\partial K_i}{\partial p_i} = -\frac{kb}{(1 - gb)(1 + gb)}.$$

Diese Grenzkosten hängen weder vom eigenen Preis noch vom Konkurrentenpreis ab. Dies folgt aus dem Umstand, dass nicht nur die beiden mengenbezogenen Kostenfunktionen linear in der Menge verlaufen, sondern zudem die beiden Nachfragefunktionen ebenfalls und sowohl im eigenen Preis als auch im Konkurrentenpreis linear verlaufen. Für die Erlösfunktionen gilt

$$E_i = p_i \frac{a - bp_i - gb(a - bp_j)}{(1 - gb)(1 + gb)}.$$

Also lauten die preisbezogenen Grenzerlöse

$$\frac{\partial E_i}{\partial p_i} = \frac{a - bp_i - gb(a - bp_j)}{(1 - gb)(1 + gb)} - \frac{b}{(1 - gb)(1 + gb)} p_i.$$

Diese fallen linear im eigenen Preis und verschieben sich bei einer Erhöhung des Konkurrentenpreises nach oben:

$$\frac{\partial^2 E_i}{\partial p_i \partial p_j} = \frac{\partial x_i}{\partial p_j} = \frac{gb^2}{(1 - gb)(1 + gb)}.$$

Dies ist der Wirkungskanal, über den die Reaktionsverbundenheit in der Preissetzungsregel wirkt. Diese lautet

$$\frac{a - bp_i - gb(a - bp_j)}{(1 - gb)(1 + gb)} - \frac{b}{(1 - gb)(1 + gb)} p_i = -\frac{kb}{(1 - gb)(1 + gb)}.$$

Da wir wissen, dass ein symmetrisches Gleichgewicht mit gleichen Preisen resultieren wird, müssen wir das Nashgleichgewicht nicht als Schnittpunkt der Reaktionsfunktionen berechnen. Stattdessen nutzen wir $p_i^* = p_j^*$ in der Preissetzungsregel und erhalten

$$p_i^* = \frac{a(1-gb)}{b(2-gb)} + \frac{k}{2-gb}.$$

Der Stückgewinn beläuft sich damit auf

$$p_i^* - k = \frac{1-gb}{b}\frac{a-bk}{2-gb}.$$

Mit den gewinnmaximalen Preisen in den Nachfragefunktionen ergibt sich

$$x_i^* = \frac{1}{1+gb}\frac{a-bk}{2-gb}.$$

Daher lauten die Gewinne

$$G_i^* = \frac{1-gb}{b(1+gb)}\left(\frac{a-bk}{2-gb}\right)^2 - K_f.$$

Im Vergleich von homogenem ($gb=1$) und heterogenem ($gb<1$) Preiswettbewerb sieht man, dass es bei Homogenität zu Verlusten in Höhe der Fixkosten kommt. Bei Produktdifferenzierung entstehen dagegen Gewinne vor Fixkostenabzug. Diese sind umso höher, je schlechtere Substitute die Varianten sind. Im Vergleich von heterogenem Mengen- mit heterogenem Preiswettbewerb zeigt die Gegenüberstellung der Ergebnisse (nach einigen Umformungen), dass die Preise im Preiswettbewerb niedriger und damit die Mengen höher sind. Als Bedingung höherer Gewinne des Mengenwettbewerbs ergibt sich

$$\frac{1-gb}{1+gb}\left(\frac{1}{2-gb}\right)^2 < \left(\frac{1}{2+gb}\right)^2.$$

Löst man die Klammern dieser Ungleichung auf, so kommt man nach einigen Umformungen zu der Bedingung $gb>0$. Diese Bedingung ist bei substitutiven Varianten erfüllt.

7.4 Preiswettbewerb bei horizontaler Produktdifferenzierung

In den beiden folgenden Abschnitten wollen wir uns mit den Grundmodellen des Preiswettbewerbs bei horizontaler (geschmacklicher) und bei vertikaler (qualitätsmäßiger) Produkt- und Präferenzdifferenzierung beschäftigen. Beide Spielarten der Differenzierung eines Gutes kann man auseinanderhalten, indem man sich überlegt, was bei gleichen Preisen aller Varianten passieren würde. Würden dann alle Nachfrager die gleiche Variante wählen, so liegt eine vertikale Differenzierung vor. Wählen bei gleichen Preisen aller Varianten verschiedene Nachfrager verschiedene Varianten, so handelt es sich um eine horizontale Differenzierung. Das Grundmodell der horizontalen Differenzierung bezeichnet man auch als Hotelling-Modell. Anders als das in den Abschn. 5.4 und 6.5 behandelte Modell mit Präferenz für Vielfalt auf der Nachfragerseite geht es im

Hotelling-Modell um die Abbildung von Präferenzen, bei denen jeder Nachfrager eine bevorzugte Lieblingsvariante hat. Und auch im Grundmodell der vertikalen Differenzierung fragt jeder Nachfrager nur eine Variante nach. Welche dies jeweils ist, hängt hier von der maximalen Zahlungsbereitschaft des einzelnen Nachfragers für eine Qualitätseinheit ab. Mit diesen drei Modellen bilden wir insgesamt gesehen die drei existierenden Spielarten der Produkt- und Präferenzdifferenzierung jeweils in idealtypischer Weise ab.

Im vorliegenden Abschnitt betrachten wir zunächst das Hotelling-Modell der horizontalen Differenzierung. Dabei können wir alles Wesentliche anhand des Duopolfalls zeigen. Daher schauen wir auf zwei Duopolisten 1 und 2, die jeder eine horizontal differenzierte Variante V1 bzw. V2 anbieten. Produziert wird unter konstanten und für beide Varianten gleichen Grenzkosten. Die beiden Varianten seien nur hinsichtlich eines Produktmerkmals differenziert und dieses die Varianten unterscheidende Merkmal sei kardinal skalierbar. Man denke etwa an zwei Cola-Varianten, die sich nur im Zuckergehalt unterscheiden, oder an zwei Biersorten, die sich nur in ihrem Alkoholgehalt unterscheiden. Dadurch ist der Raum der Produkteigenschaften speziell eine eindimensionale Linie, auf der man die beiden Varianten entsprechend ihrer Merkmalsausprägung platzieren kann. Diesen eindimensionalen Raum der Merkmalsausprägungen bezeichnet man als Hotellinglinie. Es ist klar, dass dieser Produkteigenschaftsraum selbst bei recht einfachen Gütern mehrdimensional ist. Um hier das Wichtigste zu zeigen, reicht uns jedoch das einfache Grundmodell mit der Hotellinglinie. Diese ist im konkreten Fall jeweils entsprechend dem Merkmal skaliert, also z. B. in Prozent Zucker- oder Alkoholgehalt. Im Modell arbeiten wir mit einer auf Länge eins normierten Hotellinglinie, die dann von null bis eins verläuft. Wir werden annehmen, die Varianten seien speziell maximal differenziert; sie liegen also an den Enden der Hotellinglinie.

7.4.1 Nutzenmaximierung und Nachfrage

Im Hotelling-Modell werden die Präferenzen jedes Nachfragers mittels seiner theoretischen Idealvariante operationalisiert. Diese zeigt, wie – also z. B. mit welchem Zuckergehalt – er das Gut am liebsten hätte. Diese Idealvariante ist insofern theoretisch, als dass sie nur im Ausnahmefall auch tatsächlich am Markt sein wird. Insbesondere darf diese Idealvariante nicht mit der von den existierenden Varianten bevorzugten Variante verwechselt werden. Jeder Nachfrager kann über die Lage seiner Idealvariante j auf der Hotellinglinie platziert werden. Die Hotellinglinie ist also nicht nur der Produkteigenschaftsraum für die angebotenen Varianten, sondern zugleich der Präferenzraum für die Nachfrager. Im Hotelling-Grundmodell ist angenommen, dass die Nachfrager bzw. ihre Idealvarianten gleich verteilt über der Hotellinglinie liegen. Es gibt also genauso viele Nachfrager, die am liebsten alkoholfreies Bier hätten, wie solche, die am liebsten ein Prozent Alkohol im Bier hätten usw. usf. Dabei werden wir keine bestimmte Nachfragerzahl annehmen, sondern mit einer auf eins normierten Nachfragermasse argumentieren. Diese entspricht einhundert Prozent der Nachfrager. Die Variantenachfragen werden

Abb. 7.9 Die Hotellinglinie als Produkteigenschafts- und Präferenzraum

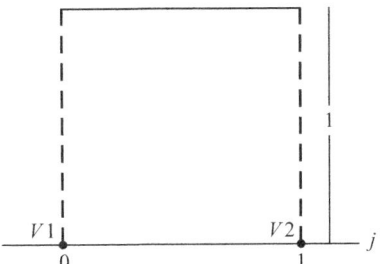

später also Marktanteile sein. Da die Hotellinglinie auf eine Länge von eins normiert ist, liegt diese normierte Nachfragermasse mit einer Dichte von eins gleich verteilt über dieser Strecke zwischen null und eins. Dies illustriert die Abb. 7.9 mit der Nachfragerdichte als der Oberkante des Rechtecks der Nachfragermasse und den beiden Varianten an den beiden Enden der auf Länge eins normierten Hotellinglinie.

Jeder Nachfrager kauft nur eine Einheit von nur einer der beiden Varianten. Dabei wird seine maximale Zahlungsbereitschaft für eine Variante mit der Distanz zwischen seiner Idealvariante und der betrachteten Variante im Präferenz-Produkteigenschaften-Raum abnehmen. Denn je größer diese Distanz, desto weniger entspricht die Variante seinen Vorstellungen. Diese Distanz zwischen Nachfragerpräferenz und Varianteneigenschaft bezeichnet man als Missmatch. Für einen Nachfrager mit Idealvariante bei j beträgt das Missmatch mit Variante 1 einfach j, das Missmatch mit Variante 2 beläuft sich auf $1-j$. Wir wollen annehmen, dass die Zahlungsbereitschaft für die Idealvariante bei allen Nachfragern z beträgt und dass sich die Zahlungsbereitschaft für die beiden existierenden Varianten nach Maßgabe des Missmatch in quadratischer Weise verringert: Die maximale Zahlungsbereitschaft eines Nachfragers mit Idealvariante bei j für Variante 1 sei $z - tj^2$ und für Variante 2 laute sie $z - t(1-j)^2$. Dabei ist der Niveauparameter t des Zahlungsbereitschaftsabschlags für das Missmatch zwischen Präferenz und Produkt ein Maß für den Grad der Differenzierung. Damit ergibt sich für die Konsumentenrenten

$$r_1 = z - tj^2 - p_1 \quad \text{bzw.} \quad r_2 = z - t(1-j)^2 - p_2. \tag{7.11}$$

Die Nachfragefunktionen bzw. Marktanteile folgen direkt aus der Idealpräferenz jener Nachfrager, die bei vorgegebenen Preisen zwischen den beiden Varianten genau indifferent sind. Diese Logik verdeutlicht die Abb. 7.10 für den Fall eines höheren Preises der Variante 1. Weiß man, wo die indifferenten Nachfrager liegen, so weiß man auch, welche Nachfrager welche Variante wählen. Der Marktanteil der Variante 1 entspricht wegen der Normierung der Nachfragermasse auf ein Einheitsrechteck einfach der Lage der indifferenten Nachfrager, der Marktanteil für Variante 2 dem Rest.

Über die Konsumentenrenten (7.11) erhalten wir die Lage der indifferenten Nachfrager im Präferenzraum und damit die Nachfrage- bzw. Marktanteilsfunktion der ersten Variante aus dem Ansatz

Abb. 7.10 Bestimmung der Marktanteile im Hotelling-Duopol

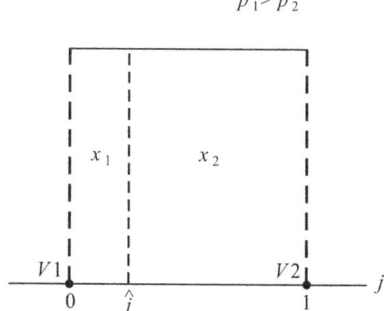

$$z - t\hat{j}^2 - p_1 = z - t - t\hat{j}^2 + 2t\hat{j} - p_2.$$

Dieser führt zu

$$\hat{j} = 0{,}5 + \frac{p_2 - p_1}{2t} \tag{7.12}$$

und damit wegen

$$x_1^N = \hat{j} \quad \text{und} \quad x_2^N = 1 - \hat{j}$$

zu den Nachfragefunktionen

$$x_i^N = 0{,}5 + \frac{p_j - p_i}{2t} \quad \text{mit} \quad \frac{\partial x_i^N}{\partial p_i} = -\frac{1}{2t} \quad \text{und} \quad \frac{\partial x_i^N}{\partial p_j} = \frac{1}{2t}. \tag{7.13}$$

An diesen Variantennachfragen sieht man nun deutlich den Effekt der Differenzierung auf das Nachfragerverhalten: Steigt ausgehend von $p_1 = p_2$ der Preis einer Variante etwas, so verliert der Anbieter dieser Variante nur jene Nachfrager, die schon vorher fast indifferent waren – und nicht gleich alle. Wie viele seiner Nachfrager er verliert, hängt von der Preiselastizität der Nachfrage ab. Diese fällt betragsmäßig mit steigendem Grad der Differenzierung t. Durch die Gleichverteilung der Nachfrager und der Platzierung der Varianten an den Enden der Hotellinglinie ist klar, dass beide Varianten bei gleichen Preisen den halben Markt haben. Da die Nachfragermasse insgesamt fest vorgegeben ist, landen alle Nachfrager, die bei der Erhöhung eines Preises bei der betreffenden Variante abwandern, bei der Konkurrenzvariante. Daher entsprechen sich die beiden Ableitungen der Gl. (7.13) betragsmäßig.

7.4.2 Gewinnmaximierung und Nashgleichgewicht

Aus den Nachfragefunktionen folgen die beiden Erlösfunktionen

$$E_i = p_i \left(0{,}5 + \frac{p_j - p_i}{2t} \right) \tag{7.14}$$

und damit die Grenzerlöse

7.4 Preiswettbewerb bei horizontaler Produktdifferenzierung

$$\frac{\partial E_i}{\partial p_i} = 0{,}5 + \frac{p_j - p_i}{2t} - \frac{1}{2t}p_i = 0{,}5 + \frac{p_j}{2t} - \frac{p_i}{t}. \tag{7.15}$$

Diese fallen linear mit steigender Höhe des eigenen Preises. Es besteht in den Preisen eine gleichgerichtete Reaktionsverbundenheit:

$$\frac{\partial^2 E_i}{\partial p_i \partial p_j} = \frac{1}{2t}. \tag{7.16}$$

Die Kostenfunktionen lauten

$$K_i = k\left(0{,}5 + \frac{p_j - p_i}{2t}\right) - K_f \tag{7.17}$$

mit den Grenzkosten

$$\frac{\partial K_i}{\partial p_i} = -\frac{k}{2t}. \tag{7.18}$$

Die Kosteneinsparung bei Erhöhung des eigenen Preises ist also immer dieselbe, egal wie hoch der eigene Preis ist und egal wie hoch der Konkurrentenpreis ist. Dies ist der Fall, weil sowohl die Nachfragefunktionen linear in den Preisen als auch die Kostenfunktionen linear in den Mengen sind.

Mit den Grenzerlösen (7.15) und den Grenzkosten (7.18) lauten die gewinnmaximierenden Preissetzungsregeln

$$0{,}5 + \frac{p_j - p_i}{2t} - \frac{1}{2t}p_i = -\frac{k}{2t}. \tag{7.19}$$

Die Abb. 7.11 illustriert die Preissetzungsregeln des Hotelling-Duopols und zeigt zugleich die Interdependenz in der Gewinnmaximierung der beiden Anbieter über die Abhängigkeit der eigenen Grenzerlöse vom Konkurrentenverhalten gemäß Gl. (7.16) auf.

Abb. 7.11 Preissetzungsregel und Konkurrentenpreis im Hotelling-Duopol

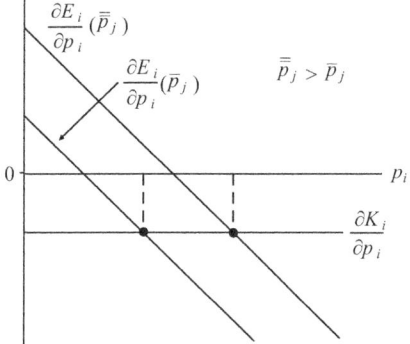

Abb. 7.12 Nashgleichgewicht im Hotelling-Duopol

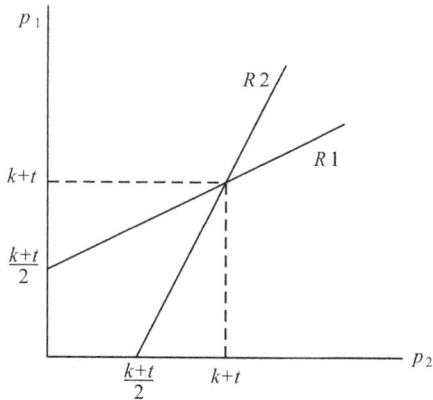

Aus den Preissetzungsregeln folgen die beiden steigenden Preisreaktionsfunktionen

$$p_i = 0{,}5(t + k + p_j).$$

Deren Schnittpunkt ergibt das Nashgleichgewicht in Preisen; siehe Abb. 7.12. Die Preise sind strategische Komplemente und der Reaktionskoeffizient beträgt im symmetrischen Hotelling-Duopol speziell 0,5. Im Nashgleichgewicht gilt

$$p_i^* = k + t. \tag{7.20}$$

Infolge der Differenzierung gibt es also einen Preisaufschlag auf die Grenzkosten, und dieser ist umso höher, je größer der Differenzierungsgrad ist. Angesichts gleicher Preise teilen sich die Duopolisten den Markt.

7.5 Preiswettbewerb bei vertikaler Produktdifferenzierung

In diesem letzten Abschnitt schauen wir auf einen duopolistischen Markt für ein qualitätsmäßig differenziertes Gut. Der Anbieter 1 produziert eine Niedrigqualitätsvariante und der Anbieter 2 produziert eine Hochqualitätsvariante. Der Qualitätsunterschied zwischen beiden Varianten beruhe auf einer entsprechenden Differenz in den Forschungs- und Entwicklungsausgaben für die beiden Varianten. Es kann sich beispielsweise um zwei verschiedene Kopfschmerztabletten handeln, von denen eine länger wirkt als die andere, weil bei ihr durch höhere Forschungsausgaben eine bessere Rezeptur entwickelt wurde. Ein weiteres Beispiel wären zwei Textverarbeitungsprogramme, von denen eines weniger fehleranfällig ist, weil bei seiner Entwicklung wesentlich mehr Programmierstunden investiert wurden. In derartigen Fällen beruht der Qualitätsunterschied auf Unterschieden in den Produktionsfixkosten, nicht in Unterschieden der Produktionsgrenzkosten. Solche Fälle wollen wir mit dem folgenden Grundmodell abbilden. Beide Varianten werden in diesem Grundmodell mit konstanten und gleichen Grenzkosten produziert. Die zweite Variante soll von doppelt so hoher Qualität wie die erste Variante sein. Die Höhe der niedrigen Qualität sei auf eins normiert. Damit beläuft sich die Hochqualität auf zwei und die Qualitätsdifferenz beträgt eins. Beispielsweise wird die Qualität der Kopfschmerztabletten an ihrer Wirkungsdauer gemessen. Diese betrage bei der Hochqualitätsvariante zwei Stunden und bei der Niedrigqualitätsvariante eine Stunde. Oder die Qualität der Textverarbeitungsprogramme wird daran gemessen, wie lange sie im Durchschnitt laufen, bis ein Fehler auftritt. Bei der Hochqualitätsvariante beträgt dieser Zeitraum zwei Stunden, bei der Niedrigqualitätsvariante nur eine Stunde.

7.5.1 Nutzenmaximierung und Nachfrage

Die Nachfrager unterscheiden sich typischerweise in ihrer maximalen Zahlungsbereitschaft für eine Qualitätseinheit h, also beispielsweise für eine kopfschmerzfreie Stunde oder für eine Stunde problemloses Arbeiten mit einer Textverarbeitung. Wir wollen annehmen, dass sie bezüglich dieser Zahlungsbereitschaft h über dem Einheitsintervall zwischen 0,5 und 1,5 mit einer Dichte von eins gleich verteilt liegen. Es gibt also genauso viele Nachfrager mit einer maximalen Zahlungsbereitschaft für eine Qualitätseinheit von $h = 0{,}5$ wie es Nachfrager mit einer solchen Zahlungsbereitschaft in Höhe von $h = 1{,}5$ gibt und wie es Nachfrager mit irgendeinem Wert dieser Zahlungsbereitschaft h zwischen 0,5 und 1,5 gibt. Jeder Nachfrager fragt wieder nur ein Stück nur einer Variante nach. Damit ist die Nachfragemasse auf eins normiert und die absoluten Nachfragen nach den Varianten entsprechen den Marktanteilen. Die Abb. 7.13 zeigt diese normierte Präferenzverteilung. Der Leser beachte, dass der dort dargestellte Präferenzraum nun nicht zugleich der Produkteigenschaftsraum ist. Die Präferenzen sind als maximale Zahlungsbereitschaft in Euro operationalisiert, die Qualitäten dagegen beispielsweise in Stunden Wirkungsdauer. Man kann die beiden Qualitäten nicht auf die h-Linie legen. Es handelt sich um keine Hotellinglinie und das Grundmodell der vertikalen Differenzierung ist kein Hotelling-Modell.

Die maximale Zahlungsbereitschaft für eine Variante ergibt sich definitionsgemäß als Produkt aus der Qualität gemessen in Qualitätseinheiten (z. B. Stunden Wirkungsdauer) der Variante und der maximalen Zahlungsbereitschaft h des betrachteten Nach-

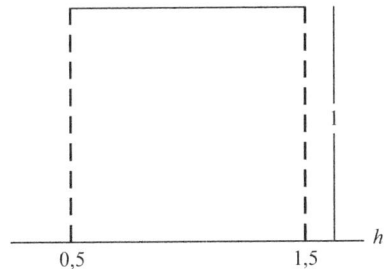

Abb. 7.13 Verteilung der maximalen Zahlungsbereitschaft für Qualität

fragers für eine Qualitätseinheit (kurz: Zahlungsbereitschaft für Qualität). Mit der obigen Normierung der Qualitäten auf die Werte eins und zwei lauten die Konsumentenrenten aus der Niedrig- bzw. der Hochqualitätsvariante

$$r_1 = h - p_1 \quad \text{bzw.} \quad r_2 = 2h - p_2. \tag{7.21}$$

Jeder Nachfrager wählt jene Variante, die ihm die höhere Konsumentenrente bringt. Bei gleichen Preisen beider Varianten wäre das unabhängig von der individuellen Zahlungsbereitschaft h immer die Hochqualitätsvariante. Sobald aber der Preis der Niedrigqualität kleiner ist als jener der Hochqualität, können beide Qualitäten am Markt koexistieren. Eine solche Situation ist in der Abb. 7.14 dargestellt. Dort haben wir die beiden Konsumentenrenten der Varianten über der Linie der maximalen Zahlungsbereitschaften für eine Qualitätseinheit abgetragen. Bei jedem h wird jene Variante gewählt, deren Konsumentenrente höher liegt.

Beide Varianten sind am Markt, wenn es innerhalb des Intervalls $0{,}5 < h < 1{,}5$ einen Schnittpunkt der Konsumentenrentenfunktionen gibt. Die Nachfrager, deren Zahlungsbereitschaft für eine Qualitätseinheit hier (in diesem Schnittpunkt) liegt, sind zwischen beiden Qualitäten indifferent. Diesen Wert der Zahlungsbereitschaft notieren wir als h_{in}. Alle Nachfrager links davon fragen die Niedrigqualitätsvariante nach, alle rechts davon die Hochqualitätsvariante. Aus dem Ansatz

$$h_{\text{in}} - p_1 = 2h_{\text{in}} - p_2$$

folgt die maximale Zahlungsbereitschaft für eine Qualitätseinheit der genau zwischen den Varianten indifferenten Nachfrager als

$$h_{\text{in}} = p_2 - p_1.$$

Wegen der obigen Normierung des Präferenzraums (siehe Abb. 7.13) folgt

$$x_1^N = h_{\text{in}} - 0{,}5 \quad \text{und} \quad x_2^N = 1 - x_1 = 1{,}5 - h_{\text{in}}.$$

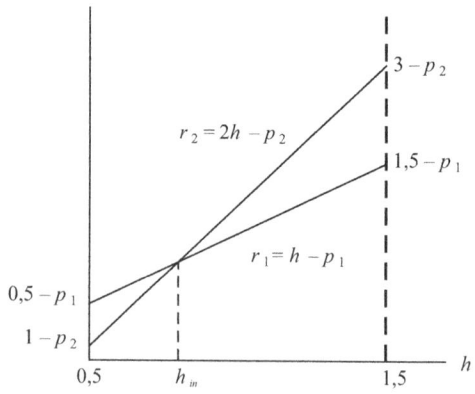

Abb. 7.14 Bestimmung der Marktanteile im Qualitäts-Duopol

7.5 Preiswettbewerb bei vertikaler Produktdifferenzierung

Die Nachfrage- bzw. Marktanteilsfunktionen lauten also

$$x_1^N = p_2 - p_1 - 0{,}5 \quad \text{und} \quad x_2^N = 1{,}5 - p_2 + p_1. \tag{7.22}$$

Da eine qualitative Differenzierung vorliegt, können die Nachfragefunktionen nicht symmetrisch sein. Wegen der Gleichverteilung der Nachfrager ergeben sich speziell lineare Nachfragefunktionen.

7.5.2 Gewinnmaximierung und Nashgleichgewicht

Aus den Nachfragefunktionen folgen die beiden Erlösfunktionen

$$E_1 = p_1(p_2 - p_1 - 0{,}5) \quad \text{und} \quad E_2 = p_2(1{,}5 - p_2 + p_1) \tag{7.23}$$

mit den Grenzerlösfunktionen

$$\frac{\partial E_1}{\partial p_1} = p_2 - p_1 - 0{,}5 - p_1 \quad \text{und} \quad \frac{\partial E_2}{\partial p_2} = 1{,}5 - p_2 + p_1 - p_2. \tag{7.24}$$

Die Grenzerlöse fallen linear im eigenen Preis und liegen insgesamt jeweils umso höher, je höher der Preis des Konkurrenten ist. Die Kostenfunktionen lauten

$$K_1 = k(p_2 - p_1 - 0{,}5) + K_{f,1} \quad \text{und} \quad K_2 = k(1{,}5 - p_2 + p_1) + K_{f,2}, \tag{7.25}$$

woraus die von beiden Preisen unabhängigen Grenzkosten

$$\frac{\partial K_i}{\partial p_i} = -k \tag{7.26}$$

resultieren. Damit ergibt sich hinsichtlich der Preissetzungsregel ein analoges Bild wie im Hotelling-Grundmodell; siehe noch einmal die Abb. 7.11. Im Grundmodell der vertikalen Differenzierung lauten sie

$$p_2 - 2p_1 - 0{,}5 = -k \quad \text{und} \quad 1{,}5 - 2p_2 + p_1 = -k. \tag{7.27}$$

Die Reaktionsfunktionen folgen aus den Preissetzungsregeln als

$$p_1 = 0{,}5(k - 0{,}5 + p_2) \quad \text{und} \quad p_2 = 0{,}5(k + 1{,}5 + p_1).$$

Die Preisreaktionsfunktionen verlaufen also wie immer steigend. In ihrem Schnittpunkt liegt das Nashgleichgewicht in Preisen

$$p_1^* = k + \frac{1}{6} \quad \text{und} \quad p_2^* = k + \frac{5}{6}. \tag{7.28}$$

Dies ist bei qualitativer Differenzierung zwingend asymmetrisch, da der Niedrigqualitätsanbieter einen niedrigeren Preis haben muss als der Hochqualitätsanbieter. Die Abb. 7.15 zeigt dieses asymmetrische Nashgleichgewicht des Qualitäts-Duopols. Wegen der Differenzierung liegen die Preise über den Grenzkosten, wobei der Preisaufschlag

Abb. 7.15 Nashgleichgewicht im Qualitäts-Duopol

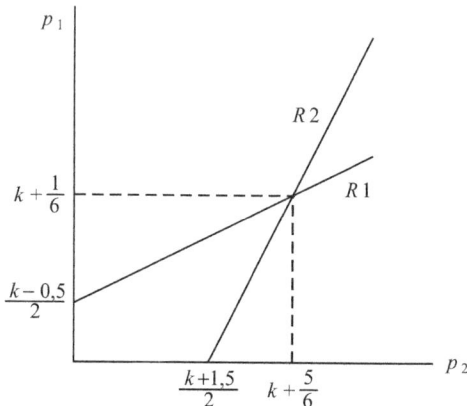

des Hochqualitätsanbieters im Grundmodell fünfmal so hoch ist wie jener des Niedrigqualitätsanbieters. Einsetzen der Preise in die Nachfragefunktionen ergibt Marktanteile von 5/6 für den Anbieter der hohen Qualität und von 1/6 für den Anbieter der niedrigen Qualität. Also ist der Gewinn des Hochqualitätsanbieters vor Fixkostenabzug fünfundzwanzigmal so hoch wie jener seines Konkurrenten. Dabei ist allerdings zu berücksichtigen, dass die Entwicklung der höheren Qualität höhere Forschungs- und Entwicklungskosten und damit höhere Produktionsfixkosten verursacht hat.

7.6 Zusammenfassung

1. Der Preiswettbewerb bei einem homogenen Gut führt bei konstanten und für alle Oligopolisten gleichen Grenzkosten und irreversiblen Fixkosten infolge der hohen Flexibilität der Produktionskapazitäten zu Preisen in Höhe der Grenzkosten. Dieses Nashgleichgewicht ist wohlfahrtsoptimal.
2. Gibt es im Preiswettbewerb bei einem homogenen Gut und konstanten Grenzkosten einen (Grenz-)Kostenführer, so ist dieser stets ein Monopolist. Bei einem drastischen Grenzkostenvorteil kann er den Preis eines geschützten Monopolisten nehmen. Bei einem nicht-drastischen Grenzkostenvorteil wählt er einen Preis knapp unter den Grenzkosten der Konkurrenz (so genanntes limit pricing).
3. Im Preiswettbewerb bei einem differenzierten Gut fallen die Grenzerlöse einer Preiserhöhung mit zunehmender Höhe des eigenen Preises (weil dabei die Absatzmenge fällt). Sie sind für jeden gegebenen eigenen Preis umso höher, je höher die Preise der Konkurrenten sind (weil dann die eigenen Absatzmengen höher sind).
4. Im Preiswettbewerb bei einem differenzierten Gut fallen die (negativen) preisbezogenen Grenzkosten einer Preiserhöhung im Regelfall betragsmäßig mit zunehmender Höhe des eigenen Preises (u. a. weil dabei die mengenbezogenen Grenzkosten fallen). Sie sind im Regelfall betragsmäßig umso höher, je höher die

7.6 Zusammenfassung

   Preise der Konkurrenten sind (u. a. weil dann die eigene Absatzmenge und damit die mengenbezogenen Grenzkosten höher sind).
5. Im Preiswettbewerb bei einem differenzierten Gut gilt: Je höher die Preise der Konkurrenten sind, desto höher ist der eigene gewinnmaximale Preis. Denn je höher die Konkurrentenpreise sind, desto höher sind sowohl die eigenen Grenzerlöse als auch (betragsmäßig) die eigenen preisbezogenen Grenzkosten. Die Preise sind also als Aktionsparameter strategische Komplemente. Die Preisreaktionsfunktionen verlaufen in der Strategieebene steigend.
6. Im Nashgleichgewicht des Preiswettbewerbs bei einem differenzierten Gut liegen die Preise infolge der Produktdifferenzierung über den Grenzkosten. Anders als im homogenen Preiswettbewerb sind hier Gewinne möglich. Diese sind jedoch stets kleiner als in einem Mengenwettbewerb mit gleichem Grad der Produktdifferenzierung.
7. Eine horizontale (geschmackliche) Produktdifferenzierung liegt vor, wenn bei gleichen Preisen aller Varianten eines Gutes mehr als eine Variante nachgefragt würde. Würde dagegen bei gleichen Variantenpreisen von allen Konsumenten dieselbe Variante nachgefragt, so liegt eine vertikale (qualitative) Produktdifferenzierung vor.
8. Liegt eine geschmackliche Differenzierung vor, so kann man diese mittels des Raums der Produkteigenschaft(en) der angebotenen Varianten und der Idealvarianten der einzelnen Nachfrager operationalisieren (so genanntes Hotelling-Modell). Dabei gibt die (in der Regel hypothetische) Idealvariante eines Nachfragers an, wie er die Produkteigenschaft(en) am liebsten hätte.
9. Aus der Höhe des bewerteten Missmatchs zwischen den Produkteigenschaften einer tatsächlich angebotenen Variante und jenen der Idealvariante eines Nachfragers lässt sich die maximale Zahlungsbereitschaft für die tatsächlich angebotene Variante ermitteln.
10. Sind die Präferenzen derart kardinal abgebildet, kann man über das Konzept des (zwischen den Varianten) indifferenten Nachfragers die Nachfragefunktionen und damit auch die Gewinnfunktionen ableiten.
11. Bei Vorliegen einer vertikalen (qualitativen) Produktdifferenzierung quantifiziert man die Präferenzen der Nachfrager über die maximalen Zahlungsbereitschaften für eine Qualitätseinheit. Diese multipliziert mit der Anzahl von Qualitätseinheiten (also mit der Qualität) einer Variante ergibt die maximale Zahlungsbereitschaft für diese Variante.
12. Typischerweise haben die Nachfrager unterschiedliche maximale Zahlungsbereitschaften für eine Qualitätseinheit. Dann können im Nashgleichgewicht Niedrigqualitätsvarianten mit niedrigen Preisen und Hochqualitätsvarianten mit hohen Preisen koexistieren.

Der oligopolistische Preiswettbewerb bei einem homogenen Gut ist beispielsweise Gegenstand des Unterkapitels F.2 in Pfähler und Wiese (2008) sowie des Unterkapitels 17.6 in Feess (2000). Bei letzterem findet sich mit Unterkapitel 17.7 auch eine Behandlung des Falls mit einem differenzierten Gut. Unser Beispiel zum oligopolistischen Preiswettbewerb bei einem differenzierten Gut aus Abschn. 7.3 basiert auf dem Unterkapitel 3.8 von Martin (2002). Unsere Ausführungen zum Preiswettbewerb bei horizontaler und bei vertikaler Produktdifferenzierung haben wir aus den viel allgemeineren Modellen der Unterkapitel 4.1 und 4.3 von Martin (2002) entwickelt (wobei bei uns u. a. die Produkteigenschaften beispielhaft festgelegt sind und nur der Preiswettbewerb diskutiert wird).

Literatur

Feess E (2000) Mikroökonomie, 2. Aufl. Metropolis, Marburg
Martin S (2002) Advanced Industrial Economics, 2. Aufl. Blackwell, Oxford
Pfähler W, Wiese H (2008) Unternehmensstrategien im Wettbewerb, 3. Aufl. Springer, Berlin u. a. O.

Stichwortverzeichnis

A
Abdiskontierung, 26
Abgabesatz, 105
Allokationseffizienz, 104
Allokationsproblem, 104
Amoroso-Robinson-Relation, 128
Angebotsüberschuss, 79, 85
Anleihe, 91
Arbeitgeberverband, 85
Arbeitsangebotsfunktion, 54, 56
Arbeitskräftemangel, 85
Arbeitsleid, 51, 86, 87
Arbeitslosigkeit, 85, 110
Arbeitsmarktgleichgewicht, 85, 86, 110
Arbeitsnachfragefunktion, 23
Arbeitsnachfragemonopol, 145
Arbeitsregel, 53, 85, 87, 150, 151
Arbeitsrente, 51, 86, 87
Arbeitszeit, 49
Aufzinsungsfaktor, 61, 62
Ausgabekurs, 91

B
Barwert, 26
Budgetgerade, 41, 51
Budgetgleichung, 41
Budgetrestriktion, 41, 44, 51–53

C
CES-Nutzenindexfunktion, 139
CES-Präferenz, 46, 47, 57, 66
Cobb-Douglas-Präferenz, 46, 56, 65
Cobb-Douglas-Produktionsfunktion, 17, 25
Cournotscher Punkt, 129

D
Durchschnittskosten, 6

E
Effektiver Zinssatz, 91
Eigentumsrecht, 99
Einkommenseffekt, 45, 54, 55, 64, 140
Einkommensumverteilung, 109
Ertragserwartung-Risiko-Indifferenzkurve, 69
Erwartungswert-Varianz-Ansatz, 68
Externe Effekte, 99
Externe-Effekte-Problem, 99

F
Faktorebene, 12, 13
Faktoreinsatzfunktion, 16, 23
Faktoreinsatzverhältnis, 13
Faktormengenkombination, 12, 14, 15
Faktornachfragefunktion, 23
Faktorpreisverhältnis, 15
Faktorsubstitution, 12, 16
Finanzkapital, 27
Finanzkapitalmarkt, 90
Finanzkapitalnachfrage, 27
First-best-Lösung, 137
Fixkosten, 5

Fixkostendegression, 6
Fixkostensubventionierung, 137
Freizeit, 49

G
Gegenwartswert, 26, 28
Gewerkschaft, 85
Grenzerträge, 5
Grenzkosten, 6
Grenzleid der Arbeit, 50, 53
Grenzleid des Sparens, 60, 62
Grenznutzen, 39
Grenzproduktivität, 5, 13
Grenzproduktivitätsregel, 19, 21, 84–86, 146
Grenzrate der intertemporalen Substitution, 59, 60, 62
Grenzrate der Substitution im Konsum, 39
Grenzrate der technischen Substitution, 13
Grenzschaden, 101
Grenzvermeidungskosten, 100, 105
Grenzzahlungsbereitschaft, 40, 43
Güterangebotsfunktion, 9
Güterangebotsmonopolist, 125

H
Höchstmiete, 112
Höchstpreis, 112
Hotelling-Modell, 138, 197
Hotellinglinie, 198

I
Idealvariante, 198
Indifferenzkurve, 40, 42, 50, 52
Inputregel, 15, 23
Internalisierung, 99, 103
Intertemporale Budgetrestriktion, 61
Intertemporale Nutzenmaximierung, 58
Intertemporalen Indifferenzkurve, 59
Investitionsfunktion, 31
Investitionsregel, 29, 30, 90, 92
Irreversibilität, 166
Irreversible Kosten, 135, 166
Isoquante, 12
Isotime, 13

K
Kapazitätsschranke, 156
Kapitalbestand, 4
Kapitalgüter, 26
Kapitalgutnachfragefunktion, 31
Kapitalnachfrage, 26
Kapitalnutzung, 4, 26
Kartellbildung, 85
Kollektivverhandlung, 85
Kompensationszahlung, 99, 103
Konsum-Arbeits-Präferenz, 51
Konsumentenrente, 41, 80, 199, 204
Konsumgütermengenkombination, 41, 49
Konsumgüternachfragefunktion, 44
Konsumregel, 42, 45, 79
Konsumverzicht, 60, 63
Kosteneffizienz, 104–106
Kostenführer, 186, 187
Kostenfunktion, 3, 5, 16
Kostengerade, 13
Kostengleichung, 13, 14, 16, 19
Kostenminimierung, 14, 16
Kostenminimierungsregel, 15
Kostensubadditivität, 133, 135

L
Lagrange-Ansatz, 178
Lagrange-Multiplikator, 178
Lenkungssteuer, 104, 105
Lerner-Index, 130
Limit pricing, 187
Lohnsatz-Arbeitsabsatz-Funktion, 149, 150
Lohnsatz-Arbeitseinsatz-Funktion, 145, 147
Lohnsatzelastizität, 146
Lohnsatzmechanismus, 85, 86

M
Markenrecht, 138
Marktangebotsfunktion, 78
Marktgleichgewicht, 79, 80, 82, 85
Marktmacher, 79, 90
Marktmacht, 85, 138, 140, 145, 147, 151
Marktnachfragefunktion, 79
Marktzutrittskosten, 135
Marktzutrittsschranke, 125, 131, 133, 134, 185

Stichwortverzeichnis

Massenproduktionsvorteil, 134
Mengenanpasser, 167
Mengenanpasserverhalten, 81, 86, 92
Mengenanpassung, 7, 14
Mengenauflagen, 104
Mengenfixierung, 125
Mengenfolger, 167
Mengenführer, 167
Mengenführerschaft, 166
Mengenreaktionsfunktion, 171
Mengenwettbewerb, 156, 161
Mindestlohnsatz, 109
Missmatch, 199
Monopolgewerkschaft, 148, 150
Monopolisierung, 134
Monopolmacht, 130

N
Nachfrageüberschuss, 79, 85
Nashgleichgewicht, 156, 161, 162, 168, 175, 185, 194
Natürliches Monopol, 128, 133, 134, 141, 177
Nennwert, 91
Netzindustrie, 133
Niveaueffekt, 24
Niveauelastizität, 17
Niveauerträge, 5
Nominalzinssatz, 91
Nutzenindexfunktion, 39, 49
Nutzungsrecht, 99

O
Öffentliche Güter, 104
Ökosteuer, 106
Opportunitätskosten, 49, 51
Outputregel, 7, 79, 128, 130, 134, 142, 159, 171, 175

P
Patentrecht, 138
Patentschutz, 131
Portfolio, 70
Portfolio-Gerade, 71
Portfoliobildung, 70, 72
Portfolioregel, 72
Potenzielle Konkurrenz, 125, 134, 138

Präferenzaggregation, 104
Präferenzdifferenzierung, 170
Präferenz für Vielfalt, 138, 170, 174
Präferenzraum, 198
Präferenzstruktur, 39, 44, 49, 69
Preis-Absatz-Funktion, 126, 129, 135, 157, 170
Preis des Risikos, 71
Preisaufschlag, 130, 138, 140, 143, 202, 206
Preiselastizität, 127, 130, 138, 139, 141, 175
Preisfixierung, 125
Preismechanismus, 80, 81
Preisreaktionsfunktion, 193, 202, 205
Preissetzungsregel, 192, 195, 201, 205
Preisunterbietungsspirale, 185
Preisuntergrenze, 9
Preiswettbewerb, 156, 185
Preiszyklus, 185
Produktdifferenzierung, 170, 172, 176, 189
Produkteigenschaftsraum, 198
Produktionselastizität, 17
Produktionsfunktion, 4, 12
Produktvielfalt, 138, 144, 177, 179
Prozessinnovation, 131, 187

Q
Qualitätsunterschied, 202

R
Rationierung, 79, 80, 110, 113
Reaktionsfunktion, 160, 162, 167
Reaktionskoeffizient, 202
Reaktionsverbundenheit, 171
Realkapitalnachfragefunktion, 31
Reallohnsatz, 51, 53
Realrendite, 30, 31
Rendite, 91
Renditeausgleich, 90
Risiko, 68, 69
Risikoaversion, 68
Risikomaß, 68
Risikoneigung, 72

S
Schwarzmarkt, 111
Selbstbeschränkung, 168
Selbstbindung, 166

Sicherheitsäquivalent, 70
Skalenelastizität, 17
Skalenerträge, 5, 6, 16
Sozialtransfer, 113
Sparfunktion, 64
Sparleid, 60, 93
Sparregel, 62, 90, 92
Sparrente, 60, 63, 92, 93
Spieltheorie, 156
Steueraufkommen, 114
Steuersatz, 114
Strategieraum, 160, 171
Strategische Komplemente, 193, 202
Strategische Substitute, 161, 167
Stückkosten, 6
Stückkostenminimum, 6
Substitutionseffekt, 16, 24, 45, 54, 55, 64, 140
Substitutionselastizität, 138, 139, 176

T
Tarifautonomie, 85
Technologieführer, 186

U
Umverteilung, 111, 113
Umverteilungstransfer, 113
Umweltexternalität, 99
Umweltgut, 99
Ungleichgewicht, 79, 85
Unterbeschäftigung, 147, 151, 152
Unvollständige Information, 67

V
Verbrauchsteuer, 116
Verhandlung, 99
Verhandlungskosten, 103
Verhandlungslösung, 100, 103, 152
Vermeidungskosten, 105
Verteilungswirkung, 115
Verursacherprinzip, 99
Vollbeschäftigung, 85

W
Wertpapier, 91
Wettbewerbsintensität, 139, 156, 170, 185
Wohlfahrt, 80, 82, 86, 87, 92
Wohlfahrtsmaximierungsbedingung, 92
Wohlfahrtsmaximum, 82, 88, 178
Wohlfahrtsoptimalität, 81
Wohlfahrtsverlust, 111, 113, 115, 117, 131, 136, 148, 159

Z
Zahlungsbereitschaft, 40, 43
Zeitbudget, 49
Zeitführer, 168
Zeitführerschaft, 166
Zertifikat, 106
Zinssatzmechanismus, 90, 91
Zweckbindung, 113

The manufacturer's authorised representative in the EU is Springer Nature Customer Service Centre GmbH, Europaplatz 3, 69115 Heidelberg, Germany. If you have any concerns regarding our products, please contact ProductSafety@springernature.com

Printed and bound by CPI Group (UK) Ltd, Croydon, CR0 4YY

25/03/2026

02078224-0007